男子劣化社会

ネットに繋がりっぱなしで繋がれない

Man(Dis)connected
How technology has sabotaged what it means to be male

フィリップ・ジンバルドー
ニキータ・クーロン
高月園子＝訳

Philip Zimbardo
and
Nikita D. Coulombe

晶文社

BookDesign albireo

CONTENTS

PART 1
症状

はじめに――漂流 9
1 教育に幻滅 24
2 労働力からの脱落 29
3 度を越えた男らしさ――ソーシャル・インテンシティ・シンドローム（SIS） 34
4 ゲームのしすぎ――自室で宇宙を制覇 42
5 超肥満 47
6 ポルノの見すぎ――オンデマンドのオーガズム 51
7 薬物療法や違法ドラッグに頼りすぎ 58

PART 2
原因

8 船頭のいない家族――父親不在 64
9 問題だらけの学校 98
10 環境の変化 116
11 テクノロジーの魔法と興奮依存症 122
12 膨れあがる自己愛――権利VS現実 186
13 女性の隆盛？ 201
14 家父長制神話 227
15 経済の沈滞 255

PART 3
解決法

16 政府ができること 266
17 学校ができること 277
18 両親にできること 282
19 男たちにできること 295
20 女性にできること 313
21 メディアにできること 323
結論 333
訳者あとがき 339

はじめに――漂流

なぜ宛名の書かれていない封筒のように、ただそこに座ってるんだい?

――マーク・トウェイン

すべての人々に新天地が開かれているというのに、移りゆく経済、社会、テクノロジーの環境下で若い男性だけはおいてきぼりにされている。社会における男性の役割のアップデートが切実に求められているが、かつての女性運動のようなまとまりのある男性運動は起きていない。代わりに、記録的な数の男性が学業で落ちこぼれ、女性との付き合いをいっさいやめるか、または女性との性関係でしくじっている。読者の方々はこの話にピンとくるはずだ。誰もがもがいている若者を知っている。学校の勉強にやる気をなくしている者、情緒障害を起こしている者、他人とうまくやっていけない者、友達がほとんどいない、もしくは女友達が一人もいない者、悪い仲間に入っている者。刑務所に入っている者さえいる。それはあなたの親戚か息子かもしれない。いや、あなた自身かもしれない。

「彼らの何が悪いのか」「なぜ彼らには一昔前の若者のようなやる気がないのか」と問うのは正しい質問ではない。彼らにもやる気はある。ただ、それがまわりの人たちが望む形のやる気でないだけなのだ。欧米社会は男たちに、自分の行いに責任を取り、他の人々と力を合わせて地域社会や国全体をよりよくする誠実かつ行動的な市民であることを欲求する。だが皮肉なことに、社会は彼らにこういったゴールの達成をめざさせ、関心をもたせるための援助も指導も手段も、また実現の場も与えていない。事実、政治からメディア、学校、家庭を含む、社会のあり方こそが今の若者の衰退の一大原因になっている。なぜなら、彼らの知的、創造的、社会的な能力をスタート時点から抑え込んでいるのが社会だからだ。さらに皮肉なことに、今の社会では、すでに年長の男性が非常に重要な役割を担っているがゆえに、彼らは同性の若者が活躍する場を効果的に奪っている。

複雑な人間行動を理解し説明しようとすれば、以下の三方向からの分析が不可欠だ。第一に、「個人」が何を行動状況にもち込んでいるか。これは個人の気質上の特性を意味する。第二に、特定の社会的または物理的環境において行動する個人から、「状況」が何を引き出しているか。第三に、潜在するパワーの「仕組み」がいかにそのような状況を作り出し、維持し、または修正しているか。この種の分析は、フィリップ（本書の著者の一人）が『ルシファー・エフェクト——ふつうの人が悪魔に変わるとき』（海と月社）で取り上げているが、スタンフォード監獄実験［スタンフォード大学が行った心理学実験］で明らかになった看守の虐待行為や、イラクのアブグレイブ刑務所における米軍兵士による虐待行動を説明するのに役立った。

この手法を用いてなぜ今日の若い男性が学力的、社会的、また性的にも劣化しているのかを理解するにあたり、私たちはまず、勤勉さの欠如、シャイ、衝動的といった、彼らの「気質」を明らかにした。次に、蔓延している父親不在、刺激的なゲームの存在、オンラインポルノへの自由なアクセスといった「状況」的要因を検証した。最後に、問題の複雑さにもう一つのレイヤーとして加わっている、女性のニーズは認めるものの男性のそれには配慮しない法や制度がもたらす政治的そして経済的な帰結や、テストステロン〔男性ホルモン〕の減少とエストロゲン〔女性ホルモンの一種〕の増加という環境が引き起こした生理学的変化、メディアの影響、近年の不況による就職難、多くの国々で学校システムが少年の好奇心を掻き立てる環境づくりに失敗している事実といった「仕組み」の解明に取り組んだ。

この三本柱の分析により明らかになったのは、あまりに多くの男子がはっきりした方向性も基本的な社交スキルも持ち合わせていないという事実だった。今日、彼らの多くが二〇代はおろか三〇代になっても親の金で暮らしているか、または親と同居し、一昔前なら身を立てて結婚し、第一子をもうけていた年齢にまで思春期を延長している。彼らの多くが、不確かな世の中に一人で漕ぎ出すより、むしろ実家で親の安全な毛布にくるまっていたいと考えている。

二〇一三年、アメリカではミレニアル世代〔一九八〇年代〜二〇〇〇年代初頭に生まれた人々〕で自身の世帯を設けているのは三人に一人で、大学に進学しなかった一八歳から二四歳の若者の半数が実家で親と暮らしていた。世界的な不況のせいで、就業機会や、能力や職業的特性を証明するチャンスが減ったことは事実だ。機会の縮小は男女に等しいはずだが、三〇歳未満のカテゴリーでは、史上初めて学力的にも経済的にも女性が男性を上回りつつある。また若い男性は女性より親と住む率が二五パーセントも高い。これを男女の役割期待に関連づけると、女性は経済的に自立する能力が同年代の男性よりも高いので、彼らの中から自分と同等のステイタスの男性をパートナーに選べる可能性は低くなる。結果的に、これもまた男たちにとっては新たな問題となる。社会は男らしさをヘゲモニー［権力の掌握］と結びつけているので、男性には戦士になるか、または一家の稼ぎ頭になる以外に、社会的に受け入れられる道はない。それ以外の新しい役割はすべて男らしさの伝統的概念を脅かすので、それを受け入れた男性は他の男たちからは見下され、異性からは付き合いや恋愛の対象としてみなされにくくなる。

よく言われることだが、主夫は負け犬とみなされ、〝いい人〟はもてない。「ニューヨーク・タイムズ」紙に掲載された男性育休につきものの不名誉に関する記事には「将来の雇用主には、育休を取ったことを認めるくらいなら刑務所にいたと言う方がましなくらいですよ」という一男性の証言が載っていた。ブログの世界には、誠実で礼儀正しいデート相手の不足を嘆く女性たちの投稿があふれているが、一方で〝誠実で礼儀正しい〟男たちからの、デートを成功させるためのアドバイスを求める投稿も同じくらいある。なぜなら、彼らは女性たちから「いい人すぎる」だの「消極的」だの、反対に「必死すぎ」だのと言われた経験があるからだ。男性に期待される揺るぎない役割のせいで、若い男性は変わりたくとも変われず、男女は互いを同等とみなすことが難しくなっている。

この変化し続ける不確かな世の中で新種の困難に直面した多くの若い男たちが、安全な場所にひきこもることを選んでいる。それは、自分で結末をコントロールでき、拒絶される恐れもない、自分の能力を称賛される場所だ。彼らにとってゲームとポルノはそんな安全地帯だ。そうして彼らはますますゲームに熟達し、腕を上げ、ゲームの中で高いステイタスと尊敬を勝ち得る。この現象は女性には見られない。なぜなら、女性はたいていこの種の競争を意味のあるものとはみなさないし、ゲームの腕を磨いたところで尊敬は得られないからだ。一般的にゲームのチャットルームは、女性ゲーマーの参加をさほど期待していない。加えて、男性には女性よりも簡単にゲームにはまる性向がある。ロシアの研究者ミハエル・ブドニコフがコンピューターゲームへの依存性向を低中高のリスクに分類したところ、中リスクでは女性がわずかに男性を上回ったものの、高リスクでは男性が女性の三倍以上に達した（男性の二六パーセントに対し、女性は八パーセント）。

なにもゲームをすること自体が悪いと言っているわけではない。ゲームには多くの良い点があり、有益でもある。しかし、とりわけ孤立した状況で過剰にプレイすると、若者たちから、顔と顔を合わせた場での社交術を身につける能力や興味を奪いかねない。加えて、ゲーム中のアクションの多様性と強烈さに比べれば、学校など、生活の他の部分は退屈だ。その結果、成績が下がり、場合によってはＡＤＨＤ（注意欠陥・多動性障害）と診断されて薬物治療が必要になる。それがさらに、のちに取り上げるが、他の問題を引き起こして悪循環に陥る。

そんな混乱をポルノがさらに増幅させる。ポルノ自体は、たまに見る程度の人や、目に映るものと並行する個人的体験がある人には、さほど大きな問題にはならない。けれども、性教育や実際の性体験がまったくない若者には深刻な問題を引き起こしかねない。事実、多くの男性が生身の人間ではなく、ハードコア・ポルノにより性的感覚を発達させている。私たちの調査でも、多くの若者がポルノのせいでセックスや親密さのあるべき形についてどんなに現実とかけ離れた、またはゆがんだ考えをもっているか、それゆえに実際の相手に欲情することがどんなに難しいかを訴えた。彼らにとって現実の性交渉はなじめない、不安を呼び起こす体験になりかねない。なぜなら、そこではコミュニケーション能力が必要となり、実際に身体と身体が結びつかねばならず、セックスや恋愛に対する独自の欲望をもった生身の人間を相手にしなければならないからだ。また、過度にポルノを見ることが、集中力や情緒面での健康といった、生活の他の部分にどんなに悪影響をおよぼすかを訴えた若者たちもいた。彼らはポルノを見ながら自慰行為するのをやめたとたん、私生活や前途にポジティブな大変化が起きたことに気づいたという。

専門家たちもこの現象に気づいている。YourBrainOnPorn.com の創設者で *Your Brain on Porn*（ポルノ漬けの脳）の著者である生理学者のゲイリー・ウィルソンは、オンラインポルノの閲覧をやめようとしている若い男性たちがチャットルームに寄せた数百のコメントをまとめている。まず彼らは人付き合いの上での不安が劇的に改善されたと報告していた——女性との付き合いが楽になり、自信がつき、アイコンタクトが増えた、など。日常生活を送るエネルギーが増し、集中力が高まり、鬱が軽減し、さらにオンラインポルノを見ながら行う自慰を自発的にやめたあとには勃起力や性的反応が高まったという報告もしばしば見られた。

私たちはゲーム同様に、ポルノの過度な視聴もまた問題であると強調したい。だが、「過度な視聴」の定義は難しい。ポルノが成人におよぼす生理的かつ心理的な影響についての研究は増えつつあるものの、それらの多くが個人の気質やその他の外的要因をコントロールしていない。また、一八歳以下を対象にした同様の研究はほとんどなされていない。対照群としての「オンラインポルノを見たことがない若者」を見つけるのも困難だ。モントリオール大学のある研究グループは、当初、ポルノを利用している男性と利用していない男性の行動を比較しようとしたが、二〇代の男性参加者の中にポルノを見たことがない人物を一人も見つけられなかった。

加えて、ほとんどの衛生機関や心理学学会が正式にはポルノを依存の対象とは認めていない。最近になってやっと正真正銘の問題として認知されたインターネット依存症（ＩＡＤ）の中に投込んでいる学会もあるくらいだ。それにもかかわらず、多くの若者——大半が男性——が、ポルノがどんなに自分たちの意欲や集中力、社交性、性的能力、世の中についての認識に悪影響を与えているかについて声を上げ始めている。彼らの証言を無視してはならない。彼らの症状は現実に存在するので、単なる一過性のもの、または想像の賜物だとして払いのけるべきではないのだ。

繰り返すが、女性もゲームはするし、ポルノも見る。だが、女性たちがそれらに費やす時間は男性とは比べものにならないくらい短い。ポルノを見るというコンセプト自体が、間違いなく男性のものだ。『性欲の科学』（ＣＣＣメディアハウス）によると、共著者のＯ・オーガスとＳ・ガダムが四億件のネット検索をふるいにかけたところ、そのうち五五〇〇万件（約一三パーセント）がエロチックな内容の検索だった。そういった検索はいったい誰がしているのだろう？　もちろん、男たちだ、ほぼすべて。オーガスとガダムによると、エロチックな小説は男性よりも女性により好まれているが、エロチックな画像や動画に関しては男性は女性の六倍も好んでいる。事実、Brazzers

やBang Brosといった人気有料サイトの視聴者の七五パーセントが男性だが、実際に視聴料が支払われたクレジットカードの名義を見ると、わずか二パーセントしか女性でない。アダルトサイトによく使用される料金支払いサービスCCBillにいたっては、女性名での申し込みは虚偽の可能性ありとして警戒の対象にさえしている。

どうしてここまで違うのだろう？　ポルノ愛好家の女性やエロ小説好きな男性が多くいたとしても不思議はないのにだ。オーガスとガダムはこれを、男性が「or」により欲情できるのとは対照的に、女性が欲情するには「and」が必要であるからだと説明している。つまり男性は、形のいい乳房 or 丸みをおびた尻 or MILF［mother-I'd-like-to-fuckの略でセクシーな年上女性のこと］など、一つの刺激で欲情できるのに、女性が欲情するには、かっこよさ and 子ども好き and 自信にあふれている、といった複数の刺激が必要なのだ。実際、ほとんどの女性がどんな種類のポルノにも肉体的には興奮するが、「and」の条件が満たされて初めて、心理的にもその気になる。さらに女性が欲情するには自分自身が、安全 and たまらなく魅力的 and 健康であると感じられる必要がある。「or」のパワーは、男性に性交渉の機会があればそれにつけこませている。女性はそうはいかない。ストレスの多い環境では、男性はかえって性欲が高まるのに反し、女性のそれは低下する。男性の脳はセックスと恋愛を切り離しているが、女性の脳ではその二つの神経系が結びついている。反対に、女性の脳は心理的欲情と肉体的欲情を切り離しているが、男性の脳では結びついている。男性と女性は別のエロチックな刺激により欲情し、違った方法でそれをプロセスし、それぞれの刺激に反応して異なる態度を取る。

なぜ若い男性がゲームをしポルノを視聴するのかを考察すれば、それらが彼らの全体的な劣化の症状であると同時に原因でもあることに気づくだろう。過剰にポルノを見たりゲームをプレイしたりすることと、その人物に社会的、性的、モチベーション上の問題が生じることは相互に因果関係があり、したがって逆もまた真なのだ。ゲームやポルノは社会的な孤立という悪循環を永続させる。それらがどんどん刺激的で真に迫ったものになり、リアリティとバーチャルが混じり合えば、男たちはますます自己中心的になり、そういった媒体の世界に閉じこもってしまうのではないか。

ポルノとゲームどちらか片方でも過剰使用すると実生活に問題を引き起こしかねないが、両方の組み合わせは致命的で、通常の活動からのさらなる撤退、社会的孤立、他人それも特に異性と付き合う能力の喪失が生じかねない。ポルノにもゲームにも依存性があるが、これらの依存症は他の依存症と同じではない。アルコール、ドラッグ、ギャンブルの依存者が同じものをもっと欲しがるのとは対照的に、ポルノやゲームの依存者は、同じであって違うものを欲しがる。同じハイの状態を得るには目新しいものが必要だ。継続的に刺激を得るには、慣れこそが敵となる。私たちはこれを「興奮依存症」と呼んでいる。同じ量の性的刺激を得るには、常に新しい材料が必要となる。同じ画像を繰り返し見れば、短時間で興味は失われる。鍵となるのは、視的体験の斬新性だ。ポルノとゲームの業界はともに無限のバラエティをユーザーに提供する態勢にあるので、こういったデジタルのアウトレットと、生活の他の活動――とりわけ建設的かつ創造的な活動、単なる消費的な活動ではなく――とのバランスをうまく取ることは、個々人にかかっている。

気晴らしは諸刃《もろは》の剣だ。今、私たちの指の先にはかつてないほどの情報量があるが、それゆえに別の世界に完全に没頭してしまう危険性がある。この別の世界は、その多くが主張しているほどは必ずしも効率的でない。それらはただ気を散らしているにすぎない。一例として、ニューヨークのある人気レストランでは、過去一〇年間にスタッフの人数を増やす一方で、メニューの品数は減らしているにもかかわらず、なぜ来客数が変わっていないのかが謎だった。そこで二〇〇四年のモニターカメラの録画を二〇一四年の同時刻のそれと比較したところ、謎はいっぺんに解けた。二〇一四年の客は自分たちや料理の写真を撮り合い、ウエイターに自分と友達の写真を撮ってくれと頼み、それから料理を温め直してくれと頼んでいた。要するに、食事の時間が倍かかっていたのだ。

人間としての私たちの強みと弱みの一つが、注意をあるものから他のものへと切り替える、生まれながらの性癖である。これは私たちを取り巻く環境に何が起きているかを察知するのに役立つ。インターネットによりいつでも即時に何でも手に入る状況は、この衝動を加速させる。「クラウド（Clouds）」――ウェブを通してアクセスできるバーチャルの貯蔵スペース――が第二の脳になって記憶やタスクを保存してくれるおかげで、私たちは過去や未来ではなく現在に集中できる。これはアクセスの手段さえ持っていれば、私たちがどこに行こうがついてくる素晴らしいテクノロジーだ。おかげで私たちは自分自身によりいっそう集中できるが、裏を返せば、まわりの世界や他の人々に対する意識は薄れてくる。なぜなら、彼らについて細かいことを覚えておく必要もなければ、彼らが私たちの差し迫ったニーズを満たせる相手でもなさそうだからだ。

二〇〇七年に神経心理学者のイアン・ロバートソンが三〇〇〇人を対象に行った調査では、五〇歳以上のほぼ全員が親族の誰かの誕生日を即座に言えたのに、三〇歳未満で言えたのは半数以下だった。残りの人々は答えを見つけるのに携帯電話を取り出さねばならなかった。「ワイアード」誌のライター、クライブ・トンプソンは、答えを見つけるのに反射的にポケットに手を伸ばすこと自体に問題が凝縮されていると述べる。データをコンピューターのメモリーに落とすことにより、私たちはベーシックな事柄をほとんど記憶しなくなっている。この先、機械のメモリーへの依存はますます進み、世の中を理解するための他の方法は妨害され、最終的に人々はコンピューターにつながれていなければ正常に機能しなくなるのではないかとトンプソンは考える。彼が正しいかどうかはわからないが、思考や記憶のテクノロジーやインターネットへの外部依存は、間違いなく、よりいっそう顕著になる。とりわけＰＣに定期的にアクセスする子どもの年齢がどんどん下がってきているのだから。

書くことと読むことは、深い思考や回想や想像を通して、人生の経験や自然を生き生きとしたものにする。ところが、手で何かを書くという行為は消滅しつつあり、現在の形での本や新聞は時代遅れになりつつある。多くの新聞雑誌がつぶれたか、もしくは主な配信方法をウェブに切り替えつつある。若者たちが紙媒体に手を出さなくなったことは、森林にとってはうれしいことかもしれない。代わりにウェブが私たちの忠実な友になり、私たちが情報を見つけ、処理し、シェアする、お気に入りの場所になった。どんな会社もインターネット上に存在感を示さなければ、たちどころに読者数や売上げを失うという報いを受ける。欧米の学校は、退屈で刺激のない授業プランと時代遅れのテクノロジーで、生徒の興味を失った。

二〇一三年、アメリカ小児科学会は、子どもたちは今、学校で過ごすよりも長い時間を媒体《メディア》に張りついて過ごしていると発表した。「子どもとティーンにとって、それは睡眠に次ぐ主要な活動である」と。このアンバランスは自室にテレビのある思春期の子どものケースでさらに大きくなる。事実、大多数のティーン〔一三歳〜一九歳の若者 英語では「ティーンズ」〕の部屋にテレビがある。同学会は、メディアは向社会的で、子どもたちに人種的寛容やさまざまな対人スキルを教えることができるとしながらも、画面に張りつく時間を一日一時間から二時間程度に収めることを推奨している。しかし、同学会が指摘するように、多くの子どもたちが実際にはその五倍から一〇倍の時間を画面の前で過ごし、彼らの脳はそれに慣れつつある。

マサチューセッツ工科大学（ＭＩＴ）イニシアティブ・オン・テクノロジー&セルフの設立者であり文化アナリストのシェリー・タークルは、オンライン・コミュニケーションのツイッター、携帯メール、ＳＩＰ〔Session Initiation Protocol 通話制御プロトコル〕上のどんな言葉のやりとりも、最終的に中身の大きなものにはならないと言っている。なぜなら、私たちは他者との直接的な会話を通して、自分との生産的な対話方法を学ぶからだ。したがって、他者と顔を突き合わせて行う会話を制限すれば、内省や深い思考を行う能力もまた制限されかねない。タークルはまた、実際の会話をせずにすませることにあまりにも慣れすぎた結果、多くの人が他人といっさい直接話をしなくても世の中を渡っていけるとさえ感じていると言っている。

私たちの脳の構造が情報の短い噴出に適応するにしたがい、書物を読解して長い会話を行うのに必要な深い思考力はしだいに失われつつある。刻一刻と注意を移すよう要求されればされるほど、共感や同情といった深みのある情感は体験できなくなる。感情の未発達と、人と関わらない習慣のコンビネーションは、将来、表面的な思いやり以上のものが要求される恋愛や人付き合いの場面で大きな障害になりかねない。

過去一〇年間に、このパターンはエスカレートし、今では多くの男性が成人後も子どもから脱しきれず、女性を同等の人間、友達、パートナー、恋人、ひいては大切な妻としてさえ関わることが困難になっている。結果的に女性といるよりも男同士でいる方を好むようになった人たちもいる。調査を通して私たちは、今の若い男性の多くが長期的に恋愛を維持することはもとより、結婚にも、父親になることにも、自分の家族を作ることにも興味がないことを発見した。その理由の一つに、彼らのかなりのパーセンテージが、物理的または心理的な父親不在という状況のもとで育っていることが挙げられる。他方で、まだ完全に親の庇護のもとにあるから、または「次のスター」になることを夢見ているから、もしくは単にまだ経済的に安定していないからという理由で、親の家から出るのを渋っている者たちもいる。

首尾よくパートナーを見つけた者たちさえ、今日、その多くが相手との関係において、ただ会ってやれば十分だと感じている。こういった感情面で大人になっていない男性や自立できない男性を表す「マン・チャイルド」や「ムードドル」（マン - プードル）といった、新語も登場している。ハリウッドはこの滑稽なほどダメ人間に見える不器用な男たちに飛びついた。「無ケーカクの命中男／ノックトアップ」、「恋するレシピ～理想のオトコの作り方～」、「ジャッカス」のシリーズ、「ハングオーバー」のシリーズ、「ホール・パス／帰ってきた夢の独身生活〈一週間限定〉」といった最近の映画では、男たちをくだらない楽しみや〝ブロマンス〟［非常に仲のいい男同士の友達］や、女性と寝ることだけが目的の複雑でけっして実現しないプランのためだけに生きている「使い捨てできるモノ」として描いている。反対に、相手役はたいてい魅力的かつ目的意識のはっきりした大人の女性で、人生を成功に導く計画を心に秘めている。今の若い男性の、努力しなくても欲しいものが手に入って当然だという感覚は、プロテスタントの労働倫理にも、アメリカのフットボールコーチ、ヴィンス・ロンバルディの「勝利がすべてではない。それあるのみだ」という勝利のモットーにも反している。ただ男だからというだけの理由で、何もしなくても相手から何かをしてもらえる権利があるなどと思っていては、どんな恋愛も続かない。相手が一人でいるよりはどんな最低の男とでもいる方がましだと考える自暴自棄の女性でもない限り。

　私たちは以上のような昨今の由々しき風潮とその原因に光をあて、なぜこのような事態になったのかを浮き彫りにすることにより、Ⅲ部で提案する解決法が説得力あるものになることを願っている。

PART 1
症状

1　教育に幻滅

「ニューヨーク・タイムズ」紙のコラムニスト、デイヴィッド・ブルックスは「情報時代は、退屈な知的作業を〝認知のしもべ〟に丸投げできるので、私たちに自由をもたらす」と書いた。未来のいつかは、彼の正しさが証明されるかもしれない。だが、さしあたり、その外部委託《アウトソーシング》の能力は自由をもたらすと同時に、言葉のアーティスト、ゲイリー・タークが端的に言い表したように、この世界に大量の「スマートフォン（賢い電話）と馬鹿な人間」を作り出している。『ネット・バカ――インターネットがわたしたちの脳にしていること』（青土社）の著者ニコラス・G・カーによると、問題は、「アイデアをアウトソーシングする当事者が、作業メモリーと長期メモリーを混同している」点にある。人は事実なりアイデアなり経験なりを長期メモリーとして固めないと、脳の中に他の機能のための空きスペースが生じない。カーが言うには、長期メモリーを蓄えることとは私たちの知力を停滞させはしない。それどころかむしろ知的レベルを引き上げる。なぜなら、それは将来の新しいアイデアやスキルの学習を楽にするからだ。要するに、私たちは今、アウトソーシングにより実際より自分を賢いと感じているのだ。

一般的に、私たちは注意力を維持する能力を失いつつある。アウトソーシングが増えれば増えるほど、記憶として保持する量は減り、すると知識も減る。アメリカ人の七六パーセントが「毎日ニュースを見るか、読むか、聞くかしている」と言うが、見出しより先に進む人は四一パーセントしかいない。したがって、そこには「知っている」という幻想が潜在している。何かについてごく表層的なレベルの知識しかないのに、すべてを知っていると思い込む危険性があるのだ。リタイヤしたイギリス人のある大学教授が言っていたが、彼はキャリアの終わりころに、学生たちが何かを理解していると思い込んでいても、いざそれについて説明するよう求められると言葉につまることに気づいたそうだ。また、ある学生は自分の論文を修正するように求められると拒絶し、授業に来なくなったとか。これは若い男性に広く浸透している「トライする前にギブアップする」という態度の縮図である。

これを有史以来、教師たちを困らせている、出来の悪い男子生徒の一例にすぎないと考える人もいるだろう。男子生徒五〇万人と女子生徒六〇万人を対象とした研究のメタ分析によると、世界中ですでに数十年も前から、全科目で女子は男子より成績がよい。したがって、この分析結果の著者たちは、このデータは昨今の「少年の危機」の意味を弱めるのではないかと示唆しているが、私たちはそうは思わない。近年、よい成績は生活費を稼ぐために決定的に重要になった。だからこそ、社会は以前にも増して少年たちに学校でよい成績を取ることの重要性を示さなくてはならない。他にも、一昔前の少年たちにはいずれ両親の家から出て、恋人か妻をゲットし、長期的な目標を設定し、キャリアの構築に乗り出すといった、人生のあらゆる面で競争して成功しようという意欲がたっぷりあったものだが、今ではそれもすっかりなくなっている。

アメリカ史上初めて、少年たちの受ける教育が父親たちのそれより短くなっている。さらに、今では研究職は、どちらかというと女子がめざすキャリアになった。女子は小学校から大学まですべての学年で男子より成績がよい。アメリカでは、一三、四歳で作文や読解において熟達レベルに達している男子は四分の一にも満たないが、女子は四一パーセントが作文で、三四パーセントが読解で達している。二〇一一年には男子生徒のSAT（アメリカの大学進学適性試験）の成績は過去四〇年で最低だった。また、学校が渡す成績表の最低点の七〇パーセントを男子生徒が占めていた。こういった男女間の成績格差に関する報告は、世界中から寄せられている。経済協力開発機構（OECD）の調査によると、男子は女子より成績が悪く、落第する生徒も多く、卒業試験の合格率でも低い。スウェーデン、イタリア、ニュージーランド、ポーランドといった国々では、PISAテスト（一五歳対象の国際的学習到達度調査）の読解力部門で女子が男子をはるかに上回り、一学年から一学年半も先を行っているという結果が出た。二〇〇九年の同テストでは、半数を少し上回る国で、唯一数学では男子の成績が女子を上回ったものの、その差は読解力の差の三分の一しかなかった。ただしイギリスではすべての科目において、男女の成績にさほどの差は見られなかった。

アメリカン・エンタープライズ公共政策研究所所属の常勤研究者クリスティーナ・ホフ・ソマーズは著書の The War Against Boys（男子に対する戦争）に、さらに大きな差を描写している。それによると、女子は男子より生徒会や優等生協会、部活動などに多く参加し、宿題もきちんとやり、多くの本を読み、美術や音楽の分野でもより高い能力を発揮している。その間に、より多くの男子が停学になったり、次の学年に進めなくなったりしている。要するに女子のほうがより真面目に学業に取り組んでいるのだ。

二〇〇二年の全米教育統計センター（NCES）による調査で「どのくらいの頻度で何の用意もせずに——本も紙も鉛筆も持たずに、または宿題をせずに——学校に行くか」という質問に「いつも」または「頻繁に」と答えた生徒は、一〇人中、男子では三人だったが、女子では二人だった。予想どおり、成績が最下位グループに属する「準備なし」の生徒の数は、最上位グループの二倍以上だった。

ADHDの診断を受ける率は、二〇〇三年から二〇一一年の間に毎年五パーセントずつ上昇した。男子は一生の間にこの診断を受ける率が女子の二倍から三倍も高く、したがって、リタリンのような向精神薬を処方される可能性も高くなる——早くは小学生のときから。

加えて、学校を中退する率も男子は女子よりはるかに高い。NCESはこの傾向の波及効果について以下のように言っている。

> 収入に関係なく、二五歳以上の中退者の健康状態は非中退者のそれより劣ると報告されている……中退者はまた、全国の囚人や死刑囚の中に、不均衡なほど大きな割合を占めている。高校の平均的中退者は、納める税金の少なさ、高い犯罪率、社会保障への高い依存度その他を含めると、卒業した者に比べ、生涯で国の経済に約二四万ドル〔約二五〇〇万円〕の負担増になる。

一九九七年に開始し二〇一二年に終了した、若者を対象とする長期的な調査の結果によると、女性の三人に一人が二七歳までに学士号を取得しているのに対し、男性では四人に一人である。二〇二一年までには、アメリカでは学士号の五八パーセント、修士号の六二パーセント、博士号の五四パーセントが女性により取得されるようになると予測されている。他国でも同様の傾向がみられる。カナダとオーストラリアでは、大卒者の六〇パーセントが女性だ。イングランドでは大学の入学申込者は女子四人に対し男子は三人以下、ウェールズとスコットランドでは、女子の申し込みが男子より四〇パーセントも上回り、恵まれない家庭の生徒の間ではこのギャップはよりいっそう大きくなっている。

さらに特別支援学級では生徒の三分の二が男子だ。IQの問題ではない。単に男子が努力をしていないのであって、それはのちに職業選択のオプションを狭めることになる。こうした男女間ギャップはマイノリティではさらに大きくなる。黒人の学生に授与された学士号のうち、男子は三四パーセントしか占めていない。同様に、ヒスパニック系でも男子は三九パーセントだった。

したがって今、男子が学業で十分な成果を上げていないすべての国が、明らかに警鐘を鳴らす時期に来ている。早急に劇的な対策をとらない限り、彼らやその家族だけでなく、彼らの属するコミュニティや国家さえもが、悲劇的な末路を迎えかねない。

2 労働力からの脱落

プロテスタントの労働倫理観は、もはや若い男性たちの精神から失われてしまったのだろうか？　二〇〇〇年から二〇一〇年の間に、アメリカ人のティーンで働いている者の割合は四二パーセント減少し、二〇歳から二四歳では一七パーセント減少した。イギリスでは、一五歳から二四歳の失業率は二一パーセントだが、これはOECD加盟国の平均より五パーセント近く高い。アメリカの二五歳から三四歳の男性の失業率は一九七〇年時の二倍以上になっている。イタリア、フランス、スペイン、スウェーデン、日本など他の国々の失業率も、若い男性に限れば同期間に五倍以上増加した。OECDの記録によれば、二〇代後半から三〇代前半の男性失業率の世界平均は一九七〇年には二パーセントだったのに二〇一二年には九パーセントと、急上昇している。これは膨大な増加であり、何百万人もの若い男性が働いていないことを意味する。

経済のグローバル化が進んだ結果、好不況のサイクルがすべての国々に広範囲の深い影響をおよぼしている。二〇〇九年の世界的な景気後退は第二次世界大戦後最大の不況を呼び、各国で失業率を急上昇させた。個人レベルでいえば、失業の打撃は女性より男性にとってより大きい。アメリカでは男性の失業率が二〇〇八年一月から二〇〇九年六月の間に倍になった。テクノロジーの進歩にともない、製造業に手先の器用さや熟練技術が以前ほど求められなくなると――自動車産業のように――多くの先進国が物を製造しなくなり、結果、多くの男たちにとって先行き不安な状況が生じた。たとえ修士号や博士号を取得していても、仕事を得られる保証はなくなった。

女性被雇用者が圧倒的に多いヘルスケア産業は比較的影響を免れたが、被雇用者のほとんどが男性の製造業や建設業などでは、最近の不況以来、アメリカでは六五〇万人分の職が消失した。一方で、介護と訪問看護は今後最も急成長が望まれる分野だが、こういった職の大部分を女性が占めるであろうと予測されている。したがって、この新しい就業展望からも優秀な若い男性たちが得られるチャンスは悲惨なほど少ない。

それだけではない。加えて、忌むべきは彼らの中にある特権意識だ。欧米の不況が男性の就業に不利に働いたのは事実だが、私たちの高学歴の女性の同僚たちはこんな新しい現象について話してくれた。今どきの男たちの中には、ただ男として生まれてきたというだけで、自分にはあらゆる種類の権利があると思い込んでいる者たちがいるという。しかも、その特権を得るにあたり、べつに何もしなくていいと思っているのだとか。今では多くの男たちがママとパパのもとに、または結婚や同棲の中に、長期の避難場所を求めている。驚くほど大量の男たちが働いて家計を助けるどころか、自分たちの居住空間を片付いた状態に保つといった最低限の家事すらしたがらない。彼らは伝統的な「労働」に近い行いはいっさいせず、ただぶらぶらして、「好きなこと」をするだけで満足している。

こういった男たちの一部は、誰かに依存していることを社会的な失敗ではなく、むしろ手柄であるかのように見せることに成功している。金儲けも退屈な家事もしなくていいのは自分の権利だと感じている。ある意味、年上の女性に養ってもらうかわりに魅力的な恋人であることや性的な冒険を提供していた一昔前のジゴロに似ている。ただし、この新種の男たちは、相手にはほとんど何も与えることなく、ただすべてを欲しがる。私たちの同僚がそんな例を二つほど紹介してくれた。

知り合いの理学療法士の夫は、早い話が、結婚したとたん仕事を辞めました。以降、仕事も家事もするのはすべて彼女。仕事場での長い一日のあと、雨の中、重い用具を抱えて足を引きずるようにして帰宅しても、夫は玄関まで出て物を運び込む手伝いすらしません。家に入ったとたん、彼が夕飯は何？　と訊くので、彼女はふたたび買い物に出かけ、帰宅後は料理です。彼は一日中、ただ家の中に座って何にもしてないんですよ。感じいい人でした。イケメンだったし。でも働かないし、働く気もなかった。結婚四年後に、彼女の方から離婚しました。

もう一人は学者の友人です。彼女は大学院に戻るために仕事を辞めた男といっしょになりました。彼は一〇〇万ドル［約一〇〇〇万円］の借金を抱えていますが、安定した職を得ることができないでいます。彼女に養われていますが、彼には結婚する意志もなければ、家事を手伝う気もありません。

なぜ、女性はこんな男たちに耐えているのだろうか？　彼らのことは、母親さえもが「落伍者」と呼んでいる。20章でもっと深く検証するが、こういった高学歴の女性たちにとっては、もう片方の選択肢は「まったく男がいない」という状態でしかない。それで仕方なく誤った選択にしがみつくものの、いつかは耐えられなくなって怠け者を捨てる。

すべての対人関係は権利と義務のネゴシエーションであるという事実をこういった男たちは理解していない。加えて、この特権意識が示唆するのは、何かを得るためには働かなくてはならないという感覚の放棄だ。無職にともなう不名誉は今なお存在しているものの、かつてと比べると、ないに等しい。彼らは責任や納税といったものを成功と結びつけない。そういったことに無関心な者もいれば、ドアが開いたりパーティが始まったりしたときに、列の先頭にさえいれば欲しい物が手に入るかのように振る舞っている者たちもいる。一方で、男の特権意識について、私たちの調査のコメント欄にこのように書き込んだ若い男性もいた。

特権意識は男性の成長に役立つというのが私の考えです。男の特権、それはすなわち責任です。未来の担い手として自分を世間に信頼させ、その責任をまっとうすることこそが功績なのです。確かに、誰かを守ろうとするとき、男は強くなれます。やさしくあることや真摯な人間になること、他の人に敬意を払うためマナーを身につけること、まわりを安心させる義務を担うこと、無私無欲になることといった責任は、若者が自分自身を発見するのに役立ちます……男になるための鍵は責任の中にあります。自分自身を大切にし、自分を破滅させたり痛めつけたりしない責任、他の人々を思いやり、破滅させたり痛めつけたりしない責任です。

もっともだ。だが、私たちには昨今の男性に見られる新種の特権意識は、過去のそれとは違っているように思える。今の特権意識は以前のものより一般化していて、より多くの場面や行動に広がって、あらゆる大切な付き合いや恋愛の土台を壊す傾向にある。こういった男たちはたとえばデイヴィッド・ベッカムや、水泳選手のマイケル・フェルプスや、企業家のマーク・ザッカーバーグといった、すべてを手にしていると映る、メディアの取り上げるセレブや著名人を真似ているかのようだ。けれども、彼らはセレブたちのライフスタイルや手に入れた物のみを見て羨ましがっているにすぎない。彼らの分析に欠けているものは、どんな成功にも必ず投入されているあるものに対する称賛だ。それはゴールに到達するプロセスの一部である重労働であり、試行と苦難であり、練習と失敗である。人生の素晴らしいものはたいてい、献身的に努力し、喜びを後回しにし、遊びより仕事を優先し、社会契約の重要性とバイタリティを理解せずしては得られない――注ぎ込んだものより多くを手に入れようとするのではなく。

3 度を越えた男らしさ――ソーシャル・インテンシティ・シンドローム（S―I―S）

近年、多くの若い男性が社会的孤立を自らに押しつけ、ポルノやゲームに過剰な時間を費やしている。その複雑な日常的悪循環に中心的な役割を果たしているのが、彼らのシャイ［消極的で引っこみ思案］な気質である。昔からシャイであること（シャイネス）は、ある社会集団や個人――権威あるグループや特定の異性といった、良い印象を与えたい相手――に受け入れを拒否されることに対する恐怖と結びついていた。私（フィリップ）が青少年と大人のシャイネスについての科学的な研究をパイオニア的に行っていた一九七〇～八〇年代には、アメリカ人の約四〇パーセントが自身を「シャイな状態にある」または「性格的にシャイである」とみなしていた。また、同じ割合の人が、かつてはシャイだったが、そのネガティブな気質を克服したと認めていた。加えて一五パーセント以上が、たとえばお見合い的なデートや人前で話すといった状況によりシャイになると言っていた。したがって、シャイネスと縁のない真正のつわものは五パーセント程度だった。

しかし、ここ三〇年間に自身をシャイだと認める人の割合は着実に増加していった。インディアナ大学サウスイースト校のシャイネス研究所が二〇〇七年に学生を対象として行った調査では、八四パーセントがそれまでの人生のある時期にシャイだったと答え、四三パーセントは今もシャイであると認め、一度もシャイだったことがないと回答した人はわずか一パーセントだった。現在シャイだと答えた人の三分の二が、それを個人的な問題だととらえていた。テクノロジーの発達により、他の人と会話し、人に情報を求め、買い物をし、銀行に行き、図書館で本を借りるといった顔と顔を直接合わせて行う社会的交流が最低限になると、人々から拒絶されることに対する根深い恐怖は増大していった。今ではネットが私たちのためにあらゆることをよりスピーディに、より正確に、人を介すことなくやってくれる。ある意味、オンラインのおかげで、あくまで非同時コミュニケーションの世界においてではあるが、極度にシャイな人たちにとっては他者とコンタクトを取ることが楽になった。しかし、そうすると実際に人とつながることはよりいっそう困難になるのではないか。研究員の一人ベルナルド・カルドゥッチはこう記している。

……テクノロジーの変化がコミュニケーションの質に影響をおよぼしている。整然としたデジタル回路による交流は増えたが、代りに、新しい友人を作るにも恋愛をするにも重要な、交渉、会話、しぐさや顔の表情の読み取りといった対人スキルを育てる自然発生的な相互交流は減っている。

すると、新種のシャイネスが登場した。彼らは人との接触を欲しながらも、悪い印象を与えて拒絶されることを恐れるあまりシャイになっている人々ではなく、人との交流の仕方がわからないために人との接触を嫌うようになり、それにより練習不足に拍車がかかって、ますます他人から自分を遠ざけるようになった人たちだ。この新種のシャイネスは絶え間なく進行し、内在化し、悪化し続ける。そして気づかぬうちに他者との接触はほとんどなくなっている。そうして、彼らの多くが同僚や上司に対し、また慣れないシチュエーションや、異性と一対一で話すといった場面で、ぎこちない不適切な振る舞いをするようになる。

シャイな人の着実な増加はともかく、今と昔の違いは、今日の若い男性のシャイネスが、拒絶されることに対する恐怖よりむしろ、いつ、どこで、どんなふうに、何をすればいいかがわからないといった根本的な社交術の欠如から来ている点だ。かつてはほとんどの若者がダンスの仕方を知っていた。今、彼らは相手との共通点さえ見つけられず、外国で道を尋ねられない、または尋ねたがらない旅行者のように、社交の場をただださまよっている。多くが〝人と向かい合ったときの言語〟、すなわち、他の人の話に耳を傾け、心地よく話し、相手から同じように反応を引き出すことを可能にする言語と非言語両方のルールを知らない。この対人スキルのなさは、魅力的な女性がまわりにいると余計にひどくなる。

そうなると、失敗の不安がない「ひきこもる」という方策を取りたくなる。異性は「失敗」を意味するが、オンラインや仮想世界への撤退は、定期的な練習さえすれば、より慣れ親しんだ、予想のつく、コントロールしやすいものになるので、「安全」を意味する。デジタルになった自分が現実社会で機能する人間からかけ離れていくにつれ、ねじれた種類のシャイネスが進化していく。外界が若者の部屋だけに縮小していくと、自我《エゴ》が司令塔になり、ゲームのキャラクターが観客になる。要するに、シャイネスはゲームとポルノの過度な使用がもたらす結果の一つであると同時に、その原因でもあるのだ。くしくも私たちの調査に参加したある若者はこんなコメントをした。

私は定期的にゲームをし、ポルノを見ます……(中略)……平均的ルックスの私は、異性に気に入られるために努力しなくてはならないという現実の面倒な側面に常にうんざりしていました。金はかかるし、相手の気持ちはわからないし、たいていは失敗に終わります。これまでに知り合った女性との個人的関係はすべて私にとっては無意味で、男の友達で簡単に置き換えられ、残りの部分はポルノが満たしてくれると感じています。

売春婦より仲間――ソーシャル・インテンシティ・シンドローム(SIS)

映画「マイ・フェア・レディ」(原作はバーナード・ショー『ピグマリオン』)では、主役のレックス・ハリソンが、オードリー・ヘップバーン演じる貧しい花売り娘を驚くほど洗練された美しいレディに仕立て上げる。だが、彼がなんら愛情を示さないどころか、劇的に変身した努力を認めてもくれないことを悲しんだ彼女が、ほんのちょっぴりロマンスを求めていることをほのめかすと、彼は無礼にもその願いをしりぞける。そしてハリソンは友人のピッカリング相手に嘆きの唄を歌う――「どうして女は男のようになれないのか?」と。

それにより彼が明らかにしたのは、「男は心の底では、女との付き合いやパートナーシップより、男同士で過ごす時間や彼らとの絆を好んでいる」という、多くの男たちに共通した態度や価値観だ。

共同研究者のセーラ・ブランスキルやアントニー・フェレラスとともに、私（フィリップ）はこの現象に「ソーシャル・インテンシティ・シンドローム」（SIS）と名付けた。「ラディズム《laddism》」［マッチョな態度や行動］に似た「男同士の過度な団結」を表すSISの主な特徴は、ざっと次のようにまとめられる——男だらけの環境に対する強い嗜好。そのグループの人間関係の質が強烈であればあるほど、また、そのグループが部外者やメンバーになる資格がない者たちに対して排他的であればあるほど、さらに、グループ内で各メンバーがそこに深く組み込まれているとみなされればみなされるほど、この社会的環境の魅力は大きくなる。このような社会集団の好例としては、軍隊（特に新兵訓練キャンプや派遣先の部隊）、身体の接触をともなうスポーツ（アメリカン・フットボールやラグビーなど）、スポーツジムに入り浸る男たちや、フラタニティ［男子学生の社交クラブ］が挙げられる。そこでは自分がそのような男集団の一員であると感じるとき、男性はポジティブな興奮——コルチゾールやアドレナリンの活性化、テストステロンの増加——を得る。そして彼らはそれを人との関係の好ましい形として、集団の強烈さに適応していく。

ポジティブな面として、こういった集団の多くが男たちにどうすれば他の男たちと力を合わせて働けるかを教える。これは社会構造には絶対不可欠な要素だ。だが、やがてこれが彼らにとっての望ましい行動や働きぶりの規定値になり、無自覚のレベルで作動するようになる。すると彼らは、たとえば男女の入り混じった場面や家族の集まりに参加しなくてはならなくなって、一時的に男集団の環境から離れると孤立していると感じ、次には退屈だと感じるかもしれない。団結の強い男集団から完全に離れた場合には、ひきこもるという症状を示すかもしれない。男集団にいた期間が長ければ長いほど、またその集団の男っぽさが強烈であればあるほど、この症状は重くなり、長引くことになる。

こういった現象はスーパーボウル・サンデーやサッカーのワールドカップ決勝戦といったスポーツの大イベントにおいて絶頂に達する。そんなとき、多くの男たちは〝全裸〟のジェニファー・ロペスと二人きりでベッドルームにいるより、バーで見知らぬ者たちといっしょに〝ユニフォームを着た〟ニューイングランド・ペイトリオッツのクオーターバック、トム・ブレイディを眺めていたいと思う。人気ポルノサイトPornHubは最近、これを裏付けるリポートを発表した。第四八回スーパーボウル、デンバー対シアトル戦の開催中、同サイトへのアクセス数は劇的に減少したそうだ。だが、試合が終わるや、アメリカとカナダの全域では顕著な、また、それほどではないにしても世界中で明らかなアクセス数の増加が見られたという。

しかし、この「アルファ・メール」［男の中の男］でいたい、または「男専科」に属していたいという密かな願望は諸刃の剣でもある。ゲイでない若者が、「ゲイなのでは」とか、「女々しい」だとか、「集団の団結や士気を乱している」などと思われたくなければ、仲間と極度に親密で個人的な関係になることは望ましくない。したがって、しばしばハイタッチや一瞬のハグや背中をぴしゃりと叩くことを例外として肉体的距離を保つルールや、男同士の関係を表面的なものに抑えるルールを自らに課さなくてはならない。

また、ＳＩＳ度の高い男性は男性集団を離れたときに、リスクの高い趣味や行動、口論やけんか、過剰な飲酒、異常または極端な食生活、ギャンブル、スピード違反といった極度に刺激的な行為に走る傾向がある。彼らはまた男女差別主義者になりがちだ。そして、スポーツバーでスポーツ観戦をしたり、フットボールや野球のゲームをプレイするといった象徴的な男グループで長時間を過ごし、しだいに女性との共通点を見つけられなくなる。

家族や配偶者との関係の薄さもＳＩＳの特徴の一つだ。こういった男たちは特に酒を飲んだときには配偶者に暴力を振るいがちで、軍や男集団に入る前には良好な関係にあった妻や恋人と別れたり離婚する可能性が高い。彼らはまた女性に対し、自分たちを理解しない〝別の生き物〟という概してネガティブな考えを育む傾向にあり、同等の地位にある女性のパートナーとの合意に基づいた性的関係より、ポルノや、売春婦とのセックスや、風俗でのサービスを好みがちだ。

矛盾しているようだが、男たちは単に男集団の中にいるだけで興奮を得ると考えられているものの、彼らは集団内では互いへの親密な感情を見せるどころか、それを経験することさえ避けなくてはならない。すると、女性と親密になりそうになった場合に通常とは違う反応が起きる——性的興奮を得られないか、または付き合うことに対し不安になるのだ。

ＳＩＳは世界に蔓延している。日本では、これだけが原因ではないだろうが、若い男性がセックスに対しますます無関心になっている。結婚しているカップルさえもがセックスをしなくなっている。日本家族計画協会の最近の報告によると、一六歳〜一九歳の男性でセックスに興味がない人の割合は今では三人に一人以上であり、これは二〇〇八年の推定値から倍増している。また、一〇組のうち四組の夫婦が一か月以上セックスをしていない。こういった現象があまりにも普通になった結果、このような男性は、今なおセックスに興味のある肉食系の男性との対比で「ソウショクダンシ」［草食男子］と呼ばれるようになった。

ニューヨークのバード大学の男子学生は、私たちの調査にこのような痛ましいコメントを寄せた。

> 私は生まれてこの方、一度も実際に女性と肉体関係を結んだことがありません。性格的には非常に外向的で、ごく親しい男仲間だけでなく、大勢の友人（女性も何人か）がいますが、女性に対しては常にどうすべきかがわかりませんでした。女性とは心の交流がもてないと感じ、つい彼女たちを男性と同じように扱ってしまうので、友達にはなりますが、恋愛の対象にはなりません……私は断然、友達といるほうを好みますし、特にリラックスできる男ばかり少人数のグループといるのが一番です。

4　ゲームのしすぎ——自室で宇宙を制覇

一九六〇年代にはコンピューターをモニター画面に接続できる場所はほんの数か所しかなく、そのようなテクノロジーにアクセスできる人もきわめて限られていた。この五〇年間に事態は一変した。しかも、インターネットに使う時間が増えればテレビを見る時間は減るだろうと予測されていたのだが、調査では正反対の結果が出ている。ヨーロッパ人は過去にないほどテレビの前に座っているし、アメリカ人は今では週に六〇時間も、平均して四台のデジタル機器——大多数の人がHDテレビ、PC、タブレット、スマートフォンを所有——に費やしている。これらの機器は互いに補い合って、アクセスのチャンスと手段の選択肢を広げている。加えて、カリフォルニア州パロアルトにある未来研究所のゲーム調査開発部門ディレクターであるジェイン・マクゴニガルの計算によると、世界で人々は毎週合計三〇億時間！　をゲームに使っている。彼女はまた、この分では、平均的な若者は二一歳になるまでに一万時間をゲームに費やすことになるだろうと予測している。この数字がどれほどのものかというと、平均的な大学生が学士号を取得するのに必要な勉強時間でさえ、その半分の四八〇〇時間だ。

確かに女性もゲームをしているし、ゲーム会社はその事実に気づいている（「ファームヴィル」「モシモンスターズ」「マリオカート」など）。とはいえ、若い女性がゲームに没頭する時間は若い男性とは比べものにならないくらい短い。男性の週平均一三時間に対し、たったの五時間である。しかも多くの若い男性が、先に述べるように、常習的に日に一三時間もゲームをしている。

二〇一〇年には「コール・オブ・デューティ――ブラックオプス」がリリースされてわずか一か月の間に、計六万八〇〇〇年分の時間がプレイされた。二〇一二年の同シリーズ「ブラックオプス2」は発売直後の二四時間に五億ドル［五〇〇億円］を売り上げ、二〇一三年の「グランド・セフト・オートV」――史上、最も物議を醸したゲームの一つ――の発売時には、北米で八三〇〇軒以上の店舗が夜中にオープンして、初日の売上げ高八億ドルを達成した。そして発売からわずか三日後に売上げ高は一〇億ドルを超えたが、これは「ハリー・ポッター」シリーズや「アバター」を含む映画史上どの作品よりも早いペースだった。二〇一三年には、世界のゲーム産業の総利益はスマホやタブレットでプレイできるモバイルゲームも含めると、前年比三〇億ドル増の六六〇億ドル［約七兆円］にのぼった。この数字をアメリカ教育省の年間歳出予算額（二〇一三年――六八八億ドル）やアメリカの出版界全体の純売上げ高（二〇一〇年――二七九億ドル）と比べてほしい。

ゲーム関係のニュースや攻略法やレビューが載った月刊誌「ゲーム・インフォーマー」の発行部数は、二〇一三年には全米第三位にランクされた。発行部数で同誌の上に来たのは、退職した高齢のアメリカ人のための無料雑誌「AARPザ・マガジン」と「AARP会報」だけだった［AARPは全米退職者協会の略］。イギリスでは、Twitch、IGN、Steam、Battle.netほかゲームサイトはすべて、

ＢＢＣのサイトよりアクセス数が多い。

一九八一年にアーケードゲーム「ディフェンダー」で世界一を達成したイリノイ州の一五歳の少年スティーヴ・ジュラスゼックは一夜のうちに有名人になり、「タイム」誌に写真が載った。彼は一六時間休みなしでプレイした。今日のゲームがプレイヤーに要求するのは単にスキルだけでなく、限界まで長時間プレイし続けられる肉体的強靭さだ。たとえば、「クラッシュ・オブ・クラン」のようなオンラインゲームを四八時間ノンストップでプレイするジョージ・ヤーオ。彼はiPadをビニールで包んでシャワールームに持ち込んでまでプレイし続けることにより、ランキングのトップに留まり続けた。他にもゲーマーとしてのキャリアを積むために一つのゲームに何千時間もログインし続けたり、数百万ドルの賞金を得ようとＴＶトーナメントで激しい闘いを繰り広げたりする人が大勢いる（大半は若者）。こういった〝マラソン・ゲーミング〟があまりに一般的になった今では、不眠不休でプレイした三日目の晩に睡眠不足のゲーマーが陥る朦朧とした状態を表す「死の谷」という言葉さえ出現している。ごく普通のゲーマーさえ、ぶっ続けで一六時間プレイするのはごく典型的な週末の過ごし方だ。それに対し、親たちのほとんどが顔色一つ変えない。子どもやティーンの三分の二が、両親はゲームやテレビやスマホに費やす時間に何のルールも設けていないと報告している。したがって、彼らの大多数が消灯後も引き続きゲームをするなり、他の目的でデジタル機器を使用するなりしている。イギリスでは、調査対象の子ども一〇人のうち六人の親が、自分の子は自分よりインターネットに詳しいと言っている。

カリフォルニア大学ロサンゼルス校（ＵＣＬＡ）の睡眠障害センターによると、ティーンがしっかり休養の取れたシャープな状態でいるためには、毎晩平均九時間の睡眠が必要だ。実際には、彼らの睡眠時間はこれにはるかにおよばない。国立睡眠財団が二〇一四年にアメリカで行った調査では、親たちは一三、四歳の子どもの睡眠時間を毎晩七・七時間、一五歳〜一七歳のそれを七・一時間と見積もっていたが、子どもたち自身による「就寝時間をすぎても起きている」という報告からして、この数字はおそらく実際とはかけ離れている。おもしろいことに、いくつかの症状が似ていることから、睡眠不足はしばしばＡＤＨＤと混同され、実際には不眠症にすぎないティーンがＡＤＨＤだと誤診されるケースがある。また、自室に少なくとも一台のデジタル機器がある子どもは、そうでない子より一晩につき睡眠時間が一時間少ない。イギリスでは、二〇一三年から の一年間に、タブレットを所有している五歳から一五歳の子どもの数は倍増した。

アイルランドの教師コリン・ケニーは、一部の生徒は徹夜でゲームをしたせいで、著しく集中力を欠いたまま授業に出てくるので「出席していないも同然」だと言った。さらに「私の話した保育園の先生たちは、画面をスワイプすることはできても積み木のような遊びに必要な手の動きが未発達だったり、他の子と遊べなかったりするのに、当の親たちは我が子がタブレットやスマホを使えることを自慢げに話す、といったケースが増えていると心配していました」とも言っていた。この子たちは三歳から五歳の幼児なのだ！

この問題は思春期の先へと引きつがれていく。「ジャーナル・オブ・レジャー・リサーチ」誌に掲載された調査結果によると、夫か妻のどちらかがゲームをすると言った三四九組の夫婦のうち、八四パーセントがゲーマーは夫のほうだった。また、夫も妻もゲームをする夫婦の七三パーセントで、夫のほうが長くプレイしていた。一九八二年にデューク大学の研究者たちは、結婚を目前にしてゲーム狂になった男性数人を追跡調査し始めた。すると、彼らのゲーム時間がそれまでの四倍になるのを目撃した。ある男性はデート中に、フィアンセにただ自分がプレイするのを見物させ、別の男性はもう数プレイするためにハネムーンへの出発を遅らせた。これは「スペース・インベーダーに対する強迫観念」の表れであると研究者たちは断定した。結婚が近づくにつれ、「自分の〃ホームベース〃を乗っ取ろうとする侵略者《インベーダー》（妻）を破壊することが、象徴的に重要になったのだ」と。今日ではゲーマーのパートナーたちが憤懣を打ち明け合う、〃ゲーマー・ウイドー〃のためのオンライン支援グループまである。ＭＭＯ［大勢のユーザーが同時にプレイするゲーム］はとりわけ人々をのめり込ませるが、それはバーチャルの世界では、プレイヤーは好ましいルックス、人望、富、地位など、現実界では重労働と教育と人脈なくしてはまず得ることができないものを手に入れて何者にでもなれるからだ。「彼らはただルックスがいいだけじゃないのよ」と、あるゲーマー・ウイドーは言った。「うんとましな人間なの」。

ゲームというものは元来、プレイヤーを元気づけて現実生活を楽なものにすることを目的としていたのかもしれないが、今ではそれは現実の置き換えに使われ、多くの若者が非常に魅惑的でますます洗練されていくバーチャルワールドに自分を見失いつつある。くしくも私たちの調査に協力したプレイ歴一〇年以上のあるゲーマーはこう語った。

「バーチャルの世界は常に予想可能で、しかも驚くほどこちらの思いどおりになります。複雑さを増す世の中で、バーチャルライフのシンプルさは実にありがたい気晴らしです」

5 超肥満

今日、アメリカでは成人男性のおよそ七〇パーセントが過体重で、三分の一が肥満だ。国によって差はあるものの、肥満は世界的な問題である。二〇〇八年にはオーストラリア、イギリス、カナダ、ドイツ、ポーランド、スペインで、男性の約四分の一が肥満だった。「どこでも増えています」とワシントン大学シアトル校健康指標評価研究所のクリストファー・マレー所長は言う。かつてはこの問題を克服した成功例が現れてくれるものと楽観的だったそうだが、この三〇年間に肥満が減少した国は一つもなかったという。したがって、私たちが扱っているのは地球規模のエピデミックなのだ。

肥満撲滅をおそらく最も声高に叫ぶアメリカ人は、一歩前進しては二歩後退することにより、自らの努力を無駄にしてきた。あきれるほど大きな一人前の量、ファミリーレストランの食べ放題ビュッフェ、ほぼすべての賑やかな通りの角にあるドライブスルーのファストフード店、座り仕事の多さ、よってたかって国民をデブにしようとする物流の発達と都市化の進行。加えて、アメリカの学校では現在、毎年四〇〇〇億キロカロリーのジャンクフードが売られている。これは棒状チョコレート菓子のほぼ二〇億本分に相当する。小学校の二一パーセント、中学校の六二パーセント、高校の八六パーセントに自動販売機が設置されている。それに引き換え、ヘルシーなスナックだけを提供している中学校は二〇パーセント、高校では九パーセントにすぎない。

イギリス政府は健康に悪い飲食物の学校での販売を取り締まることについてはアメリカより成果を上げたが、相変わらずドライブスルーのファストフード・チェーン店が学校のすぐそばにオープンし続けている。しかも、イギリスの多くの学校が、かつて子どもたちが自由に走り回り、運動していたグラウンドを売り払った。

過去三〇年間に成人の肥満は倍増したが、思春期の子どものそれは三倍増した。肥満が子どもにとって非常に危険だということは、多くの研究からわかっている——通常は大人がなる2型糖尿病のようなさまざまな疾患を引き起こし、寿命を縮めるからだ。肥満児の三人に一人がこの2型糖尿病になる可能性があり（ヒスパニック系なら二人に一人）、心臓病や高血圧やある種の癌を発症する可能性も高まる。アメリカ疾病予防管理センターは、最も重度の肥満グループの子どもたちがさらにいっそう太っていくという傾向は、はっきり男児に見られることに注目している。

アメリカはこれを国家の非常事態だとみなしている。「アーミー・タイムズ」誌には「入隊年齢の若者たちがしだいに軍務に適さなくなってきているが、その主な理由は、彼らがあまりにひどい体型だからだ」という記事が載った。ペンタゴンによる最新の統計では、一七歳から二四歳のアメリカ人の三分の一以上が、医学的または身体的な問題により兵役に適さない。ペンタゴンの新規採用部門のディレクターであるカート・ギルロイは、肥満が悪の根源だと言っている。「これには疑いの余地がありません……彼らは腕立て伏せもできないんですよ……懸垂もできない。おまけに走れない」。

しかし、肥満にはまた別の側面もある。男性は体重が増えると（筋肉が増強するタイプの良質の体重増は別）、代謝に変化が起きて体内のホルモンのレベルが下がり、人付き合いや性的な能力が驚異的に低下するのだ。男性は活動的になればなるほど、テストステロンの分泌が増え、結果的に性欲は高まる。最近、ニューヨーク州立大学バッファロー校の研究者たちは、肥満男性はテストステロンのレベルが低いこと、そして男性ホルモンの低下が引き起こす最大の悪影響は、妊娠させる能力以前の、性行為そのものに表れることを発見した。彼らの調査によると、肥満男性の四〇パーセントのテストステロンが異常なほど低いレベルにあった。また肥満は2型糖尿病のトリガーになりうるが、この病気の一つの症状として、血管への、それも特に血管が細いペニスや精巣への血流が悪くなる。血流の勢いは勃起には絶対不可欠だ。また、男性の肥満とテストステロン低下のコンビネーションは、彼らの体内にエストロゲンの不健康な上昇という奇妙な現象を引き起こす。この女性ホルモンは男性の体内にも少量存在しているが、過剰なレベルは、これまた勃起不全や男性不妊を引き起こす。要するに急所をダブルパンチされるようなものなのだ！

過去数十年間に、いわゆるスクリーンタイム［画面の前で過ごす時間］が増えるにつれ、若者の間で身体を使うアクティビティは減少していった。身体的活動はもとより睡眠に使うべき時間すら座って過ごせば、必然的にテレビやＰＣの前で食事をとる機会や間食は増える。良質の睡眠をとる代わりにゲームをして夜を過ごす少年や若者は、体重過多になる大きなリスクにさらされている。

子ども時代の習慣は生涯続く傾向があり、肥満児はたいてい肥満の大人になる。子どもの年齢が高ければ高いほど、その傾向はより大きくなる。身体を動かさずにテレビやゲームばかりで過ごす子どもは座ってばかりいる大人の予備軍であると、ハーバード大学メディカル・スクールの最近の特別健康リポートにも記されている。驚くに値しないが、子どものスクリーンタイムと体重過多発生率の明らかな相関関係は、いくつかの研究により証明されている。要するに、男性にとって座りがちのライフスタイルは単に不健康なだけでない。他にもさまざまな問題を引き起こし、寿命を縮める可能性があるのだ。

6 ポルノの見すぎ――オンデマンドのオーガズム

私はアメリカの都市の郊外に移住した第三世界の難民が初めてスーパーマーケットを訪れたときに直面した問題と同じ問題を抱えている。彼らはまったく同じに見えるが明らかに違う銘柄の大量のパスタソースを前にすると、その圧倒される選択肢の多さに頭が麻痺してしまう。そして間違った選択をする怖さから、永遠に迷い続けるという不快な状態にはまり込んでしまう。さて、もしパスタソースがあなたを勃起させるとしたら、決断がどんなにより困難になるかを想像してほしい。

――ジョエル・ステイン、「プレイボーイ」誌の執筆者

親たちはかつてティーンエイジャーの我が子がセックスをしているのではないかと心配した。今、彼らは我が子がセックスをしていないのではないかと心配し始めている。

――ヘレン・ランビロー、「ザ・タイムズ」紙

一九九六年、ピーター・モーリー‐ソーターは彼のお気に入りの漫画キャラクターのカルビンとホッブスがポルノに仕立て上げられている画像（二人がカルビンの母親とセックスしていた）を見て衝撃を受け、カルビンとホッブスがポルノになるなら、どんなものでもポルノになると思った。それが有名な「インターネットのルール34――あらゆるもののポルノがある」の誕生秘話だ。オンラインポルノは仮想快楽のマーケットプレイスだと言えるだろう。上位五パーセントのタグで動画全体の九〇パーセントを占めているが、人気サイトのXNXXは七万以上の異なるタグにより、あまり一般的でないコンテンツでもユーザーがピンポイントで見つけられるよう工夫している。インターネットが成人向けの画像や動画であふれ返るにつれ、およそ人が想像しうるあらゆるものがポルノとしてウェブのどこかに存在するようになった。

ワールド・ワイド・ウェブ（www）が利用可能になったわずか六年後の一九九七年に、すでに約九〇〇のポルノサイトが存在していた。二〇〇五年には、ハリウッドがリリースした映画は六〇〇本程度だったのに、長編ポルノ映画は約一万三五〇〇本もリリースされた。今日、数百万社にのぼる会社や配信元が、とても正確には把握できないほど膨大な数のポルノを直接オンラインで提供している。二〇一三年だけをとっても、PornHubは一五〇億近くの視聴数を獲得し、年間を通して毎時間平均一六八万人が同サイトを閲覧した。ポルノのウェブページの最大の供給国はアメリカで、全世界の八九パーセントに相当する二億四四六〇万ページを制作している。グーグルの検索バーにただ「Porn」（ポルノ）と打ち込んでみるといい。何億何千万ものヒット数が表示され、最初のページは即座に視聴できる無料動画で埋めつくされている。ロシアが大量のポルノ動画制作に乗り出し、ハンガリーからチェコ一帯を中心としたヨーロッパのポルノ産業を乗っ取りつつあるという確かな情報もある。

種々さまざまなカテゴリーと編集による際限のない視覚刺激を、いつでも停止と早送りが可能な状態で提供することにより、PornHub、Youporn、Redtubeといったチューブサイト［YouTubeに似たシステム］は男たちのセックス脳の欲求に応えている。PornHubはポルノＩＱと呼ばれるツールを用いて、個々のユーザーの趣向に応じたプレイリストさえ提供しようとしている。

二〇一三年には、PornHubはイギリスの六歳から一四歳の子どもの閲覧ランキングで第三五位だった。今では少年の三人に一人がポルノを何時間見てるかが自分でもわからないほどのヘビーユーザーだとされる。イギリスでの調査によると、平均的な少年は週に二時間近くポルノを視聴している。若い男性の三人に一人は視聴時間が週に一時間以内のライトユーザーだったが、ヘビーユーザーに類別された人（調査対象者の数パーセント）の五人に四人が週に一〇時間以上も視聴していた。また、ライトユーザーでさえ、その三分の一がポルノに夢中になるがあまり大事な締切りや面会の約束に遅れたり逃したりした経験があると語った。実際、こんなふうにポルノのせいで何かを先延ばしにすることに対する「プロクラスターベーション」［procrastinate（ぐずぐず先延ばしにする）＋masturbation（マスターベーション）］という造語さえ生まれている。さらに年長の男性群はというと、世界のあらゆる国の津々浦々、既婚であろうが、ビジネスマンであろうが、自宅で、職場で、ホテルで、彼らはオンラインポルノを視聴している。ホテルはたいていアダルトテレビや深夜チャンネルの名目でポルノ番組をノンストップで提供している——ディナーや仕事のアポの前であろうが、あとであろうが、お構いなし。

このような男たちは、いったいポルノで失った時間を取り戻せているのだろうか？　それは個人がどのくらいポルノを見ているか、そしてどのくらいその影響を受けやすいかによる。

二〇一四年にベルギーで行われた思春期の少年三二五人を対象にした調査結果によると、オンラインポルノの頻繁な視聴は学校の成績を下げていた。さらに、思春期に早く突入した少年や、「性的興奮の追求度」の高い少年は、そうでない同年齢の少年たちよりポルノを多く見ていることがわかった。問題は単にポルノを見ているせいで他のことをする時間が奪われているだけではない。ポルノという極度な快楽を与えてくれる活動には、それに没頭することで認識や知覚や想像的好奇心が興奮し、時間の経過を忘れ、他の事柄に対する注意力が落ちるという認識吸収効果がある。さらに、心理学者ドルフ・ツィルマンの興奮転移理論とドン・バインの性行動進行理論により、ポルノで得られる高度な性的興奮状態は衝動的で落ち着きのない行動を喚起し、結果的に長時間の集中力や持続力を要求する行動は損なわれる可能性があるという指摘もある。この興味深い理論の証明には、さらなる研究が待たれる。

イギリスのMail Onlineのコラム欄執筆者ペニー・マーシャルによると、一〇代の少年が何時間もポルノを見ることのもう一つの弊害は、彼らが自分のガールフレンドを単なるセックスの対象としてモノ扱いし始めることにある。一六歳のある少女は「男の子たちはただ私たちにポルノスターがやってるあれこれをやらせたいだけなの」と語った。結果的に、TEDカンファレンス［世界的に有名な人物が大講演会を行い動画配信もする］の活発な講演者でMakeLove Not Porn（ポルノに反対、メイクラブに賛成）の著者でもあるシンディ・ギャロップの言葉を借りれば、少年はセックスと〝ポルノの再演〟の違いがわかっていない。イースト・ロンドン大学が行ったオンライン調査によれば、一六歳から二〇歳の男子の五人に一人が「実際のセックスでも刺激剤としてポルノの世話になっている」と認めている。

政策調査研究所が五〇〇人のティーンを対象に二〇一四年に行った調査では、男子の三人に二人と女子の四人に三人が「ポルノはセックスについて現実的でない態度を引き起こす」と答えた。また、彼らの三分の二がポルノは「病みつきになりやすい」、男子の六二パーセントと女子の七八パーセントが「若者のセックスや恋愛観に悪影響を与えかねない」と考えていた。おそらく最も現実をあらわにした回答として、男子の七七パーセントと女子の八三パーセントが「若い子たちがあまりに簡単にオンラインポルノに遭遇してしまう」と考え、ポルノにアクセスするのは仲間内でも一般的なことだと答えたティーンの約三分の二が、「一五歳になるころにはポルノの視聴はごく普通のことになる」と答えていた。

外界から孤立した状態でのポルノの過剰視聴が引き起こす悪影響は、現実にはセックスをしたことがない若者において一段と深刻になる。なぜか？　それは彼らがセックスを恋愛や感情、親密さ、コミュニケーション、譲り合いや分かち合い、愛撫やキスさえも関係のない、単なる体のパーツの機械的な配置による身体的行為だと見なしてしまうからだ。すると、セックスは非人間的な「やるコト」になり、男性にとっては相手の上または中でコトを終えるやいなや何のあとくされも残らない相手こそが最も望ましいセックスパートナーになる。大人たちは、ポルノとは現実生活をファンタジー化したものだと理解しているかもしれないが、若者にとってはポルノが現実で、頑張って実現させる目標だとみなす者さえいる。くしくもイギリスのある若者は「ポルノの目的はファンタジーを現実にすること」だと言っていた。

さらに、ポルノには虚構の部分があり、それは必然的に現実の人間に間違った劣等感を抱かせる。すなわち、ポルノの男優はたいていルックスがよく、いい体をしていて、延々と精力的な性行為を続けられる無限のスタミナの持ち主だ。彼らはいつでも即座に勃起し、射精直後さえも屹立し続ける巨大なペニスを見せびらかす。そんな動画を次から次へと見ることが、若い男性にいい影響を与えるはずがない。

最後に、ポルノ上ではフェラチオであろうかアナルセックスであろうがコンドームを使わず、ペニス、ワギナ、乳房、口を使った可能な限りあらゆる形でセックスをすることが当たり前になっている。ポルノはファンタジーの世界であって教育が目的ではない。だが、実生活でまともな性教育をされていないと、ポルノで気楽に演じられるいくつかの性行為に潜む健康リスクは見逃されてしまう。オーストラリアのバーネット研究所の国民健康センターが二〇一四年に行った調査によると、毎週のポルノ視聴と、性行動の早期開始、不規則なコンドーム使用、セクスティング［性的な写真やメッセージの携帯電話間での送り合い］、アナルセックスの間には強い相関関係があった。アメリカでは、一九九二年には一八歳〜二四歳の女性でアナルセックスを試したことがあると言った人は一六パーセントだった。今日、一八歳と一九歳の女性の少なくとも五人に一人、二〇歳〜二四歳の女性の五人に二人が試したことがあると言っている。多くの場合、アナルセックスでは妊娠の心配がないので、若者たちはコンドームを使う必要がないと考える。だが、アナルセックスでは性感染症のリスクがはるかに高くなることに気づいていない。したがって、一五歳～二四歳の若者の半数が二五歳になるまでに性感染症にかかっているのもけっして偶然ではない。

7 薬物療法や違法ドラッグに頼りすぎ

二〇〇六年、マサチューセッツ工科大学のジョン・ガブリエリ教授が率いるチームは、ADHDの治療薬がADHDの子どもだけでなく、普通の子どもの集中力や学力をも同程度高めることを発見した。したがって、ある子どもにADHD治療薬の効果——行動や集中力や学力の改善——が表れたからといって、その子が実際に患者とは限らないのだが、多くの親や医師たちはそういった変化により確定診断を下している。

では、薬物治療により子どもの教室での行動が改善されることのいったい何が問題なのか？治療により子どもたちは一般的に成績も上がり、確かに扱いやすくなるが、たった一年でもこのような薬物を与えられただけで、子どもの性格は変わってしまうのだ。フレンドリーで外向的で冒険好きだった少年がすぐにイライラする怠け者になる。しかも、彼らは、薬さえ飲めば問題が消え失せることを学ぶ。

ハーバード大学メディカル・スクールのウイリアム・カールゾン教授とその同僚たちは最近、ADHDの治療に使用されるような刺激性の強い薬を動物の子どもに投与する実験をしたところ、成長したのちに活力の喪失が見られたと報告した。これらの動物は一見正常だが、怠惰であった。動こうとせず、危険な場面を避けようとすらしなかった。研究者たちは、人間の子どもにも同じような影響が現れるかもしれないと危惧する。こういった薬物を与えられた子どもは、投薬中や投薬直後には問題なく見えるかもしれないが、大人になったときに、そのような投薬を受けなかった場合に比べると意欲や活力が劣るかもしれないのだ。したがって、2章で述べた無気力ぶりは、薬物治療をたっぷり受けた新しい世代が大人になるにつれ、さらに顕著になる可能性がある。

心理学者でホームドクターのレナード・サックス著 Boys Adrift（さまよえる少年たち）によると、刺激が強い薬物治療は脳の側坐核と呼ばれる領域にダメージを与える。そこは内的モチベーションを行動作用に変える部位だ。もし少年の側坐核がダメージを受けたなら、空腹だったり、性的興奮を覚えていたりしても、どうにかしようという活力が湧かないかもしれない。アメリカとヨーロッパの大学のそれぞれ独立した研究グループは、たとえ動物の子どもがこういった薬物をほんの少量、しかも短期間与えられた場合でさえ、側坐核が永久にダメージを受ける可能性があることを発見している。サックスはこのように記している。

タフツ大学、UCLA、ブラウン大学による共同研究が実証した「側坐核と個人のモチベーションの間には線形相関に近いものがある」という結論には特に不安にさせられる。側坐核が小さければ小さいほど、その人物はより無関心になり、活力を欠く可能性が高い。この研究者たちは、無関心が鬱とは関係がないことを強調している。したがって若い男性がまったくやる気はなくても、完全にハッピーで満足している場合もありうるのだ。

彼はほとんど何もしないし、何もしたがらないが、カウチポテトになってニコニコしている——これはアメリカの若い男性に特にぴったり当てはまる描写だ。刺激性薬物の八五パーセント近くが彼らに処方されているのだから。

そういった薬物の副作用の一つに、緊張と不安がある。この副作用を軽減する特効薬は？　それは大麻《マリファナ》を吸ってハイになることだ。多くの若者が、薬物治療を受けていようがいまいが、大麻を吸う。だが、今の大麻はかつての大麻とは違う。過去三〇年間にその効力は着実に上がっていった。一九八三年には大麻の平均的なＴＨＣ含有量（精神活性成分）は四パーセント以下だったが、二〇〇八年には一〇パーセント以上になり、次の一〇年間に一五〜一六パーセントになると予測されている。二〇一一年にオランダ政府は、強力な大麻（ＴＨＣ含有量が一五パーセント以上）をコカインやエクスタシーと同じハードドラッグのカテゴリーに分類すると発表した。この再分類の理由の一つは、おそらく強力な大麻が、立案、記憶、注意、問題解決、言語能力、誘惑への抵抗といったプロセスを司る行動機能や運動制御能力を大いに損なうからだろう。世代が交代すると、大麻はそれまでとまったく違う、効果よりも害の大きいドラッグになった。

誘惑への屈しやすさについて考えてみよう。人生は危険な快楽の誘惑に満ちている。「誘惑に陥れないでください」というのはクリスチャンの典型的な祈りの言葉だ。人を誘惑に屈しやすくさせるものは、人を未来志向ではなく、今さえよければいい快楽主義に向かわせる。私（フィリップ）の行った時間の感覚についての心理学研究では、現在志向の快楽主義者はあらゆる常習性物質や常習行為に屈しやすいことが明らかになった。これは、快楽主義に支配されているということが、絶え間なく目新しいものや強烈な感覚を求めていることを意味するからだ。

そういう人の決断は常に、自分がどう感じているか、まわりの人たちが何をしたり言ったりしているか、心をそそられるものはどんな見かけか、どんなにおいか、どんな味か、といった目の前の状況により下される。けっして未来志向の人々のように、先々のリスクやコストにまでは考えがおよばない。つまり、気に入ったものがあるとそれを手に入れ、楽しみ、喜びを引き出す――そして、それに依存するようになる。こうして依存症は始まる。

ある新入生の男子学生が、最近ますます一般的になっている、こんな話をしてくれた。

私は小学一年生でＡＤＨＤと診断されました。するとまもなくリタリンの投与が始まりました。その診断が今日に至るまでずっと私の学習と友人関係に影響し続けました。教師と両親はいつも私は頭がいいと言いましたが、気づくといつも問題を起こし、家庭教師ともぶつかっていたので、そんな言葉はとうてい信じることはできませんでした。七年生で私立のエリート校に移ったせいで、その後は特に荒れました。成績は最低で、高一の終わりについに転校するまで、学業不振やら友達関係やらで保護観察のような処分を受けなかった学期は一度もありません。ともかく学校の中でも外でもトラブルを起こし続けました。

彼は今、かなりの量の大麻を吸っていると付け加えた。それはキャンパスのどこでも誰もがやっていることだとか。

以上、Ⅰ部では、若い男性たちがさまざまな形で示している劣化の症状の〝氷山の一角〟を見てきた。それには、ゲームのやりすぎやポルノの見すぎ、薬物療法や違法ドラッグへの依存、モチベーションや活力の欠如、社会性のなさや困難な性的関係、不健康なライフスタイルの選択などが含まれていた。こういった症状は複数の原因がからみあって引き起こされていると考えられる。Ⅱ部ではそれを検証したい。

PART 2 原因

8　船頭のいない家族――父親不在

幼いときにどんな風景にさらされていようが、人はのちにそのガーゼを通して世界を見ることになる。

――ウォレス・ステグナー、歴史家／小説家

ここ数年に若い男性自体はそれほど変わったわけではない。だが、彼らがぶらぶらし、学校に行き、女の子をくどき、成長していくにあたっての、彼らを取り巻く環境や社会状況は一変した。彼らの世界をじっくり眺めれば、I部で検討したデータのもつ意味をより深く理解できるだろう。

有史以来、人類の大多数が複数世代の入り混じった、しばしば複数世帯の中で暮らしてきたため、子どもたちは好もうと好まざるとにかかわらず大人たちに囲まれていた。要するに、まわりには両親の他にも面倒を見てくれる人たちがいた。それは兄弟姉妹であり、祖父母であり、おじおば、いとこたちだった。しかし、学校では生徒約二〇人に対し教師が一人、家庭には一人か二人の大人しかおらず、親戚ははるか遠くに暮らす昨今では、子どもたちが大人と質の高い関係を

結べる機会ははるかに少なくなっている。今日、アメリカの平均的世帯の構成人数は三人以下である。イギリスのそれは二・四人。しかも、この絶え間なく縮小し続ける家族がいっしょに過ごす時間も昔より短い。特に食卓を皆で囲むといった質の高い時間が減っている。『子どもの共感力を育てる』(紀伊國屋書店)の著者M・サラヴィッツとB・D・ペリーは、この人間関係の希薄さこそが、今の社会に他者に対する寛容とやさしさが欠如している遠因になっていると主張する。

幼少時には、私たちはおなかがすけば食事を与えてくれ、危険があれば守ってくれる保護者――母親、次に父親――に依存しきっている。言い換えれば、両親は私たちが自分でストレスのレベルを調節できるようになるまで、その役割を引き受けてくれているのだ。そして、彼らがストレスにどう反応するかが、私たちのストレスに対する反応の発達に影響を与える。母親との最初の関係が、将来の対人関係のいわばテンプレートになる。だが、近年ではこれに問題があった。現代社会のさまざまな要求ゆえに、母親たち自身が常にプレッシャーやストレスにさらされている。そのストレスを誰かにうまく和らげてもらえない限り、彼女たちが幼い子どもに常に愛情をもって接することは難しくなる。

さらに、ストレスは社会のシステムによっても調整される。社会に対応する能力とストレスの調節は脳内の同じ領域が司っていて、二つはいっしょに発達するので、ストレスへの対応がうまく発達しなければ、社会への対応能力や感情の発達もまた妨げられるのだ。

この数十年間に、アメリカの未婚女性の出産率は一九八〇年の一八パーセントから二〇一二年の四一パーセントへと絶え間なく上昇してきた。赤ん坊全体の三分の二を出産する三〇歳未満の女性に限ると、未婚の割合は五三パーセントにもなる。彼女たちの多くは出産時にはパートナーと同居しているものの、こういった関係は結婚している夫婦に比べると二倍の確率で崩壊し、三分の二は子どもが一〇歳になるまでに別れている。全体では少年の三人に一人が父親のいない家庭で育っている。イギリスでは、シングルマザーの家庭は扶養年齢の子どもがいる家庭全体の約四分の一を占めているが、これは一九七一年の実に三倍である。

今日、こんなにも大きい割合の子どもがシングルマザーのもとに生まれているわけだが、これらの若い新米ママのストレスはいったい誰が和らげているのだろう？　自分自身もまだ子どもにすぎない母親たちは、子育てのストレスをどう扱うのだろう？　さらに、平均寿命が伸びるにしたがい、今では過去にないほど多くの年老いた親が介護施設に入っている。彼らを定期的に訪問し、基本的な法律や金銭の問題など、老いにまつわる数々の問題は誰が解決するのだろう？　普通、それらはすでにストレスいっぱいの母親となった娘たちの肩にかかってくる。彼女たちは、か弱くなって記憶障害に苦しみ、今では成人した娘たちに愛情を返すこともほとんどなくなった、愛する親の面倒を見るという新しいストレスを扱わなくてはならない。

かつては家族のみんなが集《つど》って体験やアイデアや価値観を分かち合ったのは夕餉《ゆうげ》の食卓だった。今ではそれは、あることよりもないことが有難がられる遠い昔の伝統になった。今から二五年前に「USAトゥデイ」紙が行った、人々の「時間が足りない」という感覚についての調査では、すでに六〇パーセントの家族が「五年前より生活が慌ただしくなり、日常的に家族揃って食事するといったことが不可能になっている」と答えていた。今日、「頻繁に家で両親とともに食事をしている」と答えるティーンは半数にすぎない。だが、全米薬物常習乱用センターによると、家族とともに夕食をとる頻度が一週間に五回から七回のティーンに比べ、三回未満のティーンでは、喫煙する率が四倍近く、飲酒では二倍、大麻使用では二倍半、先々にドラッグを常用する可能性では四倍近くも高かった。

あてにならないロールモデル、傷ついた信頼

けっして普通に行われていたことではないにしても、二〇世紀初めにはアメリカ人は自分の子どもに切手を貼ってアメリカ郵政公社の郵便でどこかに——たいていは親戚の家に——送っても安全だと思えるくらい互いを信用していた。ベビーシッターすら信用できない今日とは、実に隔世の感がある。今では、親たちは小さな〝ナニー用カメラ〟をぬいぐるみや目覚まし時計に仕込んで、子どもが〝世話をされている〟間に、自宅で実際には何が起きているかを監視している。

アメリカ人で「ほとんどの人は信用できる」と感じている人の割合は、一九六〇年の五五パーセントから二〇〇九年には三二パーセントに下落した。つまり、今ではほとんどのアメリカ人が同国人を信用するに値しないとみなしていることになる。二〇一二年のピュー・リサーチ・センターによる世論調査ではこの数字は改善しているが、それでもミレニアル世代に限ると、わずか一九パーセントしか他の人々を信用できる人物だとみなしていない。イギリスでも同じく、一九五九年には五六パーセントあった同数字は、二〇〇八年には三〇パーセントまで落ちている。し

たがって、イギリス人のほとんども、もはや他人は信用できないと感じている。
このように、まわりに対する信用が失われた根底には、政治家の汚職や虚偽や欺瞞、目撃者のいいかげんな証言、下層階級に対する見方の変化、有名人のスキャンダルや公的人物の評判失墜などに対するマスコミの派手な報道がある。
さらなる研究に値する他の要因としては、人々がじかに体験し目撃した出来事が挙げられるが、ハーバード大学のロバート・パットナム公共政策教授は著書『孤独なボウリング――米国コミュニティの崩壊と再生』(柏書房)の中でこう説明している。

ほぼすべての社会で「もたざる者」は「もてる者」より疑り深い。おそらく、それは「もてる者」のほうが他者からより誠実で丁寧な扱いを受けるからだろう。アメリカでは黒人は白人より、経済的に困窮している人は経済的に豊かな人より、大都市の住民は小さな町の住民より、犯罪の被害歴がある人はそうでない人より、離婚歴のある人はない人より、社会に対する信頼度が低い。

とりわけ心配なのは、多くの国々で見られる離婚率の高さだ。なぜなら、離婚がもたらす破壊的な影響はけっして単純ではなく、私たちが直接結びつけることのない微妙な形で表れるからだ。たとえば、結婚に関する専門家で心理学者のジョン・ゴットマンが離婚経験者や不幸な結婚生活を送っている人々の血液を調べたところ、免疫システムが低下し、白血球の数が減り、結果的に感染症と闘う力が落ちていた。また様々な環境で育った就学前の子どもの血液を調べると、両親が不仲な家庭の子どもはストレスホルモンのレベルが慢性的に高くなっていた。

一九六九年にカリフォルニア州のレーガン知事は、全国で初めて無過失離婚を認める法案を成立させ、それにより夫婦は離婚にあたって理由を申し立てる必要がなくなった。続く一〇年間に他州も追随し続けた結果、一九八〇年には離婚率は一九六〇年の倍に跳ね上がった。今日、アメリカでは最初の結婚の半数以上が「死が二人を別つ前」に崩壊する。その約半数が結婚後七年以内に起きている。

これは世界中で見られる傾向だ。やはり無過失離婚を認めているイギリスでは、子どもたちの四八パーセントが一六歳になるまでに両親の離婚を経験している。中国では結婚するカップルの数より、離婚するカップルの数のほうが多い。中国全体の離婚率はまだ低いとはいえ、それは毎年着実に上昇し、そのほとんどが大都市で起きている。ポーランドのような伝統的なカトリック教国においてさえ、まわりの信仰心の薄い国々に比べればまだ低いものの、近年、離婚率の急上昇を見た。同国では今、三組に一組の夫婦が離婚している。

あるポーランド人の母親は、離婚を含む現代の数多くの社会現象が若者に与える影響を次のように記した。

> 家族の解体と不安定な人間関係だけが要因ではありません。フェミニズムの浸透、男性パートナーからの助けがゼロの状態で男の子を育てなくてはならないシングルマザーが陥る過保

護、生活費を稼がなくてはならない母親たちにのしかかる経済的プレッシャー。その上、いたるところにうわべだけの道徳規範を奨励して感覚を麻痺させるメディアがあります。したがって若者たちはかつてないほど弱々しく、道に迷っています……一番いい例が、今なお人生と責任から逃げている、私の三〇歳の無職の息子です。

離婚は誰にとっても楽ではない。でも、子どもたちの信頼力に影響を与えるのは離婚そのものよりむしろ、両親がその状況をどう扱ったかだ。両親が情緒不安定になり、理不尽な言動をし、時には暴力を振るうのを見て、多くの子どもが男女関係に対する信頼を失う。両親のバトルが大っぴらになる前にも、子どもたちはしばしば、かつては愛し合っていた二人の間の口争いやへこし合いなど、人間同士のネガティブな関係を目撃する。

早い話が、これが今、多くの子どもたちが目にしているパターンだ——男と女が出会い、恋に落ち、結婚し、赤ん坊が誕生する。ストレスが生じる。赤ん坊に生活を乗っ取られる。二人の間に溝が生まれる。もともとコミュニケーションが豊かな夫婦ではなかったがいっそうひどくなる。ストレスを発散させるため、夫婦関係が壊れる行為——暴力、ドラッグ、アルコール、心理的または肉体的不貞——に走る。誰もが不幸。離婚に至る。そして最後には両親の片方または両方ともが、感情的にも、精神的にも、場合によっては経済的にも破綻する。

これはどんな子どもにとっても、目撃し、自身もその一部になるシナリオとして、悲しすぎないだろうか？

今日、家で子育てをしている多くのシングルマザーが、子どもがいることは幸せに感じるものの、キャリアを捨てるべきではなかったとの後悔を口にしている。そうすれば、離婚によりこんなにも厳しい状況には陥らなかっただろうにと……彼女たちは労働市場から長期間離れすぎたために、仕事に就けないのだ。

一九六二年のギャラップ調査で、娘にも自分と同じパターンの伝統的な人生を送ってほしいと答えた母親はわずか一〇パーセントだった。五〇年後、数字はさほど変わっていない。一九六二年に娘だった女性たちは、今では娘をもつ母親になっている。だが、この若い娘たちが母親から受け取るメッセージは、はなはだしく矛盾している。一方で、子どもは何ものにも代えがたいと言いながら、もう一方で、キャリアは家族より永続的だとも言う。だが、その両方をうまくこなせている――あくまで自身のスタンダードでだが――手本となる女性はほとんどいない。

さらに当の娘たちは離婚や母子家庭につきもののハイレベルのストレスや不幸も感じ取っており、成長の過程でそんなことを扱わなくてはならなかったことを、時折恨みがましく思っている。私たちの調査に、ある若い女性はこんなコメントを寄せた。

「母は父との別離によって強くはなれませんでした……それが起きたのは私が一五歳のときで、私は若い女性になる代わりに、家長の役割を負わされたと感じました。そのせいで、女性としての私の思いは抑え込むしかありませんでした」

二〇一二年のピュー・リサーチ・センターによる世論調査では、人種、収入、教育を考慮に入れたあとでさえ、結婚していない母親の二三パーセント、仕事をもつ母親の三一パーセントしか

「最近の自分の生活に満足している」と答えていない。これに比して、結婚している母親の四三パーセントと働いていない母親の四五パーセントが満足していると答えている。

次世代に伝播するもう一つの深いメッセージは罪悪感だ。母親が、仕事を辞めないでいたらどんなに自分の人生は変わっていただろうかとか、自分と同じ過ちを犯してほしくないなどと話すたびに、娘は遠回しに「自分の存在は母親の過ちの一部で、自分は母親が人生の一番いい時期に手に入れるはずだった成功の邪魔をした」というメッセージを受け取る。したがって、娘は母親の犯した自分を産むという過ちの償いをするためにも、母親の望むような生き方をしなくてはならないと考える。

最も重要なメンター［指南役］である母親からのこのようなメッセージを受け取っている上に、ソフィア・ベルガラや、グウィネス・パルトロウ、ハイディ・クルムのような、すべてを手に入れ、すべてをこなしてなお四〇歳や五〇歳になっても美しい「スーパーウーマン」と呼ばれるセレブマザーたちがぞろぞろいる。すると、ごく普通の若い女性は落ち着かなくなり、気持ちが混乱し、しまいには「私はこの先もきっと、すべてを手にすることはない……それどころか、思い描いていたものからすら程遠い人生になるだろう」と決めつけて落ちこむ。親が子にこのようなメッセージを送ることが問題なのは、子どもが信頼と愛情に満ちた関係を築くにあたり、その中心となる自信をむしばんでしまうからだ。フルタイムのキャリアを手にしていない娘は母親の期待を裏切ったと感じるだろう。一方、息子は母親を観察し、自分は果たして女性を幸せにできるのだろうかと不安になる——オヤジでさえあんなに見事に失敗したのに、自分にできるわけがないだろう？　つまるところ、離婚の七割近くが、女の側から要求されているのに。

この悲しいストーリーのB面は、結婚の崩壊を見たあとに月々の生活費と扶養手当の支払いに突入する父親たちだ。彼らのわずか一〇〜一五パーセントしか親権争いに勝利していない。その結果、多くの男たちが自分を敵扱いした者たちのために一生働かなくてはならないと感じている。なんとか支払いを続けようと長時間働いているのに、それでも冷たい人間呼ばわりされると、自分はひどく誤解されていると感じる。彼らは、少しでも個人的な落ち度があれば、子どもの親には適していないとみなされかねない。もし新しい趣味でも見つけようものなら、自分勝手だと言われる。同じことが繰り返されることへの恐怖から新たな恋愛に尻込みすれば、真剣な関係を恐れていると言われる。けっして大袈裟ではなく、このような男たちは深く絶望している。離婚後の男性の自殺率は女性のそれより一〇倍も高い。これはもともと男性のほうが結婚からより大きな恩恵を受けていて、女性の側はむしろ、結婚により子育てやさまざまな用事の大半を背負わされていると感じていたことを示している。また、男性は人に助けを求めたり、他人に頼ったりすることに慣れていないため、より感情を鬱積させやすく、失意のどん底にいるときに、より思い切った行動をとる傾向にあることも一因だろう。

今なお子どもたちのほとんどがディズニーの映画やおとぎ話を与えられて育つので、結婚は誰もがするものであり、また結婚は永遠であると思っている。だから、離婚は家族全員にとって、衝撃的な出来事なのだ。小さな子どもはこう考える——いずれ、私も（ぼくも）こうなるの？　と。大きくなればこう考える——なんでわざわざ。結婚なんてムダ。どうせ最後に重荷を負わされるのは私（ぼく）なんだから。

必ずしも、そんなふうにならなくてもすむのだ……もし離婚が円満に行われ、両親が互いへの尊敬と子どもたちに対する揺るぎない愛をしっかり伝えることができれば。けれども、普通はそうはならない。したがって、若者は男女関係における信用と信頼のお手本を目にすることなく大人になる。その結果、昨今では長期にわたる一対一の恋愛からは得るものより失うもののほうが多いと考えられている。恋愛とは自由と自立を制限し、すぐにではなくても一〇年か二〇年後にはほぼ確実に破綻するもののために、自分のゴールや情熱を犠牲にさせる何かなのだと。また、中には両親の離婚の原因の一つは自分なのではと考え、自身の経験した心痛を味わわせないために、子どもをもたない決断をする者もいる。

彼らは、恋愛や結婚につきものの問題をどう扱い、どう話せばいいのかすらまともに教えられていないのに、それでもなお、そういったものを欲しがるよう期待されているという。それで、しまいには誰を信じていいかわからなくなる。「一番身近な人を信頼できなくて、誰を信じられるだろう？　自分の父と母さえ添い遂げられないのに、誰ができるだろう？」と。信頼は第一次集団の人間関係からスタートするので、最初のロールモデルである両親が不安定で約束を果たさなかったり、互いを支え合わなかったりすれば、他者を頼ることや、他者に自分を頼らせることは困難になる。

幸せな結婚にはまず信頼が不可欠だ。でも、もう一つ考えなくてはならないのは、社会の他の部分も、どのように同じ土台の上に築かれているかだ。ハーバード大学メディカル・スクールのジョージ・ヴァイラント精神科教授は、一九六六年から、四〇年以上の長期にわたって、略式には「グラント・スタディ」の名で知られる「ハーバード成人成長調査」を行っている。同研究はもともと一九三八年に、単に当時の流行だった病理学的な面だけでなく、生まれつきの気質や育ち方がいかに男たちの将来の精神的身体的健康を左右するかを調べるためにスタートした。開始当時の研究者たちは、ただ長年にわたる身体の健康状態を観察するだけでなく、包括的な〝最上級の〟健康についても調べたいと考えていた。調査の協力者は全員がハーバード大学の二年生の男子学生だった。七五周年にあたる最新の分析結果で（生存する協力者の多くが九〇歳代）、ヴァイラントは温かい家庭での子ども時代――子どもの主体性や自立心を重んじる両親と強い絆で結ばれ、少なくともきょうだいの一人と非常に仲がいい――の重要性と、それが将来の幸福や成功はもとより、他者に対する信頼の発達に果たす役割について何度も触れている。たとえば、「基本的な愛と信頼を家庭で学べなかった子どもは、立派な大人になるための土台となる自己主張、自発性、自律性を身につける上でハンディキャップを背負う」。また、最も温かい環境で育った男たちは、暗い子ども時代を送った男たちより五〇パーセント多く金を稼いでいた。さらに、最も自立した男たちは最も愛情深い家庭で育った男たちだった。彼らは「人生を信じていいということを学んでいるので、世の中に出て行って、それと直面する勇気をもてる」。反対に、「他者に対して信頼と希望をもてなければ、簡単に孤独に陥ってしまう」。

私たちの調査に協力した、ほぼ父親不在の環境で育った二〇代半ばの男性が、この心情をうまく代弁していた。彼はつい最近まで、家を出ることも教育を終えることもできなかったそうだ。「私が育った環境の根底にあった数々の問題にしっかり目を向けて初めて、私の思い込みの間違いに気づきました。それは私の個人的成長の大きな一歩でした」と。

父親支援団体「ナショナル・ファーザーフッド・イニシアティブ」の二〇〇八年の調査によると、結婚しているか、子どもの父親と同居している母親の五六パーセントが父親は子どもとの間に「強い絆があり、温かい関係にある」と答え、「冷たい、感情の入らない関係にある」と答えた人はわずか三パーセントだった。対照的に、子どもの父親と暮らしていない母親で「強い絆があり、温かい関係にある」と答えたのは一五パーセントで、「冷たい、感情の入らない関係にある」と答えた人は四七パーセントにのぼった。

個人の子ども時代の温かさや信頼力、さらには彼らが結婚するかどうかは、たいした問題ではないと思われるかもしれないが、大局的な見地からは大きな影響が生じる。なぜなら、信頼力の低さは、単なる人と人との関係への悪影響にとどまらないからだ。つまり、国民が互いを信用し合わない国は経済的にも繁栄しない。クレアモント大学院大学のポール・ザック経済学教授は、「信用に値する人の割合が大きい国はより繁栄する……こういった国では商取引がより多く行われ、より大きな富が生み出され、貧困は軽減する。したがって、貧しい国は概して低信頼国である」と述べている。一九八〇年代以降、国民間の信頼が高まったのは、デンマーク（国民が最も同胞を信頼している国：七六パーセント）を筆頭に主に北欧の国々だ。同胞を信頼する人の割合が二〇パーセントを切っている国にはメキシコ、南アフリカ、アルゼンチンが含まれる。

フランシス・フクヤマは著書『「信」無くば立たず――「歴史の終わり」後、何が繁栄の鍵を握るのか』(三笠書房)に「リベラルな政治や経済機構の活力は、健康でダイナミックな市民社会の存在にかかっている」と記している。そしてそれは堅固で安定した家族の上に築かれるとも。チャールズ・マレーも同様に、『階級「断絶」社会アメリカ――新上流と新下流の出現』(草思社)に、結婚は国の強さと経済回復力の基盤の一つであるという考えを述べている。子どものいる家族はコミュニティの核であり、それが社会の核になると。コミュニティは子どものいる家族のまわりに発生する。なぜなら、こういった家族はいつの世にも社会を動かし機能させるエンジンだからだ。

パートナーの存在いかんと就業状況の間には、はっきりした相関性がある。既婚男性は独身男性より一七パーセント、同棲している男性より九パーセント長期間、労働力になっている。女性については、一年に働いている週数とパートナーがいるかどうかの間に大きな関連性は見られないが、子どものいない女性の働く時間は、子どもがいたがすでに家を出た女性より一七パーセント長い。二七歳になるころには、独身男性の八倍の数の独身女性が家に子どもを抱えているが、この傾向はマイノリティ、低学歴、未婚者の間でより顕著だ。全体として、アメリカの未婚人口は二〇〇〇年から二〇一〇年の一〇年間に四一パーセント上昇した。一方、カップルにとって結婚に代わる選択肢である同棲は、一九七〇年以来、一四倍に増えている。

イギリスの二〇一四年の統計では、一六歳～六四歳の女性の六八パーセント、同年齢層の男性では七八パーセントが就業している。一八歳～四九歳の女性で一度も結婚の経験がない人の割合は、一九七九年には一八パーセントだったが、二〇一一年には四三パーセントになっている。一方で、パートナーと同居している女性の割合は一一パーセントから三四パーセントに増加。一人暮らしの人の割合も、一九七三年の九パーセントから二〇一一年の一六パーセントへと二倍近くになった。この割合は二五歳～四四歳の年齢層では二パーセントから一〇パーセントへと五倍になっている。同棲カップルの数は、二〇〇三年の二二〇万組から二〇一三年には二九〇万組へと増加し、その四一パーセントに同居し扶養している子どもがいる。また、シングルペアレント世帯の九一パーセントを女性が占めている。

同棲は大人にとっては便利な形態かもしれないが、同棲も単親世帯も、子どもはしばしば二つの別々の世界に暮らすことになるので、結婚ほど安定した基盤を与えられないことは証明されている。問題のない結婚家庭の子どもに比べると、同棲家庭の子どもは約二倍の確率で高校を中退したり、ドラッグを使用したり、鬱になったりしている。さらに、同棲は結婚ほどには永続性や安全を子どもにもカップルにも与えない（身体的、性的、心理的虐待が起きる率は三倍）。結果的に、同棲カップルは結婚した夫婦に比べ、四倍の確率で不倫し、二倍の確率で別れる。このように、同棲にはどんな利点があろうと、明らかにネガティブな犠牲と結果が生じている。

離婚のような家族のトラウマと肥満の間にも強い相関関係がある。約三〇〇人の病的に肥満の人を対象にした調査では、非常に高い割合の人がきわめて深刻な家族問題、それも特に性的虐待を経験していることが判明した。彼らのうち約半数の男女が、子ども時代に性的暴行または性的虐待を受けていた。男性に関しては、一般的な数字の三倍だ。調査対象者のほぼ全員が、子ども時代のなんらかのトラウマを引きずっていると答えた。体重の増加はしばしば痛ましい出来事の直後に始まっていた。その最も典型的な例が親の離婚であり、離婚率の増加の直後から、肥満率は急上昇した。一般的に男の子は女の子より両親の離婚に適応するのが下手だ。とりわけ父親が家を出た場合にそのリスクが高まる。たとえば、最近のノルウェーでの調査でわかったことだが、生後最初の一年間に父親からポジティブな関わり方――赤ん坊が興味を示すものに注意を向け、微笑んで励ますなど――を頻繁に受けた子どもは、二歳になったときに他の子どもたちよりおだやかで行儀がよかった。この傾向は特に男の子にはっきり表れていた。同調査によると、一般的に女の子には父親と母親が同じくらいポジティブな関わりをしていたが、男の子には父親がより頻繁にポジティブな関わりをしていた。

興味深いことに、ヴァイラントは、回復には時間がかかるものの、年月の経過とともにいずれは子ども時代に起きた良いことが子ども時代のトラウマに打ち勝ち、トラウマはさほど重要でなくなることを発見した。「幼少時の知能や、親が生活を福祉に頼っていたかどうか、家族の中に多くの問題があったかどうかより、子ども時代の環境の温かさのほうが、その子が将来属する社会階級や就業状況についてのはるかにすぐれた予測判断材料となる」と彼は言っている。「グラント・スタディ」の七〇歳代になった男たちさえ、満足度のレベルは「両親の社会階級はもとより、自身の収入とさえまったくと言っていいほど関係が見られない。はっきり結びついているのは、子ども時代の環境の温かさであり、さらに大きく影響しているのは父親との近しさだった」。

この関係が、今ではあまりに多くの家庭でなくなっている。

父親は何処？

女は初めから女だが、男には成らなければならない。雄性は危険で捉《とら》えどころがない。それは女の反発により達成され、他の男たちによってのみ承認される。

——カミール・パーリア、フィラデルフィア芸術大学人文科学メディア学教授。『性のペルソナ』（河出書房新社）の著者

もし私たちが導かなければ、男の子たちは村を焼き落とすだろう。

——アフリカの諺

すでに述べたように、今日、多くの子どもがシングルマザーのもとに生まれ、育てられる。ミレニアル世代の四四パーセント、ジェネレーションX［アメリカで一九六〇年代初頭から一九七〇年代に生まれた世代］の四二パーセントが、結婚は時代遅れだと考えている。ならば、二一世紀には男女の誠実で長期的な関係は人々の目にどのように映るのだろうか？　そして、そのような態度はその先の世代にどんな影響を与え、彼らの子どもたちはどんな育ち方をするのだろう？

べつに自慢することでも褒められたことでもないが、アメリカは先進工業国の中では父親不在率でリードしている。イギリスでは子ども時代が終わるころには、自分の部屋にテレビをもつ割

合は、家族に父親が含まれる割合より大きくなる。「マインド・ポジティブ・ペアレンティング」の創設者デイヴィッド・ウォルシュによると、父親がいる子さえ、学童期の少年を例にとると、一週間に平均半時間しか父親と一対一の会話をしていない。「ところが、この少年たちは週に四四時間をテレビやゲームやインターネットの画面の前で過ごしているのです」と彼は言う。「私たちは息子をひどく放置しています。その結果、息子たちには、健康的な男性としてどう振る舞うべきかを教えてくれ、道筋を指し示してくれるメンターや年長者とともに過ごす時間がありません」。

カナダでホワイトリボン運動［開発途上国の妊婦を守ることが目的］の地域担当をしているジェフ・ペレラは、「ハイヤー・アンラーニング」というブログを始めた人物でもある。それらはともに、男性、男らしさ、父親の役割と責任、健康的な男女関係、そして女性や少女に対する暴力を終わらせるための討論の場を提供している。ある日、彼はトロントで午前中を使って、町の八歳と九歳の少年たちに、男の子であることの何が好きで何が嫌いかを質問した。すると、嫌いなことについて次のようないくつかの答えが返ってきた。

- 母親になれないこと
- 泣いてはいけないこと
- チアリーダーになれないこと
- すべての仕事をしなくてはならないこと

- 暴力が好きだと思われていること
- サッカーをしていると思われること
- 臭いこと
- 最初から悪いと決めてかかられること
- 体中に毛が生えること

ペレラによると、少年たちの多くに「負けず嫌いになって、その結果、攻撃的になったり、勝者だと呼ばれるためにズルをしたりするところ」が嫌いだという共通した考えがあった。要するに少年たちは、時にいかなる代償を払ってでも勝者になることが強要されているのだ。ある少年が「最初から悪いと決めてかかられること」を挙げたように、少年たちは自分たちがいかにいつもトラブルに巻き込まれるかについて話した。ペレラが「母親になれないこと」とはどういう意味かと尋ねると、彼らのほとんどが出産をしなくていいことはうれしいが、親としては何かを経験し損なっている気がすると答えた。ある少年にいたっては、わざわざ立ち上がって、「CMでも人形と遊んでいるのはいつも女の子で、男の子は母親役になれない」と不満を訴えた。ペレラが少年たちに「でも父親にはなれるじゃないか」と言うと、彼らはポカンとした。これについて、ペレラは以下のように記している。

この五〇人の少年の父親やロールモデルのうち何人が、物理的には存在はしているものの情緒的には不在なのだろうか？　そもそも何人に父親がいるのだろう？　そんな考えが頭をよぎった。彼らは父親とともに時間を過ごしていたとしても、せいぜいキャッチボールをする程度なのだ。彼らには今の世に則した正しい「男らしさに向かう地図」が必要だ。私たちが男らしさについて時代遅れの考えやルールを押し付ければ、少年たちは間違いなく、人間としては失格する男の基準を満たそうとするだろう。

父親不在と現代の通過儀礼の欠如はどちらも所詮、少年の社会的情緒の発達に軽い影響があるだけだろうと過小評価されている。だが、実際には、家に父親がいない少年や、建設的な男性ロールモデルが身近にいない少年は、のちにその欠如を埋めようとする。それを悪い仲間の中に見出す者もいれば、ドラッグやアルコールやゲームや、女性をモノとみなすことの中に見つける者もいる。たとえば二〇一四年のドキュメンタリー映画「フリー・トゥ・プレイ」に登場した三人のゲーマーはいずれも父親のいない家庭で育っていたが、それはけっして偶然ではない。その一人〝デンディ〟は小さいときに父親を亡くし、その後ゲームにはまった。彼自身、父親の死が「ゲームに駆り立てた」と認めている。〝フィア〟の父親は、彼が幼いころに家族を捨てて出ていった。フィアはバスケットボール・チームのメンバーからはずれたのをきっかけに、膨大な時間をゲームに費やすようになった。多くの意味で、父親がいないことが自分を今の自分にしたと告白している。三人目の〝ハイハイ〟は、子どものころは父親が毎日一五、六時間働いていて「人生の他のことは、ほとんどすべて放棄していた」と語る。同映画は優勝賞金約一億円の大会での勝利をめざす、オンライン戦略ゲーム「Dota2」の世界屈指のプレイヤーとしての彼ら一人一人を追った。

父親不在のもう一つの悪影響は、ＡＤＨＤの発生率の高さである。二〇一〇年に行われたスウェーデンの六歳～一九歳の子どもを対象とした調査結果によると、シングルペアレントに育てられた子どもはＡＤＨＤの薬物治療を受ける可能性が五四パーセント高くなる。アメリカ国立健康統計センターは、未婚または離婚により母子家庭で育つ子どもは、情緒障害や行動上の問題で専門的な治療を受ける可能性が、両親のそろった子どもの三・七五倍になると報告している。

「ボーイズ・トゥ・メン」というメンタリング・ネットワークの共同創設者クレイグ・マクレインは、男性がティーン年齢の少年を避けようとする理由について、次のような残念な見解を述べている。


男はティーンエイジの少年が怖い。死ぬほど怖い。だから、いっさい関わり合いになりたくない。これは男たちを相手に講演をした数多くの機会に、「さて、私といっしょに週末にティーンエイジの少年三〇人と出かけたいと思う人が、ここに何人いるでしょうか？　手を挙げてください」と言ったときに明らかになりました。たった一人しか手を挙げないのです。そこで「これが問題なのですよ」と言いました。彼らはティーンエイジの少年が怖い。なぜなら、その年頃だったときの彼らの記憶には心痛や後悔や悲しみや孤独感しかないので、同じ立場にいる少年たちを見ると、それらがよみがえって来るようで怖いのです。だから尻込みするのです。

少年たちは何をすべきなのだろう？　二〇〇七年制作のドキュメンタリー映画「ジャーニーマン」はミネソタ州の二人のティーンエイジャー、マイクとジョーが「ボーイズ・トゥ・メン」の提供する指導と通過儀礼のプログラムを通して成長する姿を追った。当初、二人は世の中に対する不信感でいっぱいだった。どちらにも父親代わりの人物はいなかった。彼らにはそれぞれ男性のメンターが与えられた。メンターとなった男性たちもまた父親のいない環境で育ち、少年時代には自分のあり方に対する罪悪感と羞恥の感情に苦しんだ。メンターの一人、デニス・ギルバートはメンターとしての自分の能力に自信がなかった。

初めは、メンターになりたいかどうかが自分でもわからなかった。思春期の少年、特に集団に対して、自分でも気づかない苦手意識があったんだ。恐怖のようなものだ。最初のころは多くの場合、二人でただ車の中に座って、じっとどこかを見ているだけで、ヤツからはほとんど何の返事も得られなかった。半年ほどたったころ、さすがにこんなでいいのかって自問したよ。何かに気づくってこともないし、互いに友達だとも感じていなかった。ヤツが退屈しているから、時々ただ迎えに行ってやるだけの人間だった。それでチャーリーに電話して言ったんだ。「おれはこのメンターってもんをしくじってる。ヤツはおれのことを好きじゃないし、会話もない……きっと他にもっとメンターに適した男がいると思う」とね。するとチャーリーが言った。「デニス、お前がやっていることこそ、まさに必要なことなんだよ」と。

チャーリーは正しかった。そんな時期は過ぎて……また三か月たったころ、ヤツは心を開き始めた。

大人の男への移行期にある少年にとってきわめて重要なのは、彼らの存在を楽しみ、ありのまま受け入れてくれ、かつ自分の行いに責任を取れる人間になるよう導いてくれる大人の男性が単にまわりにいることなのだ。ありのままの自分を愛してくれるのは、通常、無条件に愛情を注いでくれる母親で、一方、優秀さや何かをめざして行った努力に対する愛は典型的に父親のテリトリーだ。このケースでは、メンターたちはその両方を与えた。

二年後、かつてはすべての科目で落第していたマイクは全科目に最高のグレードを取るまでになり、初めて「ボーイズ・トゥ・メン」の週末行事のスタッフになった。その経験が自分を変えたと彼は言う。以前は自分には未来はないと思っていたが、今はそれが見えると言う。ジョーも今では子どもの父親になり、家族が増えていくのを楽しみにしている。メンターたちもまた、少年たちとの関わり合いを通して明らかになった、未解決のままだった少年期からの問題に対峙する心の旅に乗り出していた。

少年は自分と関わってくれる父親やポジティブな男性ロールモデルがいれば、新しく出会った人をより受け入れ、心を開き、信頼するようになる。小学生のあるグループでは、父親と暮らしている子はそうでない子に比べ、社会的能力を計るテスト二七項目のうち二一項目で、より高い点を取った。そして、おそらく結果的に、彼らにはより多くの友達がいる。また成績も良く、最終的には高い学歴を得る。小学生では父親のいる家庭で育った子はそうでない子に比べ、学習能力を計る九項目のうち八項目でより高い点を取っている。父親のこのように重大な影響は高校の終わりまで続く。

少年の生活に大人の男性の存在が必要なことには疑いの余地がない。母親の役割もきわめて重要だが「シングルマザーが思春期の息子を落ち着かせ、分別を得るのを助けるためにできることは一つもない」と*The Minds of Boys*（少年の心）の著者マイケル・ガリアンは主張する。「少年には父親が必要だ。なぜか？　それが自然の摂理だからだ。それが人間の自然な姿だからだ。母性の子育てもあれば、父性の子育てもあり、二つには異なる配線がある。男は女とは子育てに違った対処をするので、子ども――男の子も女の子も――には両方からの養育が必要なのだ」。

また男たちのほうも、息子の人生に入りたがってもかまわないのだと知る必要がある。性差別問題の研究家かつ運動家のワレン・ファレルは、少年にしてやれることについてバランスのとれた視野をもつことは、単に少年たちだけでなく誰にとっても利益になると言っている。

女性運動が起きる前には、少女は家族のボートを右側から漕ぐ（子どもを育てる）ことだけを学び、少年は左側から漕ぐ（金を稼ぐ）ことだけを学んだ。女性運動は少女が両側から漕げる女性になる手助けをした。しかし少年にはバランスを取る力が加わらなかったので、相変わらず左側から漕ぐことだけを学んだ男になった。それの何が問題なのか？　もし私たちの娘が新しく手に入れた能力を発揮しようとして左側から漕ぎ、私たちの息子もまた左側からだけ漕げば、ボートはただぐるぐる回ってしまう。ただぐるぐる回る家族のボートは、不況という岩にぶつかって沈む可能性が高い。過去には男は一家の大黒柱で、一つの会社で一生働き続けたかもしれない。この先はテクノロジーの発達が経済を絶え間なく変化させ、家族のボートにはより大きなフレキシビリティが求められるようになる。つまり、最終的には娘たちが金を稼ぐのと同じくらい抵抗なく、息子たちが子育てをできるようになる必要がある。

ほんの数十年前、少年には父親がいただけでなく、おじや祖父やいとこや、家族ぐるみの男性の友人や隣人がいた。彼らは社会的支援のさりげない源となる、拡大した部族的家族システムを提供していた。今ではフェイスブック、ツイッター、ゲーマーのコミュニティ、その他のソーシャルメディアがそれに取って代わろうとしている——だが、所詮、すべてを代替することは不可能だ。少年たちには〝つながれる相手〟以上のものが必要だ。相談相手が必要だ。落ち込んだときに傍にいてくれる人、彼らのニーズを感じ取ってくれる人が必要だ。なぜなら、男同士なら助けを求めなくても気分の変化を察知できるからだ。誰にとっても困ったときに助けを求めることは難しく、きまりが悪い。だからこそ、困っているときにいち早く気づいて援助の手を差し伸べてくれる思いやりのある友達や家族が少年には必要なのだ。彼らにはまた、何かの役に立ったり目標を達成したりしたときに、それを認めて正当な褒め言葉をかけ、自尊心や誇りを育ててくれる人の存在も必要だ。

媒体《メディア》の影響

男らしさの定義は何だろう？　そして、少年たちはそれについて、どこから情報を得るのだろう？　私たちの調査では、多くの男たちが、自分について正直になったときや、自信をもって何かを決断をしたときや、積極的に夢を追求したときに自らを最も男らしく感じると答えた。男は元来リスクを取る冒険家で、征服を好む。自分が必要とされているとわかるとモチベーションが上がり、仲間からの――特に男たちからの――尊敬を欲する。

だが、意味ある尊敬は、何らかの形で他の人たちの生活をよくする向社会的な行動により得られるものでなくてはならない。友達より酒が多く飲めるから、またはバカバカしいことをやってのけられるからという理由で得られるものであってはならないのだ。しかし残念なことに、人気映画やテレビのバラエティ番組のほとんどが、男を後者のような、頭の悪いろくでなしのイメージで描いている。

テレビ番組にＩＱが三桁の男をもう少し登場させるべきだ。なぜ男性の登場人物はテストステロンに突き動かされたマヌケや、いやらしい探偵や、ヴァンパイヤや、セクシーな妻のいる女たらしや、デブばかりなのだろう？　おそらく、これはさほど不思議なことではない。メリーランド大学の最新の調査によると、不幸せな人は普通の人よりかなり長時間テレビを見ているが、ある意味、これは当然だろう。テレビは受動型の娯楽なので、見る人は現実逃避でき、実生活から簡単にモードを切り替えられるからだ。とりわけドラマは最高の気晴らしを提供してくれる。日焼けしたマッチョが小さな水槽の中の二匹の魚よろしく決着がつくまで殴り合うのを見れば、自分自身の生活がそれほどつまらないものには思えなくなるだろう。不仲や不幸もまた魅力だ。レフ・トルストイが『アンナ・カレーニナ』に書いたように、「幸せな家族は似たり寄ったりだが、不幸せな家族にはそれぞれ違った不幸がある」。つまり、幸せな人たちの番組は一つ見れば、すべて見たも同然なのだ。

問題は、現実生活に良いロールモデルがいない場合、若者はどんな行動が男として適切で、また適切でないのかが、わからなくなることだ。おまけにゲームなどの媒体では暴力とセックスの二つが露出過剰で、対照的に会話は極端に不足しているのだが、これがますます若者を混乱させる。「少年には非常にまぎらわしいのです……まわりを見渡せば、ニュースやテレビやゲームの世界は暴力だらけです。しかも、自分が常に頭に描いていた性のファンタジーは悪だというメッセージも受け取ります……私の考えでは、彼らが、自分には人間としてどこか悪い部分があると思い込まされることが危険なのです」と、*Far Away from the Tigers*（タイガーの地から遠く離れて）の著者で幼稚園教師のジェーン・ケイチは述べている。

ワレン・ファレルはこの点をさらに推し進め、ゲームやテレビなどの媒体により、多くの少年が無意識のうちにセックスは殺人よりダーティだと思い込まされていると主張した。なぜなら、親たちは子どもに人が殺し合う西部劇は見せるのに、画面に裸やセックスのシーンが現れたとたんにテレビを切るかチャンネルを変えるからだ。今日、多くの少年がアクセスするオンラインのポルノ画像が、セックスは愛や感情的な結びつきを欠いたダーティなものだというイメージをひたすら増長させていることは疑いようがない。

少年は一三歳から一四歳に達するころには「自分は女の子よりセックスをしたがっている」――もしくは「自らセックスをしたがる女の子は価値がない」――と思い込まされ、セックスに誘うのは自分の役目だと感じる。しかし、拒絶されるかもしれないという大きな恐怖は、意欲を極度に低下させる。セックスが抜群にうまいという自信でもないかぎり、若者は好きな女の子には拒絶されるものと思い込む。その点、テレビやポルノを観ている分には何の責任も生じないし、拒まれるリスクもゼロだ。しかも、それらは即席の喜びを与えてくれる。しかし、その副作用として、女の子を誘惑するスキルを身につけるモチベーションも下がり、結果的に、男にとっての究極的なゴールはさらに遠のく。

欠点だらけの福祉制度

アメリカでは二〇一三年度の各月に平均四一〇万人が貧困家庭一時援助金（TANF）として知られる生活保護か、国家補助プログラム（SSP）の給付金を受け取った。そのほとんどが子どもだった。ピュー・リサーチ・センターによる世論調査の最新の報告によれば、アメリカ人の成人の一八パーセントが、一生のうちどこかの時点で「フード・スタンプ」と呼ばれる食費補助制度の世話になっている。フード・スタンプを利用する民主党支持者の割合は共和党支持者の二倍、女性は男性の約二倍（二三パーセント対一二パーセント）、マイノリティも白人の二倍の率でこの福祉を受けている。フード・スタンプを受ける率が最も低いのは六五歳以上の年齢グループだ（八パーセント）。また、低学歴者（高卒またはそれ以下）はこういった給付金を受ける率が大卒者の三倍にのぼる。

過去二〇年間に最貧困家庭に給付された現金の総額は、増えるよりむしろ減っていった。一生のうちに給付金を受けられる期間は五年と定められており、多くの人が最近の金融危機の間に貧困家庭一時援助金でこの支給限度に達してしまったからだ。信じようが信じまいが、現行の福祉は未婚出産を増やし、仕事を探して収入を得ようとする意欲を失わせる一方で、最も助けを必要とする人たちには十分な支援を提供していない。したがって、ほとんどの人が今の制度を欠陥だらけだとみなしている。とりわけ問題なのは、それが国による公的教育、職業訓練と就業支援、雇用創出への適切な投資とバランスされていない点だ。アメリカに限らず多くの国の国民が、そういったバランスのいい福祉制度を切望している。

現行の福祉制度はまた、両親のそろった家族構成を促進するために計上された基金の割合にもかかわらず、シングルマザーが安定した家庭を築こうとする意欲に水を差している。以下はアメリカ保健福祉省の一部である企画評価担当次官補室による調査結果だ。

TANFの受給資格がある子持ち女性の同棲または結婚に対するモチベーションはTANFプログラムのルールの影響を受けている。その度合いは、相手男性の経済状態と、子どもと相手男性の関係による。女性の決断に影響を与えているのは、TANFの受給資格、基本支給額の決定方法、混合家族の扱い、親族でない同居者の扱い、就業についてのルールである。

子どもの実の父親と結婚、または継続して同棲した場合、女性は給付金の減額または支給停止に直面する可能性があるのだ。

私たちの最大の発見は、男性に収入がある場合、ＴＡＮＦは実親家族を維持または形成するにあたっての最大の障害となっているのが、非血縁家族の形成には後押しはしないまでも最低限の障害に留まっているという事実だった。すなわち、男性が子ども全員の実の父親の場合、男性は家族に含まれ、その収入は世帯の総収入の計算に入れられる。男性がどの子どもの父親でもない非血縁家族では、男性は家族には含まれないので、その計算から外される。加えて、ほぼすべての州が、非血縁同居者からのＴＡＮＦ受給者とその子どもに対する物品や現金の提供は計算外としている。

前制度の要扶養児童家族扶助（ＡＦＣＤ）は各州が受給資格に「適切な家庭」「家族に男性がいる」などといった言葉で母親のうわべの性道徳観念を問うことを許していたために、多くの黒人のシングルマザーが制度からはじかれてしまった。ところが現行のＴＡＮＦは、事実上、人種に関係なく、誰でもいいから実の父親以外の男性を家族の代表にすることを奨励している。

イギリスでは、二〇一四年には一六歳から六四歳の全人口の一一パーセント近くが失業扶助金の給付を申請した。この高い数字と結びついているのがシングルペアレントの多さだ。イギリスはほとんどのヨーロッパ諸国より単親世帯が多い（エストニア、アイルランド、ラトビアだけが上回っている）。一八〇万の単親の三分の一以上が無職で、仕事を探している。平均するとイギリスの単親世帯が要求する政府扶助金は双親世帯の二倍以上で、貧困比率は二・五倍にのぼる。同国の社会正義センター（CSJ）は家庭崩壊のコストは少なくとも年間四六〇億ポンドに達してると見積もっている。これは防衛予算の全額をも上回っているが、議会は家庭崩壊を防ぐために年間三〇〇〇万ポンドしか投資していない。CSJは結婚したカップルが今の福祉制度のもとで直面しているペナルティについても指摘している。

公的サービスはうかつにも家庭形成を妨げ、家庭崩壊を後押ししているのかもしれない。父親たちは頻繁に公的サービスからはじき出されていると感じている。なぜならそれが主として母子に照準を合わせ、場合によっては、はなから男たちを家庭内暴力や子ども虐待の行為者だと疑ってかかっているからだ。「男の役割は家族を経済的に養うことであって育児や家族の世話ではない」または「父親として子どもの養育に参加することはおまけであって義務ではない」という認識が見られるが、これは未婚の父親は子どもの出生証明書に名前を載せなくていいという法律によりいっそう強化されている。……それぞれ扶助金を受けている男女が同居した場合、家賃や光熱費などでできる節約は、扶助金が減る損失によりあっさり帳消しになる。したがって、税や扶助金の制度は子どもの両親にいっしょに暮らすよう促していない……公営住宅に別々に住む二人がいっしょに暮らそうとすれば、二軒のうち一軒を失う羽目になりかねない。すなわち、同居にはかなり大きなリスクがともなうのだ。最後に、イギリスの税制度は結婚――最も安定した家族の形――の生み出す社会、経済、健康上の利益をまったく認めていないが、これはヨーロッパ諸国やさらに大きなグループであるＯＥＣＤ諸国の中にあっても例外的である。

基本的に現行の制度は人々が貧困から抜け出す手伝いをしていないので、多くの場合、貧困は世代から次世代へと引き継がれていく。成長の過程で両親の離婚を経験した子どもは、学校教育に留まって中等教育を終える可能性が低くなる。教育が十分でない子どもは扶助金を受けがちで、継続的な労働力になりにくく、結果的に借金をして永久に貧困から抜け出せなくなる。

ヘリコプター・ペアレンツ

不在の親がいる一方で、対照的に、たいていは高い社会経済階層に属す「ヘリコプター・ペアレンツ」と呼ばれる親たちがいる。彼らは、我が子の周辺に対するコントロールの放棄をしぶり、子どもが困難から立ち直る力をつけて自分の問題に解決方法を見つけられる大人に育つことを許さない。ニューヨークの臨床心理学者ローリ・ゴットリーブは「アトランティック」誌に、子どもに幸福感を育むために親が果たす役割について寄稿した。彼女は成長の過程で子どもを不幸から守ってやることは、実際、大人になってからの幸福を奪ってしまうのではないかと考えている。くしくも、我が子がちゃんとやっているかどうかを確かめようと学校の場にも押しかけて子どもを上空からホバリングする、いわゆる「ヘリコプター・ペアレンツ」が急増している。バーモント大学は、このような親たちを学生から健康的な距離まで引き離すための「対親用心棒」まで雇った。

もとはといえば親の愛から出たものだったのかもしれないが、ヘリコプター・ペアレンツの監視戦略は子どもの自立を妨げるだけでなく、子どもが一人で大きく羽ばたくチャンスをも阻んでいる。この問題の極端な例は現代中国の「シッティング・マザー《sitting mothers》」に見られる。この母親たちは一家の誇りである一人っ子の我が子に、大学までついていく。特に子どもが男の子なら、彼は一族の誇りだけでなく、立派な跡継ぎにもならなくてはならない。母親たちはキャンパス近くにアパートを借り、息子の動向を厳しく監視する。もし母親が近くに住むことが不可能で父親には勤めがある場合は、祖母が「シッティング・グランドマザー」になって、監視役を引き受ける。

「失敗」はひどく過小評価された、人生の避けられない一部なのだが、ときには失敗してもたいていは大丈夫なのだということを、多くの親が息子に学ばせようとしない。失敗のない人生は、リスクを取らない人生だ。安全な人生に満足はできるかもしれないが、それは最高の人生ではない。しかも、これはのちに問題を引き起こす。私たちの調査に協力したある男子学生はこんな提案をした。

男の子には小さいうちに失敗させてほしい。そうすれば大人になって失敗したときに、この世の終わりのようには感じないだろうから。私の両親の犯した過ちは、私が子どものとき、いつも失敗する寸前に手を差し出したことだ。私が大学生活を始める上での最大の障害は、自分の失敗から学ぶ方法を学んでいないことだった。まわりの男子学生も、やはり失敗から学ぶすべを知らないらしく、何度も同じ失敗を繰り返している。

ヘリコプター・ペアレンツはまた、子どもたちが親の監督下にあるチーム以外の、自然に始まったスポーツ遊びをするのを禁止することにより、自分たちの近隣一帯がもはや安全ではないという認識を子どもに植えつけている。そして、揉め事を自分たちで解決する能力や、人をまとめる方法を学ぶ機会を、間接的に子どもたちから奪っている。一般的に人は自然の中にいるときに身体的、心理的、精神的な幸福感が増すものだが、こういった子どもたちはそれを学んでいない。親から受けついだ恐怖に基づくメンタリティが、子どもたちをアウトドアに対し無関心かつ無感動にしてしまった。二〇〇八年から二〇一二年の間に国有林や自然保護地域を訪れた人たちの中では一六歳～一九歳の年齢層が一番少なく、全体のわずか三パーセントだった。すべての人の人間性は自然との結合により、すなわち自分は外的環境の一部であるという感覚により高められると、私たちは確信する。森に、砂漠に、山に、海にいるとき、私たちはしばしば畏怖の念を覚え、活力を得る。

9　問題だらけの学校

少年たちが学校から脱落しているのではない。学校制度が少年たちを脱落させているのだ。アメリカは大半の先進国より生徒一人当たりに多くの金を使っているが、その割には成果を上げていない。今では多くの学校が試験の結果をベースに国や州から補助金を受け取るので、教師は生徒の好奇心や批判力を刺激したり、具体性のない原理や価値を学ばせたりするよりむしろ、試験の成績を上げることを目的に教えている。長期的には、このような暗記に重点をおいた授業は、退屈している生徒だけでなく、教師自身の知的レベルをも低下させかねない。

すでに二〇〇〇年に、ニューヨーク市の公立学校を管轄する教育局の当時のハロルド・O・レヴィ局長が「ここ数十年、教師の質は下がり続けているが、誰もそれについては話したがらない……教師という職業にもっと優秀な人材を呼び込むための、より強力な方策を見つけなくてはならない」と述べている。素晴らしい教師も多数いるのだろうが、押しなべて言えば、今日の教師はSATでも下位三分の一に埋もれた人たちで、昔の教師より知的レベルは劣る。

教師としての優秀さはけっしてIQだけで計れるものではないだろう。だが、たまたま力量のある教師に当たったか、そうでなかったかの差は一生続く。九歳のときにいい教師に当たった子は、一〇代で親になる率が低く、大学に行く率は高く、生涯で平均五万ドル［約五〇〇万円］多く稼ぐ。この調査は、もし他の学年でも実施されたなら、似たような結果が得られただろう。

だが、熱心な教師になる明白な動機づけがないために（低賃金、高くはないステイタス）、多くの教師が時間の経過とともにやる気をなくし、生徒の熱意を高めたり、時事問題に関心をもたせたりする努力をしなくなる。結果的に多くの子どもたちはただ教師に認められたいがため、もしくは学校が目標とする試験結果を達成するために機械的暗記に走り、学力を低下させる。教育の大部分が、多くの人が教育の本来あるべき姿だと考える「問題の分析」でも「解決法の発見」でも「現実世界の問題に関連したもの」でもなくなっている。

今の学校で起きていることで、他には何が問題だろう？　退屈な宿題があまりに多いこと。通知表は気にするが子どもの成長にも学習上の問題にも興味のない、働きすぎや不在の親が多すぎること。あまりに多くの学校が体育の授業や時間割に組み込まれた休み時間を廃止したこと。そのせいで、子どもたちには溜まったエネルギーを発散させたり、友達と話したり、想像力を育んだりする場所も時間もなくなった。財政難のせいで、理科の実験室はなくなり、創造力を発揮するコースはすべて廃止され、自然科学博物館などでの課外学習は激減した。そして、子どもにとって授業が退屈なものになると、はるかに魅力的な携帯メールやネットサーフィンの誘惑が高まり、やがてそれは授業への集中に圧勝する。

三〇年前、小学校には一日に二回、休み時間があった。アメリカの多くの学校が今では一日にたったの一回で、遊び時間や自由時間を完全に廃止しようとしている学校もある。イギリスでは、首席学校監査官のマイケル・ウィルショー卿が、体育の授業に激しい運動が含まれていないことを懸念している。教師の多くが生徒にあまりに簡単なことしかさせないので、生徒はやる気をなくし、努力する必要も感じていない。また説明に時間を取りすぎたり、邪魔ばかりする教師のせいで、まともに運動ができないと感じている生徒もいる。したがって、今の少年たちには持てあましたエネルギーを発散できる場所がない——授業中以外に。年配の学校運営者たちは「友達を作り、グループ同士が交流する場でもある休み時間の遊びは、子どもにとって社会性を養う上できわめて重要だ」と言っている。

今の幼稚園はかつての小学校の第一学年に近い。女児の脳とは違った発達の仕方をする男児の脳は、今の幼稚園で行われているような集中した本読みは受け入れられない。頭脳がまだ準備のできていない状態で何かを学ぶよう強いられた男児は、無意識のうちにその作業を嫌いになり、早い段階でのそのいやな経験により学ぶことに抵抗と怒りを覚え、たいていは学校嫌いになる。ミシガン大学の調査によると、一九八〇年以降、学校を嫌いだという男児の数は七一パーセントも増加した。学校嫌いは彼らの学業不振の原因でもあり、また結果でもある。学校は学習に適した年齢や教材の男女差のみならず、子どもによる学び方や、知識を得る速さの違いをもっと考慮すべきだ。ワンサイズの教育は全員にフィットするはずもなく、結果的に女子よりも多くの落ちこぼれ男子を生み出している。

ある女性教諭は私たちの調査にこのように答えている。

私はアメリカの私立校で一八年間教えました。教師は圧倒的に女性が多く、「線の内側を塗りなさい」といった作業で長時間座っていることを要求される学習環境は、男子よりはるかに女子に向いていました。男子はまた、おそらくは女性中心の環境に適合させるために、女子よりはるかに高い率でリタリンその他の薬物治療の対象になっていました。男女差は社会が作り出しているという考え（大体において真実ですが）では、アメリカで少年であることの難しさを完全に理解することはできないと思います。

この証拠は二〇一二年の国際学力調査の結果に表れている。アメリカは数学で三六位、読解力で二四位、イギリスはそれぞれ二五位と二三位だった。イギリス連邦に属しているカナダは一三位と八位、オーストラリアは一九位と一三位、ニュージーランドは二二位と一四位。ヨーロッパで最高ランクだった国の一つフィンランドでは、学校教育こそ七歳まで始まらないが、子どもたちは家で家族から多くを学んでいる。早期教育には、年齢や男女差やふさわしい教材といった個人差が配慮されれば多くの利点がある。触覚による学習に重きをおくモンテッソーリ式教育では、二、三歳の幼児であっても算数やベーシックな科学の法則さえかなり学べることが証明されている。たとえば数字や物事などいろいろなものを表す物にじかに手を触れさせるこの教育法は、女児だけでなく男児の知力の発達にも有効だ。

かつてのBグレードが新しいCグレードになり、〝ふつう〟であることが許されなくなった今、少年たちは良い成績を取らなくてはならないプレッシャーのせいで、はなからトライする気をなくしてしまったのではないか？　私たちの調査では、多くの少年がこの質問に「はい」と答えた。特に一二歳以下の少年の六四パーセントが、「成功へのプレッシャーに失敗する恐怖が加わると、若者はそもそもトライする気すらなくす」という項目に同意を示した。

私たちの調査に、娘と息子の両方をもつ中年の母親は次のようにコメントした。

小さな子どもにとって最も困難なことの一つが集中することです。いったん集中力の限界に達すると、彼らはそわそわしたり、身体を小刻みに動かしたり、転げ回ったりし始めます。もはやじっと座ってはいません。集中力を要求する作業から文字どおり逃げ出します。頭も体も逃げ出し、心そこにあらずです。頭脳が発達するにつれ、じっと座って集中できる時間は長くなります。子どもがそわそわし始めると、私はそれ以上何を教えても無駄だと感じます。無理強いすれば、子どもは学ぶことを嫌いになるでしょう。集中力の限界を超えて強要されることがたびたび起きれば、彼らは学ぶことを避けるためならどんなものにでも手を伸ばすようになります。ゲームは便利で非常に魅力ある気晴らしです。残念なことに、それはまた頭を麻痺させ、人を孤立させます。

アメリカではSATスコアはその先の大学での成績の有効な予測判断材料だとみなされている。だが、男子のSATスコアは過去四〇年で最低だ！　イギリスでは、中等教育修了試験

（GCSE）で女子のほぼ四分の三がAスター［Aよりさらにいい最高グレード］～Cのグレード［C以上が合格とみなされる］を取得するが、男子では三分の二にも満たない。過去にないほど受験者の多様化が進んでいる今、スコアが下がるのはある程度仕方ない。だが、この現象は人種や社会経済ステイタスに関係なく、あらゆる層の少年に起きている。ならば、どうしてこのような劣化が起きるのだろう？　全米ネット公共放送網（PBS）による論説「学校の何が悪いのか？」が現況をうまく要約しているので、ここにまとめてみよう。

●学校教育が始まる年齢では、一般的に男児は女児に比べ身体的にはより活発だが、社会性や言語の面では未熟だ。男児は女児よりアクティブなので、長時間じっと座っていることが苦手だ（補足として、かつての学校にあった子どもたちが体を動かせる時間は、ほとんど消えてしまった。今日、子どもが外で過ごす時間は一九八〇年代の半分だ。ここ数年間に、アメリカの四万校が休み時間を廃止し、今では一二パーセントの州しか小学校に自由時間を設けることを義務づけていない。また、わずか一三・七パーセントの小学生しか、体育の授業を週に三回以上受けていない）。

●今の子どもは幼稚園から読むことを習うが、まだ女児ほど言葉が巧みでない男児は、成長発達学的にも、女児に比べ、読む訓練を受け入れる準備ができていない。

●平均して女児はもともと男児に比べ言語に強い。ところが小学校の授業の五分の四が言語をベースにしている。したがって、男児は読み書きが下手だと感じ、その自覚した欠陥は、彼らの新しいネガティブな自己認識の一部になる。

- 男児は体験型の学習を好むが、学校は実際に物を扱う機会を十分に提供していない。さらに学校の教材としては、男児の好きな漫画やサイエンス・フィクションなどより、女児の好きな日記や一人称の物語のほうがより好まれる。
- 男性教師は九人に一人未満（イギリスでは五人に一人未満）。小学校教諭に限るとほぼ全員が女性なので、学習を男らしい作業だと教えてくれるポジティブな男性のロールモデルはほとんどいない。高校ではこの状況はさらにひどくなることを付け加えたい。

大学に進学するなり、子どもたちは新しい種類の困難さに直面する。スタンフォード大学の著名なコミュニケーション学教授だった故クリフォード・ナスは普遍的なデジタルライフの帰結を目撃した。

世の中を歩き回れば、複数のことを同時に行っている人々が目に留まる。ゲームをしながらメールを読んだり、フェイスブックをのぞいているといった具合。大学のキャンパスでもほとんどの学生が二つ、いや、たぶん三つのことを同時に行っている……こういった〝並行作業人〃はみんな、自分は複数の作業を同時に行うことに抜群にすぐれていると感じている。さてここで最大の発見は何だろう？　いいかい？　それは、きみたちはそういった作業が救いようがないほど下手くそだということだよ！　最終的に、並行作業人は行っている作業のすべてで失敗している。彼らは絶え間なく気が散っている。彼らの記憶はまとまりがなく、ばらばらだ。私たちが最近行った調査では、彼らが分析的推論を立てる能力において、ひどく劣っていることがわかった。明晰な深い思考のできない人間が作り出されているのではないかと心配だ。

言っておくが、これは世界でも最も優秀な学生たちの話だ――スタンフォード大学は毎年三万人の受験生の中から、きわめて優秀な一五〇〇人を選んでいるのだから。もし彼らすら並行作業をできると信じているだけで、実際にはできていないなら、普通の学生にそれをこなせる可能性などあるだろうか？　はっきり言って、ない。

今では私たちの誰もが脳に無理やり曲芸のような作業をさせている。複数のモニターとインターネットのブラウザーを同時にオープンして操る能力と、自分は並行作業ができるという自信の組み合わせにより、私たちは一人でひたむきに何かに没頭するという知的伝統を拒絶している。そしてそのせいで、実際に私たちが記憶する量は減っている。加えて、図書館の開館時間は短くなり、気を散らされることなく集中して勉強できる伝統的な場所はゆっくり消えつつある。

一意専心は成功への道

少年を学ぶことから引き離している力の根底にあるもう一つの要因は、労働倫理の欠如かもしれない。欧米諸国の多くの親がもはや子どもに勉強を教えることを優先事項にしていない。PISAテストの数学と読解力の両部門で一位だったのは上海の生徒で、香港、シンガポール、日本、台湾、韓国がそれに続いた。中国の生徒はとりわけ勉強を重要視し、親と学校の両方が子どもを成功に導こうと固く決意している。時にそれはシッティング・マザーのように行きすぎた形をとる。数学で八位になったベトナムでは、親の半数が子どもの習熟度をモニターするため、一年を通して教師と連絡を取り合っている。

「勉強ばかりで遊ばない子はダメになる」の哲学には、ある種の真実がある。中国では一五歳から三四歳の若者の死因の第一位は自殺で、彼らが学校や拡大し続ける社会的不平等の中で感じるストレスと卒業後の就職難が、その主な引き金になっている。インターネットとゲームへの依存も韓国と中国では多数報告されていて、両国には数百もの治療プログラムと、患者（ほとんどが若い男性）の衝動を規則的な睡眠や食事や運動で取りのぞく新兵訓練所のような入院施設がある。言うまでもなく、親と社会がともに学校や職場で、若者に労働倫理を植え付けるための方策を打ち出すべきだが、あくまでバランスのとれた大人に育てるという脈絡の中においてでなくてはならない。両親の過度な期待に応えようとする子どものストレスは破壊的だ。対照的にアメリカやイギリスの親たちに見られる自由放任主義は、子どもたちに学校だけでなく人生の絶え間ない要求に対して、慢性的な不振と不合格をもたらしかねない。

学校は古い。だったらどうする？

今日、最も就職が保証されているのがＳＴＥＭ（科学、テクノロジー、工学、数学）系の科目であることはあらゆる統計が指し示している。中国とＥＵ諸国の学生で工学と科学の学位を取得する者の数は、アメリカの学生の二倍近くにのぼる。実際、アメリカ国立科学財団（ＮＳＦ）による二四歳を対象にした調査では、自然科学［人文科学に対する語］で最初の学位を得た者の数がアメリカは先進二四か国中二〇位だった。

最近のケーシー・デイリー・リサーチによる「知的資本は雇用市場だけでなく、国の経済発展のためにも最も重要な要素になるだろう」という報告にも同様の考えが強調されていた。国際的な競争力を維持するには、国はＳＴＥＭ系の研究にプライオリティを置き、コンピューター、エレクトロニクス、生物科学、工学、その他のハイテク分野に投資しなくてはならない。なぜなら、ますます多くの仕事に先端技術のスキルが必要となるからだ。裏を返せば、アメリカにはリベラルアーツ［教養科目］を専攻する学生が多すぎるのだ！

ジョージタウン大学の調査によると、人気度に比して失業率の高い専攻学科の上位には臨床心理学、美術系科目、アメリカ史、図書館学、軍事技術、教育心理学が並び、これらの学位取得者

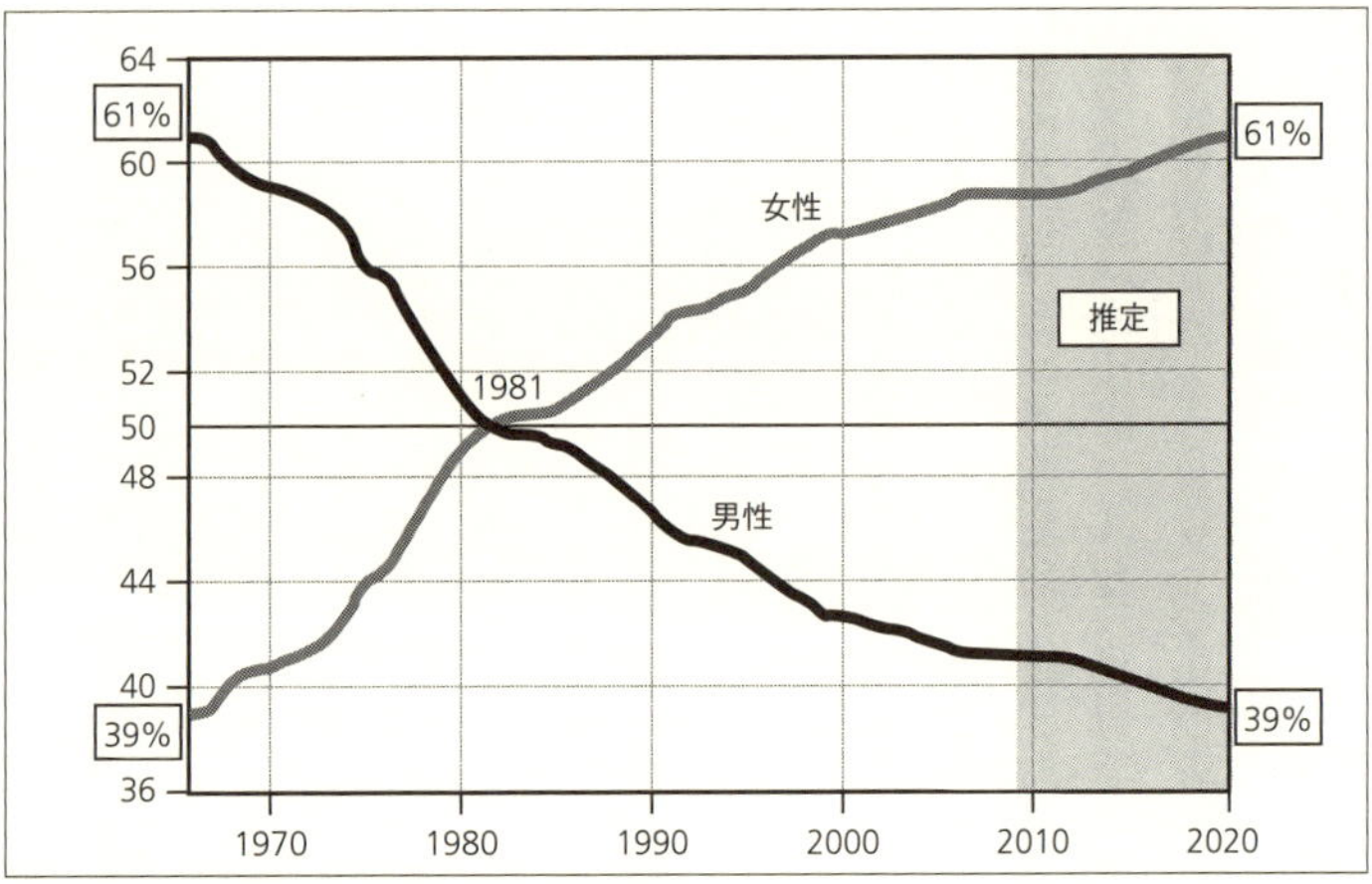

大学における女性の隆盛と男性の没落
学位取得者の男女比率　1966年－2009年
出典：アメリカ教育省（教育科学研究所）2009年

の失業率はすべて一〇パーセントを超えている。一方、ＳＴＥＭの学位での失業率は〇～三パーセントで、具体的には宇宙物理学／天文学はほぼ〇パーセント、地質工学／地球物理工学も〇パーセント、物理科学は二・五パーセント、地球科学は三・二パーセント、数学／コンピューター科学は三・五パーセントとなっている。心理学者として本音を言えば、心配な統計ではある。

ＳＴＥＭ系の仕事は給料も高い。中堅社員の給料の中間値を大学の専攻科目別に並べると、トップ20にリベラルアーツの科目は一つも入らない。つまり、リベラルアーツの学位は取得者にほとんど将来性を提供していないのだ。それにもかかわらず、リベラルアーツのバブルは膨張し続けている。二〇〇九～一〇学年度には、約六九万人の外国人がアメリカの大学に入学した。これは世界でも最も多く、一〇年前に比べ二六パーセントも増加している。外国人学生は学部生の二・五パーセント、大学院生の一〇パーセント、博士課程に限れば三三パーセントを占めている。外国人学生の一八パーセントが工学課程に入学しているが、これはアメリカ人学生の割合の三倍近くである。

私たちの調査で「アメリカの若者は他の先進工業国の若者ほど革新的または有能ではなくなるだろう」という予測を選択した人たちは、こういった傾向が無視されるべきでない時期に来ていることに、正しくも気づいていたのかもしれない――将来大変なことになってもかまわないと言うなら別だが。この結論はイギリスの若者にも当てはまる。

前頁のグラフは本書を通して私たちが伝えようとしている「学問の習熟度において男子は下降し、女子は一世代前の女性たちさえ上回る勢いで急上昇している」というメッセージを、最も強力に視覚に訴えている。

性教育VSポルノ教育

オンラインポルノがあまりに楽に手に入る一方で性教育は不足している今、若い男性たちは自分に何が起きているかを理解していない。それが自身のセクシュアリティをどう形成し、どんな影響を与えているかがわかっていないので、のちに女性たちから試練を与えられる羽目になる。彼らにとってセックスは客観化された体験になっている。私の話した男たちは、自分の体が他者の体とつながっているという感覚から意識が切り離されているので、実際にパートナーといるときにも、パートナーといるのだという空想を巡らさなくてはならないと訴えていた。

——セレステ・ヒルシュマン、セックスと恋愛問題のセラピストで「ソマティカ・メソッド」の創始者の一人

性教育とポルノの関係は、現実とファンタジーの関係と同じだ。自由に手に入るファンタジーの材料は大量にあるが、若者が現実のセックスについて得られる情報源はほとんどない。ポルノがすべて悪いとは言わないが、若者が実際に女の子とのセックスどころかキスすら経験していないのにポルノを日常的に視聴した場合、普通の——または現実的な——性行動に対する彼らの見方はどんな影響を受けるだろうか？　ほとんどすべての人が生まれて初めて見たエロチックな画像をはっきり覚えている。それは閃光記憶となって永遠に私たちの脳裏に焼き付いている。O・オーガスとS・ガダムは性欲のトリガーのもつ、このような永続的な衝撃を以下のように説明している。

男性の性的執着は、多くの場合、たった一度の性との遭遇をきっかけに始まる……男性の中にほぼ一生続く性への関心は、まず思春期の間に形成される。臨床医学者の報告によると、大人になった男性が視覚的な材料により新たな性的執着を得ることはめったにない。もし男

性の性欲ソフトウェアが条件コードによってのみ作動しているなら、年齢は重要な条件ではない。代わりに、男性には視覚的な性的関心が形成される決定的に重要な時間枠があるようだ。それを神経科学者は「臨界期」と呼んでいる。

このきわめて重要な時期がおびただしい量のオンラインポルノに乗っ取られると、男性はやがて、イタリアのある調査が「セックス拒食症」と名付けた症状に苦しむことになりかねない。二万八〇〇〇人を対象にしたこの大規模な調査では、若い男性の多くが「ポルノサイトの過度な視聴」を早くも一四歳で開始し、二〇代の半ばには「最も暴力的なセックスシーン」にさえ慣れきっていたと答えた。若い男性のセクシュアリティが、実生活での性体験から切り離されたままどんどん発達していくと、問題はより深刻になる。習慣的に見ているポルノサイトになかなか興奮しなくなると、彼らのリビドーは低下し、勃起はほぼ不可能になる。私たちの行った二万人を対象にした調査では、多くの若い男性が、ポルノのせいで健康的な性的関係についての考えが歪められ、実際に女性を相手にしているときもポルノの「スクリプト」が頭の奥で再生されていると答えた。しかし、女性たちはそのスクリプトを拒絶する。とりわけ事前に何のコミュニケーションもないまま、男性があるシーンの再演を試みたりすれば。

男性たちのこういった考え方は、すぐれた性教育や、現実のセックスがどんなものかを話し合う機会があれば、確実に改善されるだろう。私たちの調査に、ある高校生はこう答えた。「問題は全国ネットのテレビに流血事件や内臓や血を映すのは平気なのに、おそらくプロテスタントの理念の名残だと思うが、ほんの少し乳首が見えそうになっただけで固まってしまう私たちの社会にあると思う。人々はセクシュアリティに関する問題にもっと精通し、恥じるのをやめて、よりオープンに話すべきだ」

子どもが初めてポルノを見る年齢の平均は一一歳だ。無宗教の公立校の性教育はほぼ同時期に始まる傾向にあるが、アメリカのそれは主に「絶対禁欲型」と「包括型」の二つの形を取る。絶対禁欲型の性教育は結婚前にはセックスをしないよう教える。包括型は禁欲を勧めるが、同時に避妊のメリットや性感染症を避ける方法も教える。どちらもポルノについては論じない。アメリカ疾病予防管理センターの二〇一〇年白書によると、アメリカでは青少年のほぼ全員が一八歳までに正式な性教育を受けていたが、避妊方法については三分の二しか学んでいなかった。驚いたことに、絶対禁欲についての情報を与えるよう義務付けている州が三七州もあったのに、コンドームなど避妊方法についての情報を義務付けていたのは一九州、避妊の指導が医学的に正確であることを義務付けていたのは一三州しかなかった。

イギリス政府は現在、「身体構造」「思春期」「有性生殖の生物学的側面」と「妊娠をコントロールまたは促進するためのホルモンの使用」については小学校でカバーし、のちに中学校で少なくとも「性感染症」と「HIV／エイズ」については教えるよう命じている。だが実際には多くの学生が自分たちの受けた性教育を「乏しい」または「非常に乏しい」とし、多くがセックスの身体面や感情面のバランスを取る準備は整っていないと感じている。二〇一三年の世論調査では、対象者の半数以上が、学校で受けた性教育は本当に知る必要のあることはカバーしていなかったと答えた。さらに衝撃的だったのは、イギリスの学童の四分の一が、いかなる性教育もいっさい受けていなかったという事実だった。

当然だが、包括型も絶対禁欲型もそれぞれがめざす目的にはさほど効果を発揮していない。結婚年齢はかつてないほど高くなっている。アメリカでは男性の平均初婚年齢は二八歳、女性は二六歳だ。イギリスのそれは男性三二・四歳、女性三〇・三歳。一方でイギリスの一六歳から二四歳の三〇パーセントが、初体験の年齢は一五歳以下だったと言っている。また、アメリカ人全体の九〇パーセント、そして結婚までセックスはしないと誓ったティーンの八八パーセントが、実際には結婚前にセックスを体験している。

明らかに、アメリカのような政治体制に強い宗教観が含まれる国では、セックスを結婚のためにだけ取り置くものとして控え目に扱うプレッシャーがあるので、こういった話題が礼儀正しい会話に大っぴらに登場することはない。

だが、America's War on Sex（アメリカの対セックス戦争）の著者マーティ・クレインは、ティーンに避妊方法の入手を制限するとしっぺ返しを食らうと言っている。絶対禁欲型の性教育を受けたティーンもそうでないティーンと同じだけセックスをするが、避妊をする頻度は少ない。絶対禁欲型の性教育は若者の性行動には影響を与えないものの、性行動に対する認識には大きな影響を与えている。性教育が十分でないと、若者は自分の身体や性についての理解が十分でなく、自己評価が低くなり、自らの性的感覚や性経験について大人相手にオープンには話さなくなる。包括型の性教育を受けた若者は、性教育を受けなかった若者よりセックスパートナーの数は少なく、性行動の開始はむしろ遅れ、実際に性交渉を始めたときにはより頻繁にコンドームを使い、計画外の妊娠や性感染症にかかる確率も減るという調査結果がある。

アメリカでは、一五歳〜二四歳の若者の人口は性的に活発な人口の約四分の一にもかかわらず、新しく性感染症にかかる人の数の半数近くを占めている。二〇一二年には一五歳〜一九歳の女性一〇〇〇人につき二九・四人の赤ん坊が生まれた。他のほぼすべての先進国のティーン出産率より高い。さらに、二〇〇八年に妊娠中絶をした女性の八四パーセントが未婚であったとされている。もっとも、妊娠中絶率自体は一九九〇年以降、毎年減り続けている。イギリスでは一五歳〜一九歳の女性一〇〇〇人につき四四・二人が妊娠し、半分近い四九パーセントが中絶している。これにより、ティーン出産率は一〇〇〇人につき二七・九人となっている。これは西ヨーロッパでは最も高い数字だ。全体的にはティーンの出産率は下降傾向にあるものの、一九六〇年にはアメリカのティーンの母親で未婚だったのは六人中一人だったのが、今ではおよそ六人中五人になっている。イギリスでは、すべての妊娠の五七パーセントが婚外または事実婚外で起きている。

アメリカ疾病予防管理センターによると、一〇代の出産は毎年、公共支出費に約三〇億ドル〔約三〇〇〇億円〕、税収に六〇億ドルの損失を強いている。加えて、一五歳〜二四歳の性感染症患者に直接かかる医療費は毎年六五億ドルと見積もられている。それでいて、禁欲教育、妊娠／性感染症／HIVの予防教育、家族計画指導をすべて合わせても、年間わずか八億七四〇〇万ドル〔約八七〇億円〕の予算しか計上されていない。イギリスでは一〇代の母親への所得補助だけに年間約一億二五〇〇万ポンド〔約三五億円〕が費やされている（家賃や地方税への補助といった他のコストは別）。こういった数字だけを見ても、性教育のプログラムをもっと有効なものにする価値があるのは明らかだ。

生徒たちもよりよい性教育プログラムを欲しているが、残念ながら、彼らは学校の与える情報に影響をおよぼすことはできない。公的な情報資源は乏しく、両親からの助けも得られない彼らは、答えの得られない疑問や好奇心の解決先を真っ先にインターネットに求めるようになった。結果的に、今ではアクセスのすこぶる容易なポルノが、性についての教師であると同時に、新たに湧き上がってくる性欲を満たす安全な隠れ場所になっている。

ここでもう一つ問題を複雑にしているのが、ティーンがセックスについて何らかの決断をするときに、時間の経過を計算に入れないことだ。彼らの多くは典型的に刹那的な快楽主義者だ。先々に起きることなどお構いなしに衝動的に行動する。おまけに当然ながら好奇心が旺盛だ。

どちらにしろ、若者はセックスについていつかは知る。テクノロジーがこんなにも浸透しているのだから当然だ。それは親たちにこんな質問を投げかける――「セックスについて、自分たちで子どもを教育したいですか？　それとも、あなたの怠慢につけ込むポルノや大衆メディアのような業界に任せたいですか？」。

「セックスをするな」とか「コンドームを使って安全に」と言うだけでは教育にはならない。もっとも、コンドームは絶対禁欲の誓いよりは破れにくい傾向にある。子どもたちはセックスについて気軽に話せる大人や、いろんな疑問や問題に即座に答えてくれる情報源を必要としている。親は子どもが一〇、一一歳になる前に、セックスについての会話を始めなければならない。

10 環境の変化

今の若者は父や祖父の世代より生殖能力が劣っているのだろうか？　新しい研究結果によると、どうもそのようだ。エジンバラ大学の男性生殖機能についての専門家リチャード・シャープは同時進行の複数の研究により、ヨーロッパ北部の若者の五人に一人は、生殖能力に影響するほど精子数が少ないことを発見した。なぜこのような劇的な変化が、しかも短期間に起きたのだろう？「ウォール・ストリート・ジャーナル」紙により脚光を浴びたこのシャープの調査結果は、精子数の低下は男性のマリファナ使用、妊娠中の母親の喫煙、出生時の低体重、子ども時代の肥満または体重不足と相関性があるとするオーストラリアの研究と関連して議論されている。また飲酒や喫煙、ステロイドやコカインを含む違法ドラッグの使用、ストレス、病的な肥満、ＰＣや映像モニターの長時間使用といった、ある種のライフスタイルも、昨今の精子減少の遠因になりうるとされている。

以上のような要因もすべて重要ではあるが、それらは私たちが解こうとしているパズルの一つのピースにすぎない。なぜなら、そこには個人のコントロールが及ばない他のいくつかの要因が働いているからだ。その一つは、近年、私たちの生活環境に広く存在している「内分泌攪乱物質」（環境ホルモン）で、これには多くの注目が集まっている。

ホルモン分泌系としても知られる「内分泌系」は脳神経系統の発達や、生殖器官の成長と機能、代謝と血糖値の調節を含む、受精から死亡に至る体内のすべての作用を調節している。それは内分泌腺（主なものとして女性の卵巣、男性の精巣、下垂体、甲状腺、副腎がある）と、腺内で作られて血液中に分泌されるホルモンと、それらを認知して反応する体中の臓器や組織のような受容体から構成されている。ホルモンは相性のいい受容体に結合する化学的伝達物質として働き、いったんホルモンが結合すると、受容体はホルモンの命令に従う。ところが、いくつかの環境ホルモンは自然のホルモンのまねをして、人体にある種のホルモン（成長ホルモンや、エストロゲン、アンドロゲン、インシュリン、甲状腺ホルモンなど）を過剰に作らせたり、反対に作らせなかったりすることにより身体の本来のバランスを崩す。

国立環境衛生科学研究所によると、環境ホルモンは薬品、食品、缶詰めの缶、プラスチック製飲料ボトル、洗濯用洗剤、化粧品、玩具、殺虫剤、難燃剤（古い家具やカーペットや自動車シートやマットレスなどによく含まれる臭素化ジフェニルエーテル）など、さまざまな天然または人工の製品の中に発見される化学物質だ。こういった製品にはダイオキシンやダイオキシンに似た化合物、ポリ塩化ビフェニル（PCB）、DDTとその他の殺虫剤、またはフタル酸エステルやビスフェノールA（BPA）のような可塑剤が含まれている可能性があり、どのくらいのレベルかはまだ不明だが、人間を含むすべての動物の内分泌系に干渉して、免疫、生殖、発育、神経系を害している。

はるか以前の一九五〇年、研究者たちは殺虫剤のDDTが雄鶏の性的発育を妨害することに気づき、それが化学的去勢［性犯罪者に対する薬物による去勢］や、他の数々の生殖異常――科学ドキュメンタリー小説『奪われし未来』（翔泳社）で取り上げられた――へと続いていった。以来、北アメリカやヨーロッパ各地で次々とさまざまな事象が出現した。ホルモン異常や生殖機能異常を起こした鳥やカワウソやアリゲーターや魚が発見されたが、それは電気製品の絶縁油やその他の合成品に使用されるPCBにさらされたせいだった。

二〇〇二年、「ニュー・サイエンティスト」誌にジュリー・ウェイクフィールドが、一九八〇年代にサムフォード大学（アラバマ州）の海洋生物学者マイク・ハウエルがフロリダ州の河川のメスのカダヤシに、オスが交配に使う肥大した尻ビレと同じようなものがあるのを発見した事実を記事にした。調査を進めると、上流には製紙工場があった。その記事が出る一年前に、ハウエルと彼のチームは別の製紙工場の排水が混じった下流の水質検査を行っていた。少量の男性ホルモン、特にアンドロステンジオンが検出された。テストステロンのプリカーサー［前駆物質］で、ボディビルダーに人気の筋肉増強剤の一種だ。このケースでは、工場が製造する木材パルプに含まれるステロールが水中のバクテリアと反応を起こしてアンドロステンジオンを発生させていたのだが、ハウエルのチームは同様の生物学的プロセスにより、もっと多くの男性ホルモンが環境に放出されているのではないかと疑った。

ウェイクフィールドは一段とこの問題に踏み込んで、男性ホルモンだけでなく、体内の男性ホルモンの正常な活動を妨げる抗男性ホルモン物質にも関心を寄せるべきだと訴えた。それはテストステロンの生成を阻害し、鍵遺伝子を起動する細胞との通信能力を遮断し、通常はテストステロンが興奮させる遺伝子の活動にまで干渉する。「由々しきことです」とウェイクフィールドは言った。「なぜなら、テストステロンは男性の生殖器の正常な発達に絶対不可欠だからです」。

最大の未知数は環境ホルモンの蓄積効果だ。ワシントン州立大学で研究所を率いるマイケル・スキナーは、二〇〇五年に行った実験により、生物学的指図が次世代に転送されていく事実に光明を投じた。実験の当初の目的は、妊娠したネズミが防かび剤にさらされると胎児の性別に影響があるかどうかを調べることにあった。結果としては、オスの子の精子数が少なかったり、妊《にん》孕《よう》性が低かったりするといった影響は見られたが、性別への影響はなかった。のちに研究員の一人が防かび剤に触れたネズミたちを間違って繁殖させ、元のネズミたちからいくと四代目の世代を作り出してしまった。スキナーはその研究員に、念のため、それらのネズミの分析も行うよう指示した。結果に驚愕した。防かび剤に触れたメスのネズミから生まれた子世代のオス同様に、曾孫世代のオスたちもまた、精子数が少なかったのだ。だが、別の新しい発見もあった。

それは当の研究員ジェニーン・インターランディが「スミソニアン・マガジン」誌の中で解説している。元々のネズミ（曾祖母）の防かび剤への接触は、いずれ胎児の精子や卵子になる生殖系列細胞のDNAに結びついたメチル基として知られる分子パターンに変化を引き起こしたのだろう。「ニットのセーターにとげが引っかかったように」と彼女は表現しているが、これらのメチル分子がDNAの機能を妨害し、それが先の世代に継承され、疾病を引き起こすのだ。これは前世代の化学物質への接触が、患者の健康を害する原因になりうることを示唆しているので、スキナーはこれにより、将来的には病気の診断にメチル化パターンの検査が含まれるかもしれないという仮説を立てた。アメリカ環境保護庁はこの研究を、接触させた化学物質の量が大量にすぎるので、特定の化学物質のリスク評価との関連性はないとして批判しているが、それにしても興味をそそられる研究ではある。間違いなく、未来の研究がこのような遺伝子の継承に関するミステリーを解明してくれるだろう。

要するに、こういった生化学的に累積していく持続性のある有害物質が私たちの環境に放出されることの短期的／長期的影響は、独立した機関により、さらに調査研究されなくてはならない。当然ながら、多くの研究がはっきりした結論を出せないでいる現状は、慢性かつ致死性のある疾患の急増と相まって人々を不安に陥れている。たとえば、精巣がんの罹患率は世界中で一九六〇年代以降、倍増している。また、尿道下裂（ペニスが正常に発育せず、尿道の開口部が陰茎の正常な位置にない先天性異常）も増加している。

デンマークでは、精巣がんの罹患率が一九四〇年代から一九八〇年代の間に三倍増した。同国の研究者ニールス・スカケベックは、精巣がん、性器奇形、精子数減少といった生殖問題が同時に増加していることを発見した。彼とそのチームは、その原因が精巣形成不全症候群（TDS）という睾丸の形成異常にあると考えている。しかも、このプロセスは母親の子宮内で発生していると、スカケベックは確信している。もし精子になる細胞の自然な形成プロセスがホルモン攪乱物質により抑制されれば、その人はのちに男性不妊症やがんに罹りやすくなる可能性がある。環境ホルモンの影響を最も受けやすいのは妊婦と新生児だということは研究によりわかっている。なぜなら、それが子どもの臓器と神経系が最初に形成される時期だからだ。

カナダ環境省の研究科学者メヘラン・アレーによると、北米のＰＢＤＥ（ポリ臭素化ジフェニルエーテル）レベルは二年から五年おきに倍増している。アメリカとカナダの女性の母乳に含まれるＰＢＤＥは、環境ホルモンに政府が深い関心を寄せるスウェーデンの女性の四〇倍である。イギリスでは、室内の塵と空気に含まれるＰＢＤＥ濃度は近年上昇しているが、身体への影響はまだ十分調査されていない。サイモンフレイザー大学（バンクーバー）のブルース・ランファー教授と研究員たちは、妊娠初期に高濃度のＰＢＤＥに接触した母親から生まれた幼児たちに、鉛汚染の被害と同程度のＩＱの低下を発見した。

昨今の肥満パンデミックも問題を大きくしている。それは体内の脂肪量が多ければ多いほど、毒性物質をため込むスペースも大きくなるからだ。ウエイクフィールドによれば、こういった化合物の大多数は排泄されることなく、体内の脂肪組織に蓄積されていく。実際に問題が起きるのは、その脂肪が分解し、蓄積した毒性物質が血液中に放出されたときだ。「体内の数々の化学物質がどのように相互に作用して健康への被害を大きく、または小さくするかは、誰にもわかっていない」と彼は述べている。これは購買力をもつ消費者と、市民を守ることを責務とする保健機関の両方に対する巨大な警鐘となるべきだ。

11 テクノロジーの魔法と興奮依存症

テクノロジーは私たちに人間の価値観を主張せよと挑むが、そのためにはまず、私たちはそれが何かを理解しなくてはならない。それはそんなに簡単ではない。テクノロジー自体は良くも悪くもなく、ただパワフルで、そして複雑だ。テクノロジーのできることを利用しなさい。何ができるかを学びなさい。でも同時に、それが「私たちに何を行っているか？」を問いなさい。私たちはゆっくりゆっくり適切なバランスを見つけ出すだろう。だが、それにはかなり時間がかかるだろう。

――シェリー・タークル

〝魔力〟は『指輪物語』の著者J・R・R・トールキンが、人間が第二の世界に完全に没頭した状態を定義するのに使った言葉だ。「自分の身体が第二の世界の中にいると思えれば思えるほど、それは〝夢〟の体験に近くなる……しかし……夢の中にいるとき、人は別の心が作り上げた世界にいるのだが、そのただならぬ事実をわかっていることは少ない」と述べ、人間には物語や小説に我を忘れてしまう能力があることを認めている。以前のただ文字で書かれたり言葉で話されたりした物語より、視覚的な刺激により繰り広げられるバーチャルワールドのほうがはるかに人は没頭しやすい。そう考えると、トールキンのこの発言は実に恐ろしい。

読書では言語の構造や文章を読む遅さのせいで、オンラインゲームの黙示的かつ直感的なバーチャルワールドにいるときに比べ、夢中になるのはより困難だ。しかも読書には、たとえば、ついに謎が解明できたときや、話に含まれるメッセージがわかったときの最終的な満足感はあるが、ゲームのように褒美がもらえるシステムはない。いくらページを繰ろうが、特別感もステイタスも褒美も得られない。ポルノと違い、最後にオーガズムもない――『フィフティ・シェイズ・オブ・グレイ』（E・L・ジェイムズ、早川書房）のような、たぶん幾分かの性的興奮を呼び起こす官能小説や本以外には。

多くの情報が即座に注意を向けさせようとする視覚的刺激の強い環境にのめりこんでいるときには、その認知的負荷が私たちの作業記憶《ワーキングメモリー》には大きすぎて、すべてが長期記憶には移行しなくなる。また、認知的負荷が大きくなると注意力は散漫になり、頭は適切なデータとそうでないデータを選り分けるのが困難になる。絶え間ないポップアップや広告やリンクの出現に心は動きが取れなくなり、クリックすべきかどうかの見きわめにより大きな知力を使い、中身が適切かどうかの判断には注意が向けられなくなる。さらにポルノの視聴は男性の作業記憶を妨害するので――性的興奮のレベル（マスターベーションをする必要度）が高いときには特に――、長時間ポルノに熱中したあとに彼らの多くが授業を休んだり、約束を忘れたりするのも無理はない。

本や映画も私たちの心を別の世界にいざなえるかもしれないが、ゲーム化されたバーチャルワールドで自らが役を演じる中で体験できるレベルの満足感や達成感には到底およばない。若者はポルノにより自分自身のバーチャルハーレムで王になった気分を味わえ、ゲームにより、実生活にある縛りや先々の心配をすることなく、また命や手足を失う恐れもなくヒーローにもアンチヒーローにもなれる。したがって、若者がオンラインポルノやゲームの世界を、日々の生活で遭遇する何よりもはるかにエキサイティングだと思うのも無理はないのだ。

さらにゲームでは一定の間隔で——あるレベルに達したときや、特定のスキルをマスターしたときなどに——バーチャルな褒美がもらえる。この刺激のスケジュールは、一九四〇年代に心理学者のB・F・スキナーが特製の「スキナー箱」と呼ばれる箱で行った実験で使用した「オペラント条件付け」に完全に一致している。この実験では、レバーを押せば必ず餌をもらえたハトは餌をやらなくなればレバーを押さなくなったが、レバーを押すとたまに餌をもらえたハトは餌をやらなくなっても次回はもらえるかもしれないという期待で永遠にレバーを押し続けた。積極的に励まされれば、行為はリピートされがちだが、励ましの間隔が不規則であれば、いっそうその傾向は増す。たいていのゲームで、要求されている努力やスキルを達成したときには褒美が保証されている。

だが、ゴールに向かう途中に散発的に褒美が与えられるゲームもある。「餌とレバー」のテクニックにも似て、こういったゲームはプレイヤーを引きつけておくために、ほんのたまにしか褒美を与えない。合間に手に入りにくい武器を没収するといった罰も差し挟んでいるが、それもまたプレイヤーの行動を効果的にコントロールする一つの方法である。プレイヤーにとっては同じ間違いを二度と犯さないようスキルを磨く励ましになるからだ。

ハーバード大学メディカル・スクールのメレッサ・オーザック臨床心理学准教授は、ゲームに使用されるキャラクターの展開と報奨のシステムは「オペラント条件付け」に合致し、先鋭のゲームデザイナーにより意識的にゲームに組み込まれていると論じた。Game Addiction（ゲーム中毒）を著したN・クラークとP・S・スコットは、「もとはと言えば、達成感を得たいという、やむにやまれぬ動機で始めた人たちが、このような外部からの報奨に依存するようになり、人生で何かを成し遂げたいという生来の内在的モチベーションを失ってしまうことが問題だ」と言っている。

この問題をより深刻にしているのが、こういった刺激の源、つまりこのタイプの条件付けが今ではすっかり蔓延《まんえん》しているという事実だ。インターネット、テレビ、ゲーム、ポルノがバラエティ豊かなデジタル機器（PC、ラップトップ、携帯電話、テレビ、タブレットなど）により一日二四時間アクセス可能だ。少年たちがこのような誘惑の世界に少女たちより簡単にはまってしまう理由の一つに、大人たちが彼らの内なる精神世界（セックスと攻撃性でいっぱい）を容認されない恐ろしいものだと言い続けているので、彼らには他に自然な衝動を発散させる場所がないことが挙げられる。こういったすべてが、彼らにリアルワールドの出来事や、言葉その他のさまざまな暗号が何層にもなった複雑な人間関係に参加しようとする意欲を失わせている。

ある若者は私たちのインタビューにこのように答えた。

ポルノやゲームが即座に与えてくれる喜びに比べると、女性やスポーツや学校といった他のアクティビティはあまりにまどろっこしい。緊迫したプレイのとりこになっている今の若者は、延々と続く楽しみが欲しければテレビかPCの画面に向かえばいいだけなのです。その二つが提供してくれるさまざまな刺激のせいで、他のアクティビティに参加する意欲がほとんどなくなっても不思議ではありません（大麻などのドラッグの使用により、意欲はさらに大きく減少します）。

自身がポルノ依存症からの回復過程にあり、テキサスで講演や若者のカウンセリングを行っているゲイブ・ディームもよく似た心情を吐露している。

私はいつもゲームやポルノは素晴らしいと思ってきた。ゲームは喜びを与えてくれるだけでなく、私の負けず嫌いの部分や、また男として何かを開拓して作り上げたいという本来の意欲も満たしてくれた。いい仕事を得て、家族を養い、地域社会に参加したいと願う代わりに、私はネット上のランキングを上げ、参加するゲーマーのグループで一位になり、会ったこともない男たちとのチャットにもてる時間のすべてを費やしていたかった。

ポルノについては、与えてくれる喜びのほかには……いや……喜びだけが目的だった。私は自分の人生にある何らかの問題のせいでゲームやポルノを使用したことは一度もない。単にそれらにアクセスがあり、楽しかったからしたのだ。いつの日かそれが私に生理的な悪影響をおよぼす可能性があるとは思いもしなかった。成長の過程ではいつも恋人がいたし、子ども時代に心に傷が残るような経験もなければ、一度たりとも虐待はされていないし、家族に依存症の人間もいない。

私はただ超常的な刺激に無限のアクセスがあった、いわゆる〝現代の中毒者〟だ。何年にもわたる慢性的な過剰消費のせいで病みつきになり、感覚が麻痺してしまっただけだ。私は「人生のつらさを和らげる」ためにある行動や薬物に走った「典型的な依存症患者」ではない。むしろ「人生の喜びを体験する」ために、ある行動や物に頼ったのだ。

ポルノやゲームのとりこになる男はみんな人生に何らかの問題を抱えていて、それから逃げようとしているか、またはそれで癒そうとしているという話をよく耳にする。これは私には当てはまらないし、大量のポルノを見て何時間もゲームをする、私の知っている他の多くの男たちにも当てはまらない。私のケースでは、「問題」はゲームやポルノのあとにやって来た。

私たちが繰り返し何かに没頭すれば、その習慣は脳に戻って行動パターンを生み出すだけでなく、神経回路に生理的変化を引き起こす。ニコラス・カーは『ネット・バカ——インターネットがわたしたちの脳にしていること』（青土社）の中で、いかに私たちの脳が適応性にすぐれ、どんなにうまく新しい刺激に順応するかを論じている。「私たちの神経回路のほとんどが……変化の影響を受けやすく……柔軟性は加齢とともに減少する（つまり、脳は自分のやり方に固執する）が、けっして完全にはなくなりはしない。私たちのニューロンは常に古いつながりを断ち切り、新しいつながりを形成し続ける。したがって、常に真新しい神経細胞が作られている」と。

基本的に脳には刻一刻とプログラムし直し、働き方を修正する能力がある。これは神経の柔軟性による。もともとはすこぶる柔軟な脳だが、時間の経過とともにそのしわが深くなれば、行動はこびりつき、再教育による修正は難しくなる。カーは二つの非常に興味深い例を参考に挙げている。

一九七〇年代に生物学者のエリック・カンデルはアメフラシと呼ばれるウミウシの大きな一種を使って、シナプス結合が変化することを証明した。そのウミウシは軽くタッチされただけでも反射的に収縮していたが、危害を加えられることなく繰り返しタッチされていると、あっという間に慣れて収縮する本能を失う。カンデルはウミウシの神経システムを観察した結果、その学習した（もしくは失った）行動は、タッチを感じた知覚ニューロンと「えらを引っこめろ」というシグナルを送る運動ニューロンの間のシプナス結合の弱化を正確に反映していることを発見した。実験の初めには、ウミウシのえらの知覚ニューロンの約九〇パーセントが運動ニューロンと結合していたが、四〇回タッチされたあとでは、わずか一〇パーセントしか結合していなかった。カンデルはこの一連の実験とその理論的な示唆によりノーベル賞を受賞した。

ハーバード大学メディカル・スクールの神経学研究者アルヴァロ・パスキュアル－レオーネは、私たちが何かを認知する方法が脳内の連結にどう影響するかについて、さらなる手がかりを提供した。彼はピアノを一度も弾いたことがない人のグループを雇い、彼らに簡単な一節のメロディを教えてから、そのグループを二つに分けた。第一のグループには続く五日間、毎日二時間、キーボードでそのメロディを練習するよう指示した。第二のグループには、同じ時間をキーボードの前に座り、キーには触れずにただメロディを弾いていると想像するよう指示した。パスキュアル-レオーネが経頭蓋磁気刺激法を使って実験中の参加者たちの脳活動を調べると、両グループの脳はまったく同じ変化を示していた。言い換えれば、第二のグループでは、体を使った行動をとらなくても、ただ考えただけで脳が変化していた。思考または想像がそれを引き起こしたのだ。カンデルとパスキュアル-レオーネの実験はともに、短い条件付けのあとの繰り返される経験に脳が慣れていく驚異的なメカニズムを明らかにした。

ポルノに関するこの種の条件付けの影響は、単なる画素の集合体にすぎないセックスに、人がどんなに簡単に慣れるだろうかと考えるとショッキングだ。しかし、それはまた、自分の脳を、実生活のセックスパートナーによく反応する状態に保っていたいと願う人たちには福音となる。悪い知らせは同じくらい朗報でもあるのだ。ニューロン間のシナプスの接続が、一つの繰り返される経験により、たとえば高濃度の神経伝達物質が放出されて、より強くなり、より多くなるように、慣れていない経験に対しては脳の反応は鈍くなる。

フィリップ［本書の著者］によるTEDトークの講演を聴いた人たちの多くが、ポルノとゲームをひとくくりにすべきではないとコメントした。ゲーマーは必ずしもポルノユーザーではないし、逆もまたしかりだと。確かに多くの明らかな点でポルノとゲームはまったく異なるものだ。だが、その二つはさほど明白ではない多くの特徴を共有している。ゲームにもポルノにも娯楽性があり、有益な活用法もあるが、どちらも大量の時間を消費し、心理面また人付き合いの面で男性にダメージを与える可能性を秘めている。私たちは社会的に孤立した状態で過度にゲームやポルノを使用する若い男性たちを心配している。私たちは一日に一人で四時間以上ゲームをする状況を「過度」だと見なしている。ポルノについては、どの程度の閲覧を過度だとするかについて確立されたガイドラインはない。「はじめに」で述べたように、ポルノの影響はゲームより抽象的で、個人の反応による部分が大きいからだ。

ゲームとポルノは私たちの社会環境に加えられた比較的新しい形態のデジタル娯楽だ。*Hooked on Games*（ゲームにやみつき）の著者アンドリュー・ドーンが指摘するように、二つの業界がどんどん融合することで、それらはゲーマーにとって非常に大きな誘惑になっている。

> セックスやポルノを組み込んだゲームには爆発的に急成長するポテンシャルがあり、それはすでに証明されている。3Dオンラインゲームの「セカンドライフ」はアカウントの登録数が二〇〇〇万以上で、その半数以上がアクティブユーザーだと報告されている……バーチャルのデートを提供することで実際に大金を――中には六桁〔日本円で約一億円前後〕も――稼いでいる人たちがいる。昼間は母親や、弁護士その他のプロフェッショナルな職に就いている女性たちが、夜には男性に時給二〇ドル〔約二〇〇〇円〕でバーチャルの恋人役やバーチャルセックスを提供するアバター〔ネット上の仮の像〕の声になっている。

カリフォルニアをベースとするベンチャー企業のシンフル・ロボット社は、「オキュラスリフト」（スキーマスクのようにユーザーの視界を完全にカバーする3Dテクノロジー）を使ったバーチャルリアリティのセックスゲームを開発していた。この会社は二〇一三年に分裂したが、どこかがバーチャルセックスを組み込んだ没入型3Dゲームを完成させるのは時間の問題だ。

エロティシズムとモチベーションはともに興奮により煽られる。性欲があれば、それは人をセックスに向かわせ、勝利を必要としていれば、目標設定や長期的な成功に向かわせる。ポルノとゲームはいつでもアクセスできる上に責任がなく、満足と娯楽を与えてくれるので、今では生存のほぼすべての面において実生活はデジタルの代替品と競争している。多くの若い男性はしばしば物理的に実存するリアリティバージョンより、むしろデジタルの代替バージョンを選択する。

連続テレビアニメ「フューチュラマ」の「私はロボットとデートした」というタイトルの回を思い出す。間違って三一世紀の世界に入り込んでしまったフライという名の若者が、彼についてのすべてを愛するようプログラムされたルーシー・リュー・ロボットを作る。しばらくすると、フライはルーシーとともに過ごすこと以外のすべてに興味を失った。すると心配した友人たちが、人間とロボットのロマンスの危険性を警告するビデオを彼に見せた。そのビデオでは、ビリーという名の若者がマリリン・モンロボットに夢中になっていた。ビリーの願いはただ一つ、マリリンとよろしくやることだ。美人の隣人メイヴィスが「あとでうちにきて仲良くしない？」と誘惑しても、「ただいちゃつくためだけに向かいの家まで歩く気はしない。遠すぎ」とつっぱねる。

そこでビデオのナレーターが重々しい声で問いかける。「このシーンの何が問題か、気づきましたか?」と。ロボットを手に入れる前には、ビリーはおそらく新聞配達を頑張って金をため、その金をメイヴィスとのデートに使っただろう。首尾よくセックスして、いつか子どもができたかもしれない。ナレーターは続ける――「でも、ティーンエイジャーがロボットとデートできる世界では、そんな面倒なことをする理由がどこにあるでしょう?」。当然のごとく、まもなくその惑星はエイリアンに破壊された。

今では実際、ほとんどすべての社会的ニーズがデジタルワールドで満たされるが、デジタルの代替品がそのニーズを同じように満たせるかどうかは不明だ。アブラハム・マズローの「欲求五段階説」では、人間の欲求の発達段階がベーシックなものほど下にあるピラミッドで示されている。したがってボトムの二つの生理的欲求と安全欲求に対するニーズは、物理的な現実の世界で満たされなくてはならない。けれども、ヒエラルキーの上部三つ――社会的欲求(愛と帰属への欲求)、尊厳欲求(承認の欲求)、自己実現欲求――については、デジタルの世界で満たせないだろうか?現実世界よりも、とはいわないまでも、同じくらい満たすことも可能ではないだろうか? だが、答えは「どちらともいえない」だ。確かにいくつかの欲求はデジタルの世界でも満たせるだろう。だがその場合、そういった欲求は結果についてのリスクを負うことなく、たいていは社会的に孤立した状態――本番直前のリハーサルのような――で達成されている。したがって、たとえば一人でゲームをしている人は承認に対するニーズは満たされたとしても、完全に所属の感覚をバイパスしているので、愛に対する欲求は満たされない。

インターネットにハッキングされたマズローのヒエラルキー

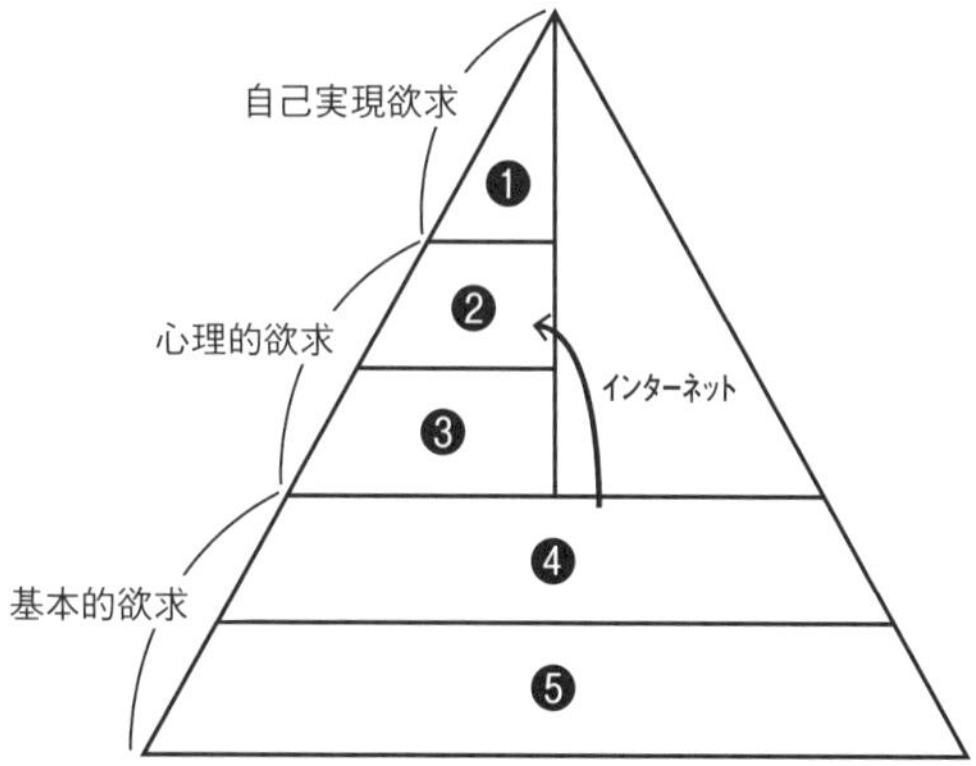

❶ 倫理性、創造性、自発性、問題解決、偏見のなさ、事実の受け入れ、自己の能力の発揮

❷ 尊厳欲求（承認の欲求：自信、功績、他者との相互尊重）

❸ 社会的欲求（愛と帰属の欲求：友情、家族、親密さ）

❹ 安全欲求（雇用、職、健康、恐怖のない生活）

❺ 生理的欲求（食事、水、睡眠、住居）

ゲーマーたちは「自分たちはマズローのピラミッドをハッキングした」と考えるかもしれないが（前頁図のインターネット部分）、それが他者とつながる能力なしに得た資格であることからくる大きな副作用からは逃れられない。私たちの調査の協力者の一人がコメントしているが、ゲームはプレイヤーに「結果の責任を取ることなく、架空の成熟した地位を与える。プレイヤーは実生活で成功するためには避けては通れない挫折もいっさい味わうことなしに、自分はパワフルで経験豊かだと感じることができる」。したがって、ゲーマーはある世界では「やり手」で優越感を膨らませているかもしれないが、世の中のほとんどの人々からすれば、彼らが何者で何を成し遂げたのかは見当すらつかない。さらに、自己実現は他者の欲求も満たさない限り達成できないので、他者との親密さや彼らへの感謝の欠如は、人々と共有する社会のリアリティにまったく基づかない、ゆがんだ将来性や自己実現の感覚を作り出す。

ある二五歳のゲーマーは私たちにこう話した。

オンラインゲーマーはとてつもなくエリート意識が強いのですが、実際、その意識には優越感と劣等感が入り混じっています。彼らの多くが「外」の人たちに対し劣っていると感じているので、なんとかその埋め合わせをする必要があるのです。他の人より自分はすぐれていると感じるために、オンラインでは彼らは〝性格の悪い人間〟になる必要があります。誰かがゲームでドジれば、彼らの多くはこっぴどくやっつけます。かつてはよく「ＧＧＷＰ」（いいゲームだった。うまいプレイだった）などと言い合ったものですが、今ではそんなことを言う人はまずいません。他の人が失敗すれば、あざけるのを楽しみ、アウトの宣告をします。接戦なのに、対戦相手にゲームをアンインストールするよう言ったり、「簡単なゲームだった。楽勝」なんてことを、ただ相手をバカにして反応を引き出すためだけに言ったりします。または集団でグルになって、あるプレイヤーのゲームが滞るよう優先度の低い列に押し込んだりもします。それはその人が〝荒し〟だからではなく、チームの負けをその人のせいにしているか、ただその人を嫌いなのです。こういった態度は大勢のユーザーで同時に行うMMOに限らず、私がプレイした「DotA」やその他のゲームでも普通に見られます。

この男性にゲームでの優越感は現実の世界にどう変換されるのかと質問すると、こんな答えが返ってきた。

「ゲーマーの多くはまず対人関係では平均以下のスキルしかないのに、自分は参加しているゲームの世界のレブロン・ジェームズ（NBAバスケットボールのスーパースター）だと感じています」

彼によると、それでも現実の世界では対人関係で壁にぶち当たるので、オンライン上のペルソナと現実界での評判の乖離は大きくなるばかりなのだとか。すると、彼らはゲームの世界でいっそう秀でたくなり、ますますゲームに向かうことになる。なぜなら、彼らが望むステイタスを得るのは、日常生活よりもゲームの中のほうがずっと簡単だからだ。

スタンフォード大学バーチャル・ヒューマン・インタラクション研究所のジェレミー・バイレンソン所長とニック・イー特別研究員は、人が現実の行動をデジタルのペルソナのそれに同調させる現象を「プロテウス効果」と呼んでいる。これのプラス面としては、人々がドラッグやアルコール依存の問題を解決する助けになることがわかっている。特に治療センターに通うのが物理的に困難な人々にとっては、依存症を克服するためにバーチャルの世界で人々からサポートを得ることは可能性として有望だ。だが一方で、プロテウス効果には現実世界が要求するものとは衝突する強いエゴを生み出したり、すでに大きいエゴをよりいっそう膨れ上がらせたり、反対に没個性化を増進したり、自分の考え方を都合のいいように操作したり、といったマイナス面もある。

　現実の生活では、人は他の人と混じり合うとき、無意識に相手の話し方や姿勢のパターンをまねている。バイレンソンとイーとドゥシェノートは、ある研究により、もし仮想空間でアバターが会話の途中に相手の頭の動きをまねることができたら、参加者は現実の参加者たちよりむしろアバターの主張に同意する傾向があることを証明した。また、アバターに相手を説得させる別の実験では、アバターの顔を相手の顔の特徴の二〇〜四〇パーセントを含むようモーフィングしてみた。すると、顔が似ているということは、その人の政治家候補の選択をも——非常に重要な選挙においても——左右するほど強力なパワーであることがわかった。ゲームの中でプレイヤーがなるアバターが魅力的かどうかはもちろん、服の色やデザインさえもが、ゲームの中と外の両方でプレイヤーの自身に対する見方だけでなく、他者との関わり方にも影響を与える。

　バーチャルのエゴと現実界の規範の衝突も問題だが、それ以前に、子どもがリアルワールドとデジタルワールドをどのくらいうまく行き来できるのかもわかっていない。ニューヨークのクウエスト・トゥ・ラーン・スクール〔革新的な教育法の中高一貫公立校〕でデザイン部ディレクターを務めるケイティ・

サルンは以下のように述べている。

バーチャルワールドとリアルワールドの違いについてはいろいろ話題になっていて、特に若い人たちにこの二つを分ける能力が欠けているのではないかと懸念されています。私は実際、「区別する」という考え自体がとても大人的な、それも、もとは現実の世界しかなくて、あとからバーチャルの世界が加わった世代の人たちのものではないかという気がしています。子どもたちには、デジタルと現実の間を、いわば継ぎ目なく移動できる能力があるのです。

バイレンソンによると、バーチャルとリアルの境界は、今では交換可能になるくらいぼやけてきている。ドキュメンタリー番組「デジタル・ネーション」で、彼はホストのダグラス・ラッシュコフのためにすこぶるリアルなアバターを制作した。

ある研究で、私たちはあなたの背を実際より一〇センチメートル高くした上で、誰かと交渉させました。一〇センチ背が高くなると、バーチャルリアリティの世界では交渉の場で相手に勝つ可能性は三倍になります……その後、実際の身長がどうであれ、あなたは実際に面と向かった交渉でも相手に勝ちます……バーチャルリアリティ内でのちょっとした露出が実際に顔を合わせたときの行動にまで持ち越されるのです……やはり私たちの行った子どもを対象にした実験では、彼らにバーチャルリアリティで鯨といっしょに泳ぎ回っている体験をさせました。一週間後、彼らの半数が自分は実際に鯨と泳いだと信じていました。

「水から出た魚」(fish out of water) という言葉を思い出す。魚は水の中で泳いでいるときには水の存在に気づいていない。デジタル時代にはバーチャルの〝水〟はほんものの水と同じように見え、また感じられる。人工的な視覚世界にどっぷり浸かった子どもの目には、現実界に存在している分子と視覚メディア内のそれの区別は簡単にはつかないのかもしれない。

ポルノの力

ウディ・アレンは一九七五年制作の映画「ウディ・アレンの愛と死」の中で、「愛のないセックスは空虚な経験だが、すべての空虚な経験がそうであるように、それは最高のセックスの一つだ」と言っている。はたしてそうだろうか? さしあたりポルノは大きな満足を与えてくれるが、先々のありがたくない後遺症にも目を向けなくてはならない。

私たちの調査に参加したある男子高校生は、「ポルノとゲームが与えてくれるオンデマンドの快楽、満足感、自在なコントロール、ストレス解消は、ぼくたちの忍耐力を低下させ、非現実的な期待を抱かせ、対人関係でつまずかせている」と言った。

ポルノは性的興奮を引き起こし、満足感を与えるよう意図された、セックスを題材とする最も露骨なマテリアルである。アートやエロティカ[性愛を扱った本など]と違い、現代のポルノビデオにはほとんど芸術性はなく、親密さにともなう感情や感覚や美しさよりも、ひとえにセックスのグラフィックな肉体面に焦点を合わせている。セックスの描写は有史以前から存在していたが、ポルノというコンセプトは一九世紀後半になるまでは広く理解されていなかった。一八六〇年代に行われたポンペイの遺跡の大規模な発掘が「正確には何が猥褻《わいせつ》だといえるか」という議論の火蓋を切り、結果的に多くのエロチックな発掘物が選ばれた人たちだけが鑑賞できるよう私設の博物館に運ばれていった。

一八九五年に映画技術が発明されるなり、ポルノ映画が制作された。たちどころに性的な描写が露骨なものは猥褻だとして公の目にさらされることは違法となり、それは一九六〇年代まで続いた。「ニューヨーカー」誌に長年にわたり漫画を掲載しているデイヴィッド・シプレスが、ある一コマにかつての状況をうまくまとめている。そこでは、老人がラップトップを使っている息子と孫息子に向かって、「わしがお前たちの歳だったころには、ダーティな写真を見たけりゃ、自転車で雪や氷の中、一〇マイルも先の店まで行かなきゃならなかった」と話している。実に隔世の感がある。

今日、インターネットの匿名性のおかげで誰でもどこでもポルノを鑑賞でき、しかも利用するにあたり、誰とも関わらなくてすむ。表向きは、ポルノ画像へのアクセスは一八歳以上に限られているが、「社会的基準」を強制するのは、とりわけオンラインでは難しい。誰もが子どもにハードコア・ポルノの閲覧を禁じることには賛成だろうが、自発的であれ偶然であれ、アクセスを管理するのは困難で、したがって規制できる可能性は低い。

何十億ドルもの利益を上げているにもかかわらず、ポルノ業界の上層部は、昨今の低調な経済、海賊版の横行、オンラインの無料または安価なポルノの氾濫のせいで、業績は不調だと言っている。

かつてはホテルの部屋へのアダルトビデオ配信やDVDの販売により巨額の利益を上げていた業界だが、市場はインターネットの提供する低価格と匿名性へとシフトした。ポルノは今、クリック一つ先にある。テクノロジーの発達はまた、素人の業界への参入も容易にした。カメラを回しながらセックスしたい人なら誰でもポルノ俳優になれる。視聴者を惹きつけることが上手なら、女性や少女は大金を稼ぐポルノスターになれる。

若い男性はポルノの動画からセックスについて学べるだろうか？　はい、少しは。だが一方でポルノから受け取るメッセージにより、彼らは自信を失いかねない。なぜなら、ポルノの画面で行われていることが普通で、それが唯一の正しいやり方で、相手との適切な関わり方だと思い込むからだ。最悪の場合、ペニスの大きさはただ重要なだけでなく、何よりも重要だと思いかねない。

これにはイギリスの学生を対象にした調査で、何人かの男子学生が同意した。

――ポルノは間違いなくぼくたちを被害妄想にすると同時に、非現実的な願望を抱かせています。性教育では（少なくとも、ぼくが受けたものでは）、それ（ペニス）については何も教わらなかった。だから、ぼくたちは自分で調べるしかない。そして、自分のものと同じに見えないと、男として失格だと感じるのです……。

——友達は女の子がポルノで見たよりおとなしかったり、ポルノでは男がいく前に女は何度もオーガズムに達するのに、自分の相手が一度も達しなかったりすると落胆しています。女の子は女の子で、ぼくたちのスタミナがポルノで見た男優のように半時間ではなく数分しかもたないことにがっかりしています。

——オンラインポルノがセックスについて非現実的な期待をユーザーに抱かせていることは確かです。なぜなら、それが平均的な人々とは似ても似つかぬ〝ポルノスター〟のイメージを普通だとして人々に押し付けているからです。そのせいで若者は自分に幻滅し、自己評価を下げ、さらにポルノでは相手との感情的なつながりは無視されて利己的な満足感とルックスだけが重要視されるので、セックスについての考え方も歪められています。

何人かの女子学生もまた、彼らの意見に同調した。

——私はメディアが女性の体についてのセルフイメージに与えるダメージを学ぶ「フェミニズム研究」のクラスを取っていました。確かにそれは真実です。もっとも、教授が男性には同様のダメージはないと確信していたことには怒りを覚えました。私が今の彼と付き合い始めたころ、彼にとってセックスは私たちの関係の中で非常に困難な部分でした。彼は自分自身の身体や、私を満足させる性的能力について劣等感が強く、それを克服するため、カウンセリングを受けなくてはなりませんでした。原因には、ゲームやポルノが描く男らしさや、セクシーな男の条件が大いに関係していると思います。そういった媒体の描く像のせいで、私の愛する、私が魅かれている男性が、あまりにも自分をつまらない男だと思っていることが悲しくなります。認知行動療法がセックスに対する彼の不安の除去に驚くべき効果を発揮し、私たちは今、大変うまくやっています。

――上の世代は一度もこの問題を扱う必要がなかったので、今の若い男性たちが、男女双方にとっての楽しい行為としてのセックスを教わらなくてはならないことが理解できないのです。セックスにおいては女性も〝ポルノスター〟としてではなく〝パートナー〟として積極的に関わる必要があることを、男性たちはまったく理解していません。彼らはその二つを完全に混同しているので、なぜポルノで見た〝あんなこと〟を私たちがやらないのかが理解できないのです。

――ポルノはセックスについて必ずしも存在しない「パーフェクト」な人工的イメージを煽るので、若者、それも特に男性は非現実的な期待を植えつけられ、実際のセックスに落胆します。同様に、ポルノはセックスを感情の入らない無意味な行為にも描くのですが、これは先々の恋愛に問題を生じさせかねません。

――ポルノはセックスをおとしめ、男性を恋愛やほんものの親密さから遠ざけます。また、女性の心のニーズを無視し、セックスを利己的な行為だとみなすよう教えています。

――思うに、男女の役割は急速に変化しています。たとえばクラブなどでは明らかに女性たちが以前よりはるかに捨て鉢で、むしろ積極的に行動する側になるにつれ、男性が女性を追い回す必要性はどんどん減っています。まさにポルノ業界が描き出しているように、女性たちは簡単に男性に身を投げ出し、男性はたいていそんな女性を利用しておいて、あっさり捨てています。したがって、私はポルノやそれに関連するあらゆるものに強く反対していますが、男性に大切に扱われたいにもかかわらず、簡単な女になることでますます自身をおとしめている女性たちにも大いに責任がある以上、男性ばかりは責められないと考えています。

オンラインポルノの大多数にストーリーラインはなく、セックスにいたるまでの展開もない。言葉もなく、ただアクションあるのみだ。現実の世界にはロマンチックな前触れや、告白、話し合い、思いやりの瞬間、キス、タッチ、称賛の言葉や、ただのおしゃべりさえあるのに、その暗示すらない。加えて、ポルノでは常に女性も男性と同じくらいか、むしろ男性以上にセックスをしたがっているという暗黙の了解があり、したがって、女性自ら男性のズボンのファスナーを下ろして、パンツを押し下げ、オーラルセックスを始めるシーンすらある。現実の世界ではそんなことはめったに起きない。

イギリスのプレミアリーグの名選手たちが対戦相手を蹴散らかすビデオによりサッカーを、もしくはオールスター戦にも出場するスター選手で名打者のアルバート・プホルスがワールドシリーズで巨大ホームランを三連発するビデオにより野球を学ぼうとすると想像してみてほしい。彼らはそれぞれの分野で超一流になるために長年トレーニングを積んできた、圧倒的に強靭な肉体をもつ、並はずれて優秀なアスリートだ。したがって彼らのビデオは刺激にはなるかもしれないが、実際に競技を学ぼうとすれば、リトルリーグのフィールドや運動場で、あなたと能力のレベルや年齢や体格が同等のコーチや仲間とたゆまぬ練習を積むしかない。

ポルノでは、ほぼすべての男優が巨大なペニスの持ち主だ。彼らはそのサイズとスタミナにより選ばれた人たちであり、しかも反応をいっそう良くするために薬を使用している可能性も十分にある。視聴者の目に映らないのは、アクションの途中に起きる、カメラのアングルを変えるための中断だ。その間に男優はアシスタントにより化粧を直され、薬を追加しているかもしれないし、ペニスへの注射や吸引ポンプで二度目の増強をしているかもしれない。つまり、二〇分間ノンストップで行っているように見える彼らの性行為には、おそらく画面には映らない一時中止が含まれている。

男たちはまた、ポルノのせいで、実際のセックスでは（彼らの信じる）女性のファンタジー――何時間も勃起し続けられる巨大で固いペニスとか――も満たしてやらなくてはならないと考える。普通サイズのペニスをもつ多くの若い男性が自分は異常だと思い、一〇分しかもたずに射精すれば早漏だと考える。ポルノのセックスはランニングマシーンの傾斜とスピードをともに最大にするようなもので、誰にも、少しの時間すら耐えられるものではない。にもかかわらず、同じようなシナリオを見続けたせいで〝普通〟について間違った思い込みをした結果、現実の女性とセックスをする前には不安に陥っている。

少年が大量のポルノを見ることのもう一つの悪影響は、自分のペニスが普通より小さいのではないかと不安になる、いわゆる「ペニス羨望」である。男性のアイデンティティにとってすこぶる重要なこの部分についての自意識は、確実に隠れた悩みのもとになる。これはロッカールームなどで多くの若者が人前で服を脱ぐのを拒否し、シャワーに入ってから裸になり、出てくるときにはまた体を覆うといった行動の中に読み取れる。男性機能不全治療薬「バイアグラ」が初めて市場に出たとき、宣伝には白髪の老人が使用された。今ではかつてないほど多くの三〇歳以下の男性が、適切なセックスを確実に行えるようバイアグラを処方してもらっている。いったんこういった薬が性交渉の成功には欠かせないとみなされると、セックスはもはや薬次第になってしまう。したがって、老人を使って始めた宣伝も、今ではセックスするチャンスが垣間見えたとたんに準備万端になりたいと願う、はるかに若い顔――肉体的にも――にすり変えられている。

慢性的刺激、慢性的不満

宗教的価値観のある国が大半の西欧では、セックスはあくまで暗流で、心身一体的な見方はされていない。愛は奨励されるが、性欲は否定され、主流のメディアからは無視さえされている。とはいえ、性欲は隠されているわけではない。それどころか何千何万のサイト上にもろに露出している。インターネットは人々のニーズ、欲望、夢想を理解する上での手がかりを提供してくれる最高の集合的無意識である。当初、ポルノは人々の性的興奮を高める手助けをしていたのだろうが、年月とともに反対の効果をもたらし始めている。アメリカ疾病予防管理センターの最近の調査では、「ポルノを頻繁に利用している人々は、非利用者に比べ、鬱や健康障害を発症しやすい。

ポルノは健康的な対人関係の代わりを務めることにより、社会的孤立と性的孤立の連鎖を引き起こしている可能性がある」という結果が出ている。

ポルノは私たちの文化のほぼすべての領域における「性欲の表出不足」を補填《ほてん》しようとする試みだ。とはいえ、オンラインでの表出はあまりに、あまりにも、多すぎる。ウェブのアクセス数を発表するAlexaというサイトによると、アクセス数トップ五〇〇のうち、二四がポルノサイトだ。これは全体のほぼ五パーセントに相当する。イギリスでは同じくトップ五〇〇のうち二二がポルノサイトだ。これを全体図の中において説明するなら、トップ五〇〇のサイトのうち、四七近くがいろんな国のGoogleホームページで占められている。最も人気の高いポルノサイトのLiveJasminとXVideosは、三六か国——カナダ、メキシコ、オーストラリア、ドイツを含む——のGoogleホームページよりもトラフィック［転送情報量］が多い。さらに、この二つのポルノサイトは、CNN、AOL、Myspace、Netflixといったサイトさえアクセス数で上回っている。だが、他の人気サイトのユーザーが一般的な人々であるのに対し、ポルノサイトのユーザーの大多数が二四歳以下の男性で、彼らのほとんどが家で一人で、またはこっそり学校で見ている。

最も人気の高い二四のポルノサイトのすべてが基本無料サイトだが、同時にわずかな視聴料を取って、高解像度（HD）やライブの動画など、特別なコンテンツも提供している。つまり、見たいものが何であれ、たいていのものが見つかり、しかも無料で視聴でき、インターネットが存在する場所なら世界中どこでも、いつでも、アクセスできるのだ。

性的興奮のビュッフェがあなたを待っている——PornHubには五六のカテゴリーが便利なこ

とにアルファベット順にリストアップされていて、平均的なカテゴリーには五八三二本の動画が別々にアップされている。これらのカテゴリーのうち最も閲覧回数の多い動画群は約二〇分の長さで、平均二二三〇万回視聴されている。録画時間の三三パーセントの時点で膣または肛門への挿入が始まる。女性のオーガズムがはっきり認められるのは全動画のわずか四分の一だが、男性の射精は全動画の八一パーセントで明確に認められる。射精がエンディングの典型的なハイライトになっている。

こういった人気の高い動画のどれにも安全なセックスや、登場人物間での肉体または心理面での希望や許容範囲についての話し合いはない。視聴数が最も多い動画群のうち、コンドームが使用されたのは、レズビアンのカップルが疑似ペニスに装着した一本のみだ。多くの動画で、男性は女性からフェラチオを受けたあとに膣への挿入をし、次に女性の肛門に挿入し、それから女性の口またはふたたび膣へと挿入している。これは女性を性感染症だけでなく、尿路感染症のような細菌感染症にかかる大きなリスクにさらしている。射精は女性の胸や顔の上、または口の中に行われることが多い。ポルノ動画はたいてい男性の射精直後に終わるが、それはあくまで男性の射精がセックスの頂点であり、他のすべては副次的なものであるとみなされているからだ。昔の映画の終わり方の「ぼやけていって黒画面（fadetoblack）」は、ポルノでは精液まみれになった女性の「顔から黒画面（facetoblack）」になった。

こういった動画は「性的な空想にはけっして会話は含まれない」ことをほのめかしている。心理的な親密さはどんな形であれ、ほとんど描かれないし、台詞のやり取りはあったとしても、その脚本はすこぶる不自然だ。要するに、ポルノは愛の営みどころかセックスでもなく、主に男性視聴者の視覚に訴える〝ファック〟にすぎない。女性も人がセックスするところを見るのを楽しまないわけではないし、実際、多くの女性がポルノを見ている。要するに、女性の場合は、なんのストーリーもなしにただぶつかり合う身体のパーツの接写を次から次へと見せられることを楽しまないだけなのだ。

ポルノのプラス面は、それが空想や、セックスの様々な可能性に、はけ口を提供することだ。シャイな男性や、風俗に通う金銭的余裕のない男性や、一夜の戯れでセックスした（または、一〇分間、身体が擦れ合った）女性から、それ以上の精神的な何かを求められることを恐れる男性にとっては、実生活にはないセックスパートナーの代替となる。問題は一人で頻繁にポルノを見ることがさらなるひきこもりや、恋人に対する感情的な隔たりへとエスカレートしていくことにある。イギリスでの最近の世論調査では、ポルノのライトユーザー（一週間に一時間以下）の三分の一と、ヘビーユーザー（一週間に一〇時間以上）の七〇パーセントが「ポルノを見ているせいで恋愛関係に問題が生じた」と答えた。ポルノの見すぎはまた彼らに別の無用かつ厄介な変化を引き起こすのだが、例によって若い男性は手遅れになるまで気づかない。

おい、立たなくなっちまった

最もパワフルな生殖器官は脳である。それは男性にとって、勃起が始まる場所でもある。ならばポルノを見すぎると脳にどんな変化が起きるのだろう？YourBrainOnPorn.comの創設者ゲイリー・ウィルソンは、オンラインポルノの慢性的な過剰視聴を、ギャンブル、ゲーム、特定の食品などの他の依存症と比較している。彼によると、すでにインターネット、ギャンブル、オンラインポルノの三つの依存症については脳の研究が九〇以上あるが、これらの依存症のすべてにおいて、脳内に薬物依存症に見られるものと同様の変化が起きている。

無理もない。なぜなら、脳内で性的興奮が起きる部位は、依存が起きる部位――報酬回路――と同じだからだ。この回路の大部分は、大昔に起きた人類の進化により鼻の後ろに配置されている。その部位で私たちは目的を達成し、食べ、セックスし、リスクを冒し、恋をするためのモチベーションを得ている。そこはまた、私たちに性的興奮を起こし（または失わせ）、何かに病みつきにさせる部位でもある。なぜなら、渇望もまたそこで発生するからだ。

ウィルソンは自身のサイトで「ドーパミンは報酬回路を起動する主要な神経伝達物質なので、性的に興奮すればするほど、その分泌はより高まる」と説明している。だが、報酬回路を起動するドーパミンの量が不足すれば、勃起は起きない。ポルノに関係した性的な問題で、ドーパミンの調節異常に起因するものは以下のようなさまざまな症状をとる。

- 勃起が自然には起きない。
- 静止画面やすでに見たポルノでは性的興奮は起きない。単に興奮を得るためにも、より過激なポルノへとエスカレートしていく――依存症の兆し。

●ペニスの感覚が鈍くなる――脳が快感に対し麻痺しつつある証拠。
●現実の相手とのセックスで射精までに時間がかかる。もしくは射精に到達できない。
●性交不能――現実の相手とのセックスでは勃起を維持できない。
●勃起不能――たとえ過激なポルノを見てもまったく勃起しない。
●勃起不全治療薬も効力を失う。バイアグラもシアリスも勃起を維持する血管を拡張するだけで、脳に性的興奮を引き起こすことはできない。興奮しなければ何も起きない。

ドーパミンは目新しさに反応して大量分泌されるので、オンラインポルノは若者が気づくまで何年も、進行する性機能障害を覆い隠す。なぜなら、目新しいシーンや初めて見る出演者に出会うたびに、ドーパミンの分泌はふたたび急上昇するからだ。ドーパミンが減り始めれば――勃起が難しくなれば――ただ別の新しいものをクリックすればいいだけだ。オンラインポルノは常に新しいもの、エキサイティングなもの、ショッキングなものを提供してくれる。

ベルリンのマックス・プランク人間発達研究所で行われたオンラインポルノ視聴者の脳に関する初めての研究では、長年にわたる長時間のポルノ視聴は、脳の報酬感受性に関係した領域における灰白質の減少とも関連性があることが発見された。灰白質が減少すれば、ドーパミンの量もドーパミン受容体の数も減る。シモーネ・キューン主任研究員は「ポルノの習慣的な使用は多かれ少なかれ報酬回路をすり減らす」という仮説を立てた。これにより、なぜユーザーたちが新しい、またはより過激なポルノに依存するようになるかが説明される。性的興奮を覚えて勃起するには、ますます大きな刺激が必要になるからだ。

報酬回路への攻撃は、さらなる刺激を求めて二次元のサイバー上の相手を次から次へと〝受胎〟させろという合図になる。すると、脳はドーパミンに頼ることなく、報酬回路を起動させる特別な経路を作り出す。これは〝貴重な〟行為――オンラインポルノを見るとか、ゲームをするとか――にのみ反応する。だが、そうなると残念なことに、日常生活は、そしてしばしば慣れ親しんだ相手とのセックスは、しだいに退屈で報われないものになる。同時に脳はオンラインポルノからの刺激を、反応する価値のある唯一のものとして記録する。前述したように、ポルノユーザーの中には実際のセックスでは射精に達することや、勃起を維持することすら困難な人（勃起不全）がいる。もしくは、当初は相手の目新しさにより性的興奮を得られても、すぐにその相手には欲情しなくなる人もいる。すでに彼らの脳は絶え間なく画面上の目新しいものを必要としているのだ。その脳を持ち続けている限り、彼らに打つ手はない。ウィルソンはこう言っている。

オンラインポルノは今では潜在意識レベルであなたを呼び覚ます強力な記憶になっている。なぜなら、それがドーパミン分泌や、勃起、そして渇望からの解放の最も頼りになる原動力だからだ……これはすべての依存症で起きていることだ。ドーパミンの分泌を促すことにより報酬回路を過剰に刺激すればするほど、その反応は鈍くなる。切れかかっている電池が入った懐中電灯を想像してほしい。要するに、あなたの報酬回路はもはや勃起を起こすに必要なだけの電気を供給していないのだ。

ここで何が起きているかをわかりやすく言えば、ポルノは活発化しているものを、同時に麻痺させてもいる。または、ニコラス・カーがいうように、「私たちは体内の何かを人工的に拡張させると、同時に、その拡張した部分とその自然な機能から自らを引き離してしまう」。

興奮依存症——ちょっとだけ違うものをくれ

ゲームとポルノに備わった依存性は、多くの理由で深刻な懸念材料だ。すべての依存症にいえることだが、それらは完全に人の心を奪い、人生の他のすべてに優先する何かになりうる——あらゆるアルコール中毒者や麻薬常習者やギャンブル依存者が言うように。しかし、ゲームやポルノはアルコールや薬物とは違う。ゲームとポルノは高いレベルでの興奮を達成または維持するために新規のものを探し続ける〝興奮依存症〟だと考えていい。

高速インターネットが登場する前には、人々はまったく違った方法でポルノを消費していた。当時、興奮依存症には今日ほど容易にはなれなかっただろう。六〇年前、それは「ナショナル・グラフィック」誌に載っている先住民のあらわになった乳房の小さな写真だった。三〇年前には、美しい女性の全裸の写真を見るために、男たちは「プレイボーイ」や「ペントハウス」誌のグラビアをパラパラめくった。次に「ハスラー」誌がピンク(女性器)写真を初めて掲載した。このころには映画館でこっそり特別料金を払って「ディープ・スロート」や「グリーンドア」などの長編ポルノ映画を観賞する男たちの姿も見られた。二〇年前、それは山積みのＶＨＳビデオになった。そして、一〇年前には厳選されたカットをごちゃ混ぜに焼いたＤＶＤになった。しかし今日では、ＰＣの画面上に好きなだけウィンドウを開けて、複数のＨＤ動画をストリーミングし、ただクリックで進ませたり戻したりすればいいだけだ。

性的興奮を得るのにポルノに依存するようになった多くの若い男性が、ポルノを見始めたころに興奮させてくれたマテリアルでは、もはや興奮しなくなるという問題を抱える。以前の画像やシーンに何も感じなくなると、彼らは絶頂に達するために、新鮮さ、バラエティ、意外な展開、よりハードコアなもの、奇妙なもの、何でもいいから見たことのないものを探すことになる。同じものにはすぐに慣れてしまう。たとえ自分の性的指向とは一致しないもの――同性愛ものや女装男性ものなど――であっても、違うものなら集中力を維持できる。残念ながら、個人にとって長期的にはマイナスになるものが、ビジネスにはプラスになる。ゲームとポルノの業界が無限のバラエティを供給してくれるので、ポルノ依存者はいつでも自身の〝麻薬〟を手に入れられる。

興奮依存症は、ユーザーが次の〝麻薬〟を求めている間、その人物を「拡張した現在」という快楽主義的タイムゾーンに閉じこめる。今の瞬間が広がってすべてを支配するにつれ、過去も未来もはるかかなたに遠ざかる。そして、その現在は絶え間なく変化する画像とともに、並はずれてダイナミックなものになる。ポルノ漬けの脳は、変化や斬新さや絶え間ない刺激を要求できるよう、すでに新しいデジタル方式に完全に配線し直されている。そして、スイッチを入れるかマウスをクリックするだけで、オンデマンドのポルノやゲームはそんな脳の要求に応える。ポルノの過剰視聴が依存症レベルになると、脳はヘロインをやったときのように晴れやかになる。興奮すれば興奮するほどドーパミンのレベルは上昇する。ドーパミンのレベルが上昇すればするほど、渇望はいや増す。

興奮依存症が行動や生理的反応におよぼす影響は人によりさまざまかもしれないが、ポルノを見すぎることの生理、心理、感情面への将来的な影響を検証することには意味がある。なぜなら、それが自分自身の脳や、ポルノ視聴中や実生活での性交で性的興奮を得る能力に大きな影響をおよぼしているとは、ほとんど誰も考えていないからだ。

興奮依存症は、変化に乏しく、繰り返しが多く、計画や長期目標の設定を必要とし、楽しみの先延ばしを要求する実生活のすべての面に、微妙な悪影響と明らかな悪影響の両方を与えかねない。私たちが話を聞いた興奮依存症の兆候が見られる若い男性たちは、概して社会生活の場では大きな不安を覚え、目標を立ててそれを達成するモチベーションに欠け、絶望感を抱えていた。自殺の可能性をほのめかす者さえいた。また学校では、アナログ的で静的で完全に一方通行の伝統的な授業から完全にはみ出していた。学業はそもそも過去の学びの先々の問題への応用や、計画性や、楽しみの先送りや、遊びより勉強を優先することや、長期的な目標設定といったものの上に成り立っている。

このようなミスマッチの中にあっては、彼らが落ちこぼれるのも無理ないのではないか？　彼らはまた恋愛にも不適応者になっていたが、それは恋愛がゆっくり控え目に高まるものであり、双方向性や分かち合い、信頼の構築を必要とし、少なくとも〝機が熟す〟までは欲情を抑えなくてはならないものだからだ。

クーリッジ効果

通常、男性は射精のあとに射精後不応期と呼ばれる状態を経験する。ふたたび性欲を感じるようになるまでの一時休止時間のことだが、この時間はまったく新しい相手との性的チャンスがあれば、極度に短縮される。脳からすれば、ポルノは独自のハーレムを提供してくれている。たとえその体験が空想の中に存在しているにすぎなくても、新しい画像の一つ一つは新しい性的チャンスだからだ。

「クーリッジ効果」はこのアイデアが実際に証明される現象をいう。これは信憑性は確認されていない、あるエピソードから始まったとされている。カルビン・クーリッジ元アメリカ大統領とその夫人グレースが別々に官営農場を案内されたときのことだ。夫人は雄鶏《おんどり》が盛んに雌鶏《めんどり》と交尾しているのを見て、随行員にその頻度を尋ねた。随行員は「毎日、何十回もです」と答えた。するとと夫人は「主人が来たら、その話をしてやってちょうだい」と言いおいた。さて、話を聞かされた大統領が「相手は毎回同じ雌鶏なのか？」と尋ねると、「いいえ、まさか、大統領、毎回違う雌鶏とです」という答えが返ってきた。すると大統領は言った。「家内にその話をしてやってくれ！」。

おわかりだと思う。クーリッジ効果は哺乳類に見られる特性で、オスは（オスほどではないがメスも）

新しい性的パートナーと出会うと性欲を回復させる。一九八五年にニューヨーク州立大学ストーニーブルック校で行われた性的興奮の馴化《じゅんか》についての実験では、四〇人の男性ボランティアが二つのグループに分けられた。一つのグループは五組の異なる男女カップルの性交中の画像を見せられ、もう一つのグループはまったく同じ画像を五回見せられた。第一のグループの性的興奮が高まっていったのとは反対に、第二のグループのそれはしだいに弱まっていった。

ポルノはドーパミン製造機だ。ドーパミンは楽しみや快感を起動する。食事、ドラッグ、性行為といった報酬経験はドーパミンを脳の二つの主要領域――側坐核と前頭葉――に放出させる。けれども、依存症になるとドーパミンの経路に病変が起き始める。

それで人気のポルノ女優もあまりに露出が多くなると、あっという間に新鮮さと商業的価値を失いかねないのだ。このいわゆる〝ニューガール効果〟により、大多数のキャムガール［ウェブカメラによる自撮り映像をネット上に流す女性］にとって無念なことに、最初の一週間が勝負となる。だが、このように目新しさと互換性を好むことは、実生活の性体験にどう影響するのだろう？

女性をモノとして見る

「きみの爪、きれいだね」。彼女の手をじっくり見ながら若者は言ったそうだ。「それ、フェイク？」。

ナンパの達人の世界では、このような意地悪を含んだ褒め言葉は「ネガ」として知られている。彼らは女性の気を引くために、わざとこういった心理作戦を使う。

私たちが話した若い女性は、その若者に爪がフェイクかと訊かれたとき、この作戦の存在を知らなかった。「もちろん、違うわ！」。不意打ちを食らい、彼女はしどろもどろになった。デリカシーのない人、と心の中で言っていた。ともかく、彼には定まった手順があり、それはまあまあ功を奏した。その夜の終わりには二人はキスをしたが、惹かれ合ったのはつかの間だった。彼女のほうがいわゆる〝衝動買いの後悔〟に襲われたのかもしれないし、若者のほうにもっと努力が必要だったのかもしれない。だが、二人が彼のスクリプトの先の真の人間同士の世界に突入したとたんに、彼女の気持ちはあっさり冷めたのだった。

最近では『口説きの教典』（ミステリー、パンローリング）や『ザ・ゲーム』（ニール・ストラウス、パンローリング）のようなナンパ指南本が数多く出版され、時にすこぶる効果的で、時に侮辱的だが、読む分にはおもしろいアドバイスを提供している。男性がただ女性と話す糸口をつかむために、それほどまでに努力しようとしている点は称賛に値するものの、そういった本は残念ながら、相手との共通の関心事の見つけ方や、見知らぬ人を自分に興味をもってくれるデート相手や長期のパートナーに変えていくプロセスといった、恋愛の他の重要な面は扱っていない。たぶん、そのような分野にまで取り組むことは目的に含まれていないのだろうが、それではある時点で男性が本気で相手の女性と付き合いたくなったときに、ナンパの〝ゲーム〟から抜け出して恋愛関係に移行するのは難しいかもしれない。なぜなら征服の対象としての「ターゲット」から、将来的な価値と持続する関心の対象としての「人物」へと心の目標をシフトしなくてはならないからだ——つまり、昔風のエンディングのように、自分以外の誰かに恋することに。

問題は、彼らが差し迫った欲情と長期的なゴールのバランスを取ることに必死なあまり、自分のアプローチの効果をチェックし続けることにある。相手と自然に心が通い合う自発性を無視すれば、目的は興味深い女性に出会うことではなく、〃何十人と寝たか〃になる。自信を付けることから、手柄の見せびらかしへと移る。もはや相手との心の通い合いなどどうでもよくなり、スコアを得るためにナンパゲームをエスカレートさせることになる。そして、だんだんと相手女性は自分の喜びのために置き換えのきくただのモノになる。

私たちの調査では、このようなアプローチのネガティブな効果については、男女双方から意見があった。

(男性) こういったアプローチはむしろ恋愛のハードルを押し上げていると思います――男女関係に、若い男として自然な行動をとればいいのではなく、費用対効果のような分析が入り込むのですから。もし娯楽と性欲に対するニーズが、恋愛につきものの「心の問題」や「面倒くさい展開」に煩わされないゲームとポルノで満たされれば、若者は恋愛を求めようとしなくなるかもしれませんね。

(男性) 社会におけるある種の性差別主義も一因です。男は女を敬うなと教えられます。それがゲームやポルノにおける男女の関係です。女性を敬っていないのに、どうしてわざわざ心地よい安全地帯から抜け出して、女性に話しかけたり、付き合ったりする必要がありますか?

（女性）私の知る限り、ポルノを利用している男性の誰一人として女性と健康的で尊敬しあう恋愛関係を結べていません。女性との付き合いで、彼らは少しの間なら〝まともな振る舞い〟ができるかもしれませんが、ポルノは間違いなく彼らの態度や隠れた価値観に悪影響をおよぼしています。ポルノを見る男性といっしょに働くなり暮らすなりすれば、態度や言葉の端々にそれは必ず表れます。まさに「ゴミを入れればゴミしか出てこない」という古い諺《ことわざ》どおりです。所詮、人間の脳は、ポルノという自己欲求満足型の消費習慣を常食としながら、同時に他の人間との成熟した複雑で包括的な関係を続けることなどできないのです。

ロマンチックな関係の喜びが前もって練ったシナリオの中からは生まれないなら、こういったメソッドを使う男性はいったい何を求めているのだろう？　若い男性の世界では、幸福や充足感に対する願望は、どういうわけか刺激や気晴らしやコントロールへの欲求に変形してしまった。

ベストセラー作品の *I Hope They Serve Beer in Hell*（地獄でもビールが出るといいな）と *Assholes Finish First*（最低男が一番になる）の著者タッカー・マックスがデートの誘いをネット上に載せたところ、多くの申し込みがあった。候補者に対する彼の多項選択式質問には「あなたを見たら、ぼくの友達はなんと言うと思いますか？」といったものもあった。次の答えは候補者たちに与えられた選択肢のいくつかである。

「またもやプライドのない長身でホットなブロンドかい。やつめ、今夜はやれるんだろうな」

「今夜の予報は脱ぎ散らかされた服だとよ。激しいセックスのチャンスはかなりあり」

「ひえー、彼女、魚屋みたいにくせえ」

「おやおや、やつの相手にしてはブサイクすぎる……どっちにしろセックスはするってほうに一〇ドル賭けるがね」

「彼女、デブではないけどな。でも、あの女から逃げ出すには〝ジョーズ・オブ・ライフ〟〔事故現場から人を救出する装置〕が必要だぜ」

「ただのチープな娼婦じゃないか。いったい何ドルだったんだろう?」

「フェラチオしてもらったんだろうな」


あるレベルでは、これは単なるジョークだ。だが、多くの人がコンドームを買うのにもきまりの悪い思いをし、相手が誰であれ、セックスについて率直に話すことはなかなか難しい今の時代に、なぜマックスの本が「ニューヨーク・タイムズ」紙のベストセラー第一位になったのだろうと考えさせられる。

セックスは巷にあふれ返っているのに、なぜそれについて話すことはこんなにも難しいのだろう? わざと下劣な物言いをすることが、受け入れられる唯一の方法なのだろうか? それなら低俗だとして、簡単にはねつけられるから? 西洋化した世界では、多くの若い男性がこの不思議な乖離《かいり》により、聖女娼婦コンプレックスを抱いている。「セックス抜きの愛」と「愛抜きのセックス」としても表現されるこの矛盾した欲求の持ち主は、自分の恋人に配偶者としての健やかな女性と、恋人としての娼婦のような女の両方を求める。現実の世界でやさしくてしかもセクシーな女性に出会うと、彼らは不安になり、しばしばその女性を拒絶する。彼らにとってセックスは、あくまで感情の入り込まないものでなくてはならないからだ。これは男女の双方にとって、恋愛の大きな障害になる。

私たちが話をした二〇代前半のある女性は、まさにこの内面的葛藤を体現した青年との三年におよんだ関係を振り返った。

彼とは七か月ほど付き合ったあとに、いっしょに暮らし始めました。性生活は一度もよくありませんでした。三年の付き合いを通してずっと彼には勃起障害がありました。たまに勃起することはあっても、いざ挿入する段になると萎えてしまうのです。過去に付き合ったすべての女性とも同じ問題があったそうです。朝立ちはしっかりあるし、マスターベーションでならいくことができるので、明らかに心の問題です。彼はハグや抱き締めることは楽しんでいたので、セックス以外はとてもうまくいってました。私たちは何についてもざっくばらんに話していました。彼はPCに大量のポルノを収集していました。それ自体はさほど気にならなかったのですが、それらが彼のセックスに対する考え方にかなり悪影響を与えていると感じていました。彼は自分の性的能力に対してあまりに大きな不安を抱いていて、そのせいでどうしても行為に没頭することができなかったのです。彼は中高時代を男子ばかりの寄宿舎で過ごしたのですが、そこで少年たちは大量のポルノを見たそうです。彼らの誰一人、まだ実際には体験していなかったそうです。それこそが彼がのちのち勃起障害と性行為に対する不安症に苦しむことになった原因ではないかと思います。現実のセックスがどんなものであるかを経験する前にハードコアのポルノにさらされたことが、完全に彼を混乱させてしまったのです。彼は私を欲情の対象として見るのは難しいと言いました。つまり、愛する女性が同時にセックスの相手であることに折り合いをつけられないのだと。彼にとってセックスとは、自分にとってどうでもいい誰か——生身の人間ではなく、欲情させるモノ——とするものなのです。彼との生活の終わりころには、私たちはまるでルームメイトのような暮らしをしていました。

かつて恋愛は結婚して家庭をもつことに先行するプロセスだとみなされていた。そして人々は交際相手をそのように扱っていた。けれども、長期的な恋愛をする理由が減った今、男たちはもはや女性を一時的な、いくらでも置き換えのきく性の対象物としかみなさなくなっている。

ゲームのパワー

数十年前、眼鏡をかけた子は「四ツ目」というあだ名を付けられ、本好きな子どもは昔ながらのからかい言葉を投げつけられていた。ベビーブーマー［団塊の世代］が少年少女だった時代には、頭のいい子が注目されるのは試験の直前だけで、成績や電子機器に興味のある子はガリ勉だとみなされ、仲間からは無視されて、子ども社会のヒエラルキーでは最下層に属していた。

その昔、「コール・オブ・デューティ」のはるか以前、「ドンキーコング」や「DOOM」どころか、ピンボールマシンやゲームセンターすらなかった時代には、一〇代の少年たちは何人か集まるとスポーツをし、自転車に乗り、あてどなく車を乗り回し、トランプをした。彼らは酒を飲み、タバコを吸い、空気銃を手に駆け回り、大雨が降れば浸水する手作りの筏《いかだ》で川下りをしてあやうく死にかけた。それは隣人同士が互いの名前を知っていた時代。家族がそろって食事をし、分不相応の暮らしはできなかった時代。人々は自分で自分を楽しませるしかなかった。

一九七〇年代から八〇年代にすべてが変わった。ガリ勉は得意分野にせっせと励んだ――革新的なテクノロジーを発明し、勝手知ったる世界を探索してコントロールする新方法を開発した。アーケードゲーム、ゲームコンソール、汎用コンピューターの第一号は、いずれもガリ勉がガリ勉のために作った。彼らは社交術よりテクノロジーに関する知識が豊富で、外見のかっこよさにはさほど関心がなかった。彼らの中には純粋に物を作ることに夢中になっていた者もいたが、人付き合いが苦手なので、単に他に何かやることが必要だった者たちもいた。前述のような機器は、女にもてる男が発明したものではない。なぜなら、もてる男たちは女を追いかけるのに忙しかったからだ。だが、ゲーム会社が大きな可能性と、改良した画像と、すぐれた有用性を備えた合法的なビジネスとして市民権を得ると、ガリ勉は突然〝ギーク〟［知性派オタク］になるチャンスを手に入れた。今、ギークはイケてる。ゲームやデジタル機器の新商品発売記念パーティに行けばわかるが、アトラクションには必ず美しいモデルやセクシーなダンサーたちが登場する。

この劇的な変化は、一九七七年に最初の「スター・ウォーズ」が公開されたときに起きたと言って差し支えないだろう。同年にサンフランシスコで開かれた第一回ウエストコースト・コンピューター・フェアで「アップルII」が発表されたが、それをパーソナル・コンピューター産業の幕開けだと呼ぶ人もいる。一年後にはミッドウェイが「スペースインベーダー」を、翌一九七九年にはアタリが「アステロイド」を、一九八〇年にはナムコがアーケードゲームとしては最大の人気となった「パックマン」をリリースした。一九八一年にはゲーム雑誌第一号の「エレクトロニック・ゲームズ」が発行された。ビデオゲーム業界は一九八〇年代の初めに短い停滞を経験したが、数年後にニンテンドーがそれを打開した。その間ずっと、コモドール・インターナショナルの設立者ジャック・トラミエルは一部の人のためではなく、大衆のためのシンプルで安価なコンピューターを開発していた。コンピューター、インターネット、タッチスクリーン、モーションコントロールの普及は、人々の相互交流や、ゲームの仕方を革新的に激変させた。

価格がより手ごろになると、テクノロジーは社会の主流でそのパワーを発揮し始め、急速な技術革新が起き、世界はそれに夢中になった。エレクトロニクス大量消費主義がテクノロジーの発達を刺激し、インテルの「明日のスポンサー」の広告が示すように、新種のロックスターが現れた。かつてベビーブーマーたちがからかったポケット・プロテクター［胸ポケットの布地をペンなどから守るためにつけるビニール製当て布］を着けたガリ勉たちに、今日、多くの人が謝るべきであるのは間違いない。この意識変化の一例が、新作映画「21ジャンプストリート」に見られる。ジョナ・ヒルとチャニング・テイタム演じる覆面捜査官が、人気者の高校生グループの機嫌をとろうと身体障害者用の駐車スペースに車を止めたり、享楽に飽きたふりをしたり、ゲイの学生を殴ったりすると、嘲《あざけ》りを買ったのだ。彼らは昔のルールでプレイしていた――不良っぽく振る舞うことが、もはや格好良くないことを彼らは知らなかったのだ。アップル社の先見の明ある共同創業者スティーブ・ジョブスが雄弁に語ったように、私たちはこの数十年に急増した「クレイジーな野郎、はみ出し者、反逆者、トラブルメーカー、四角い穴に丸い杭を打ち込む者……ものの見方が他の人とは違う者たち」に感謝する。以来、負け犬は私たちのヒーローであり続けている。

ゲームをすることには多くのメリットがある――なんといっても抜群におもしろいし、人と人とを結びつけ、問題解決や戦略決定能力を高めるといった面もあり、ある程度の運動にもなる。オンラインゲームはＰＣ操作に精通する機会を提供するが、それは未来の労働市場では過小評価できないスキルだ。また多くのオンラインゲームが世界中の人々と相互交流させるので、異文化について学ぶ機会にもなる。しかし、こういったメリットにはある程度限界があり、大多数の人々はこのようなポジティブな特徴を活用していない。

先にも述べたように、私たちが心配するのは、孤立した状況で過剰にゲームをする人たちだ。男性向け情報サイト AskMen による最近の調査では、「誰とゲームをすることが一番多いですか？」という質問に、友達といっしょにプレイすると答えた人はわずか二四パーセントで、三七パーセントは完全に一人でプレイするか、もしくはオンライン上で見知らぬ人とプレイすると答えていた。

反対にデメリットは、相対的にまわりの人々や普段の生活が、とりあう価値がないほど退屈なものに思えてしまう点だ。はたして、思春期の子どもについていえば、ゲームをする子はしない子より読書時間が約三〇パーセント、宿題をする時間は三四パーセントも短い。「サイコロジカル・サイエンス」誌に発表された二〇一〇年の調査結果によると、六歳から九歳の少年はゲーム機を手に入れたとたんに読み書きの成績が下がり、教師からの学習困難の報告が増加した。要するに、ゲームのしすぎは成績を下げ、暴力に対する感覚を鈍らせ、ゲームをする時間と他の活動をする時間のバランスの崩れにより、いずれは社交性に影響をおよぼしかねない。

この章の初めころに登場したゲイブを思い出そう。二三歳の彼は、平均すると生まれてから毎日四時間ずつゲームをしたことになると話していた。もしその計算が正しければ、計三万三〇〇〇時間（学士号が七つ取れる時間）もゲームをしたことになる。

今ならわかるが、子ども時代を振り返ると、ゲームとポルノにより単に普通の喜びが感じにくくなっていただけでなく、それらの超常的な刺激のせいで、私はリアルワールドの夢と情熱をバーチャルワールドのそれに置き換えてしまっていた。ゲームで得られる興奮と達成感は、しまいには現実のスポーツを退屈に感じさせた。

私の考えでは、昨今のゲームはプレイヤーを依存症にさせるレシピにより作られている。一位になるには無限の時間とスキルが必要となるリーダーボードの仕組みや、ゲームに新鮮味を加えるための「ボーナスパック」の絶え間ないリリースにより、ゲームメーカーはプレイヤーを病みつきにし、彼らに飽きそうな兆候が表れるやレベルかアビリティ［ゲーム用語：スキルに近い］

を増やして、プレイヤーのランクが上がる可能性を加える。やがて私の考えることといったら「いつ家に帰ってゲームをできるか」だけになり、まわりの現実の世界はもはや私の注意力を引きつけられなくなった。

N・クラークとP・S・スコットは、ゲームがスローで内省的な形態の娯楽と比べてこんなにもプレイヤーをとりこにできる理由について、以下のように述べている。

ゲームはテレビのような他のメディアほど受動的でない……ゲームは私たちを他の生きた人々につなげる……この「ゲーム」という言葉は、もはや今日のデジタル化したリビングルームで起きていることを正当に表したものではなくなっている。それを双方向性だといおうが、媒体、自律型、またはその他のどんな言葉で表そうが、ゲームが引き起こした痛ましいほどに明白な変化は、ただおとなしくテレビを観たり、本を読んだりすることを過去のものにしてしまったことだ。テレビでカーチェイスを見るのもいいが、あなた自身が赤いフェラーリを時速一五〇マイルでぶっ飛ばしてパトカーを振りきるのとは違う。ゲームでは私たちは運転席にいる。コントロールのレベルが違いを引き起こす。脳にまわりを違って見させ、感じさせる……テレビ画面のストーリーは私たちに何かを伝えるが、リアリティは不足している。ゲームは実感で教えてくれる。私たちが危険な選択をしたときに何が起きるかを実際に見ることができ、そこから新たに瞬時の選択もできるおかげで、歴史を題材としたゲームも非常におもしろくて長続きするものになった。

問題は「このような創意に富んだファンタジー上の冒険が、脳にはどう感じられるか？」だ。レナード・サックスは著書 Boys Adrift（さまよえる少年たち）の中で、ゲームが事実、モチベーションを下げるという作用を脳に引き起こしかねないと指摘している。なぜなら、側坐核は脳の背外側前頭前皮質（DLPFC）と呼ばれる部分と連携して作動しているのだが、側坐核は意欲やモチベーションを指揮し、DLPFCは意欲に理由などの前後状況を提供するからだ。

七歳から一四歳の少年を対象として行われた最近の脳画像検査によると、ゲームはこのシステムの調子を著しく狂わせる。ゲームの最中にはまるでDLPFCへの血流が止められているかのようだ……側坐核はうっ血し、脳のバランスをとるエリアからは血流がそれる。結論として、ゲームは少年たちに目標の達成にあたり報酬を与えるが、それは現実界に何の関連もないし、それを実生活で理由付けする必要性も生じさせない。

苦しんでいるのは脳に限らない。イギリスの教師講師協会のメンバーたちは、年長児童の中に、スクリーンベースのテクノロジーにさらされすぎたせいで記憶力が低下し、昔ながらの紙とペンのテストを最後までやり終えられなくなっている子どもが出てきていると報告している。小さな子どもたちの中にはタッチスクリーンのタブレットに触れた時間が長すぎて、指の器用さを失ってしまっている子もいる。中には生まれたときからデジタル機器にさらされてきたせいで、強迫神経症的な行動でセラピーが必要になった四歳児もいる。

「ゲーム」「注意欠陥」「衝動性」の間には双方向の因果関係があるという証拠が積み重なってきている。最近、この三つの変数の相関性を調べるため、ダグラス・ジェンティーレ、エドワード・スウィング、チューン・コワン・リム、アンジェリン・クーの四人の児童心理学者がシンガポールの三〇〇〇人以上の若者を対象に三年間にわたって調査を行った。その結果、性別、民族、年齢、社会経済的地位、幼少時に注意欠陥の問題があったかどうかを統計的にコントロールしてもなお、ゲームにより多くの時間を費やした子どもほど、のちに注意欠陥の問題が多く表れていた。また、もともとゲームにどのくらいの時間を使っていたかに関係なく、最初から他の子と比べ衝動的だったり、またはある程度の注意欠陥が見られたりした子どもは、のちにゲームをする時間がますます長くなり、それによりもとの問題が悪化することもわかった。このデータにより、なぜADHDの診断を受ける子どもは女子より男子に多く、また男子のほうがゲームをする時間が長いのかが説明される。しかし、注意欠陥は環境的要素により変えられる可能性があるので、ゲームの時間を減らしたり、ゲームの種類を変えたりすることで改善できるかもしれないと示唆している。

数年前、スタンフォード大学のアラン・リース教授とその研究仲間たちは機能的磁気共鳴画像法（fMRI）を使って、ゲーム中の脳に何が起きているかを調べた。それでわかったのだが、ゲームをプレイしているとき、女性に比べ男性はより大きな報酬の感覚を得ていて、二倍から三倍もゲームに病みつきになりそうだと感じていた。リースがその実験に使用したのは、「壁」とよばれる垂直線に到達する前に画面からボールを取り除いていくことで陣地を獲得していくゲームだった。女性たちもゲームのルールを理解し、上手にプレイしようとしていたが、「男性たちは比べ物にならないくらい、うまくやることに躍起になっていた」とリースは述べている。

実験では、男性参加者たちの脳の大脳皮質辺縁系の中央——側坐核、扁桃体、眼窩前頭皮質を含む領域——に女性たちよりはるかに大きな活性化が起き、しかも活性化の度合は獲得した陣地の量と連動していた。さらにゲームをプレイしている間、脳のそういった部分は男性のほうが女性より互いに影響し合い、回路がうまく接続すればするほど、男性たちはゲームをうまくやれていた。この実験結果により、なぜ陣地を征服または獲得するタイプのゲームが女性より男性の間で人気があるのか、また、なぜ男性には女性より長時間プレイするモチベーションがあるのかがわかった。ひょっとしたら別の種類のゲームでは、女性の大脳皮質辺縁系のほうが、男性のそれより活性化するのかもしれない。私たちの行ったイギリスの学生を対象にした調査では、「もし女性をターゲットにしたゲームがもっとあれば、私たちだってそれらを買って男性よりもプレイするかもしれない」と言った女性もいた。

もっとニュートラルもしくは女性向きのゲームが脳におよぼす影響についても画像検査を使った実験が待たれる。また、私たちがざっと観察したところ、女性は成熟する前のほうがよりゲームをする傾向にあるので、ゲームにおける競争的要素に思春期がどの程度の影響をおよぼしているかを調べるのもおもしろいだろう。

ゲームが良い方向に向かうとき

新しいものはすべて遊びの中から生まれる。
——ジャン・ピアジェ、スイス人の発達心理学者

ゲームがこんなにも大人気なのには理由がある。それは挑戦を楽しくておもしろいものにするからだ。ゲームが良い方向に向かうとき、それは学習に刺激的な場を提供し、勝利を与え、人と人とを結びつけ、しかもプレイの過程で報酬も授ける。MMORPG（大規模多人数同時参加型オンライン・ロールプレイング・ゲーム）では、プレイヤーは高い評判を得ることで他のプレイヤーたちとの間に信頼関係を築くこともできるが、それは現実の世界ではそんなに簡単なことではないだろう。「ワールド・オブ・ウォークラフト」や「セカンドライフ」といったゲームには、プレイヤーがアバターになっているとはいえ大いに社交性がある。また役に立つゲームの中には学習やトレーニングのためのプログラムの形態をとるものもあり、現実の世界に役立っている。

「ダンスダンスレボリューション」は一九九〇年代後半にアーケードで始まり、のちにゲームコンソール用にリリースされた。プレイヤーは小さな台に乗り、楽曲に合わせて現れる矢印オブジェを見て、ライトアップされたフットパネルを踏んでいく。どれだけ体の動きを音楽と指図に合わせられたかによりスコアが決まり、一定のハイスコアをマークすれば、別の楽曲を選ぶことがで

きる。

ジェイン・マクゴニガルの制作した「ワールド・ウィズアウト・オイル」はゲームが正しい方向に向かう第一歩だ。「プレイしなさい――それが起きる前に」のマントラで、一五〇〇人以上のプレイヤーがいっせいに石油危機真只中の状況を視覚化し、生活し始めた。結果、同ウェブサイトの説明によると「出来事の不気味なほど生々しい集団的想像が出現すると同時に、そんなことが実際に起きないようにするための実践的な方策も提供された。単に人々の認識を高めるだけでなく、『ワールド・ウィズアウト・オイル』は問題をリアルにしたことで、人々に実感としてそれを認識させ、生活に変化をもたらした」。詳しくはworldwithoutoil.orgを参照。

「フォールディット」も多くのユーザーを夢中にさせた。このゲームはユーザーに、タンパク質の構造を設計することで、科学の難問を解くよう求めた。すると、タンパク質の折り畳み構造においては、人間のパターン認識能や難問を解く能力は現存するコンピュータープログラムよりすぐれていることがわかった。そこで「フォールディット」の制作に携わった科学者たちは、タンパク質の折り畳みをより速くしてタンパク質の構造を予測させるために、プレイヤーたちの解答をコンピューターに教えた。そして実際、プレイヤーたちの助力により、科学者たちが一〇年以上もわからなかったHIVに関連した難問が解けた。詳しい情報はhttp://fold.itを参照。

Xbox［マイクロソフト社開発の家庭用ゲーム機］の「キネクト」(Kinect)とニンテンドーの「ウィー」(Wii)もまた、建設的なゲームの好例だ。ウィーは他のゲーム機より広い層を対象にし、多くの運動ができ、人との交流も楽しめるよう設計されている。家族全員でプレイできるが、ゲーム自体はティーンエイジの少年が一人または二人でプレイしても十分におもしろい。私（ニキータ）は九〇歳の祖母が老人ホームでウィーでボウリングをプレイしているのを見たことがある。「子どもは気に入り、親も満足」の、いわゆるウィン・ウィンのゲームだ。一六歳～二四歳の調査対象の五分の一が、ウィーを定期的にプレイすればジムのメンバーシップはいらなくなると答えた。さらに最近のTNSテクノロジーの調査結果では、親たちはウィーのようなソーシャルゲーム機は子どもに運動をさせることに加え、家庭生活に良い影響をもたらすと考えていた。またある研究で、肥満児と超肥満児に体重管理プログラムを実行させ、さらにその中の数人には加えてキネクトのアクティブなゲームもさせたところ、ゲームもさせた子どもたちのほうが、体重管理プログラムだけの子どもたちより体重の減少が大きかった。

人によっては、注意をバーチャルの世界にだけ向けることはただ楽しいだけでなく治癒的でさえある。これはワシントン大学とロヨラ大学の研究者たちが火傷患者について発見したことだ。患者たちはゲームをしている間は痛みから気がそれるので、ゲームをしていないときよりはるかに楽だったと報告した。この正しさはMRI画像によっても証明されている。バーチャルの世界にいる間は実際、脳の痛みに関連した部位の活動は弱まっていた。小児歯科では、子どもたちは歯を削られている間、頭の中にお気に入りのテレビ番組やゲームを思い浮かべるよう促される。こういった催眠治療法は、とりわけ麻酔が使えない患者にはきわめて有効だ。

ゲームが悪い方向に向かうとき

（ゲームの現況は）私の好みからするとあまりにダーク、かつ副次的にすぎる。ゲームコンソールとゲームのビジネスは、一四歳の少年のメンタリティと彼らのあまり立派とはいえないファンタジーにより、あまりに狭く限定されている。業界はこれまでうまくいっているのでよしとし、一〇〇〇万ドル［約一〇億円］の開発費が無駄になるシナリオを恐れている。彼らは道徳的な羅針盤を失ってしまった。

——ボブ・ホワイトヘッド、ゲームデザイナー／プログラマー

共通の敵といった、ちょっとしたものが人々を結束させる。過去には共通の敵といえば隣の部族や国だったかもしれないが、今日、ゲーマーたちの共通の敵は、社会の義理、責任、時間管理、生身の人間を扱うこと、実際にリスクを負うことなどだ。

アニメ「フューチュラマ」に見られた「ビリーは自分の部屋」のシーンはその典型だ。長い間会わなかった親戚の訪問を、一家は歓迎する。ハグとキスと土産の手渡しがすむと、ホスト側の一〇代の息子は姿を消し、二度と——さようならを言うためにすら——戻って来ない。親戚は「ビリーはどこ？」と尋ねる。母親は家族の間ではすっかりおなじみになったセリフで答える。「ビリーは自分の部屋」と。この言葉が、最低限の社会の礼儀も守らない、または、引っ込んでいた

部屋から出てきて、いとこたちに「じゃ、またな」とだけ言って〝ゲーム洞窟〟に大急ぎで戻るという家族としての最低限の義務さえ果たさないことに対する説明なのだ。家族や礼儀を重んじる人々にとっては、とても受け入れられる振る舞いではない。ビリーだけでなく、もっと許せないのは母親と父親で、彼らは息子の失礼な行動をかばうべきではないのだ。ある意味、こんなシーンがどこでも繰り返されるようになるにつれ、この手の振る舞いはひきこもって過度にゲームやポルノに熱中することの副産物の一部になり、事実上、それは新しい「穴居人」を生み出した。ゲームは毎日長時間、しかも一人でプレイされたときに誤った方向に向かう。ゲームをするという経験は多くの身体的また心理的ニーズを満たしてくれるので、ゲーム・ライフ・バランスはどんどん崩れて、手に負えなくなってしまう。私たちの調査では、二人の成人男性がそれぞれの考えをシェアしてくれた。彼らはゲームという麻薬を毎日打つために、燃え尽きるというリスクもあまんじて冒し、睡眠や他の用事を犠牲にしたそうだ。

——私はオンラインゲーマーの第一世代に属し、かつては一日に一二時間から一六時間もプレイする、ハードコアMMOG（大規模多人数オンラインゲーム）の中毒者でした。ここで私の個人的な考えを話したいと思います。始まりはオンラインの電子掲示板でした。そこではシンプルなゲームをして、他の人々にメッセージを残せました。それがしだいにチャットルームになり、次にはチャットルーム付き双方向性ゲームになり、今では、誰かとゲームやチャットをしたがる人がいつでも待っている、文字どおり昼間のすべての時間を過ごせるオンライン社会に進化しました。まわりの物理的な社会の生身の人間と過ごすより、このほうがより簡単に社会的欲求を満たせます。その直接的な影響は、人と顔を合わせて付き合う能力の退化でした。それも特に相手が初めて会う人や女性の場合に。早い話が、相手と共通の話題が何もなかったのです。オンラインの戦いで私たちのキャラクターがどうしただの、何が起きただの、オンラインハウスをどう設計したかだのといった話を聞きたい人はいません。それで私たちのような人間はゲームにさほど興味のない人たちからは置いてきぼりにされてしまいます。他の恐ろしい副作用は肉体の衰えです。長時間PCの前に座っている生活の直接の結果として、多くのゲーマー（あくまで私の知っている範囲ですが）が、上半身の筋肉が萎え、劣悪な食生活のせいで、健康を害しています。いったんゲーム中毒になると、他のことでは満足が得られないので、習慣を変えるのは無意味だと感じます。たとえ画面からなんとか自分を引き離しても、いつもならゲームをしていた時間に何をしていいかがわかりません。この中毒から自由になるための道しるべは、オンラインには見つかりません。一番いい解決法は予防です。その唯一の方法は、こういったことを子どもたちに教えることです。

――私は過去に神経科学の研究もしていた医師ですが、私自身、ゲーム依存症と闘ってきました。ピーク時には九年間に二万時間以上もゲームに費やすゲーマーでした。ゲームをしたいという無茶苦茶な衝動は私をモンスターに変え、そのせいで家族も結婚もキャリアもほぼすべて破綻しました。この急速に増大する依存症に何らかの手を打たない限り、私たちの社会は、現実の世界で生活するアイデアもスキルもない何百万人もの映像バカ世代（Generation Vidiot）の出現に悩まされることになるでしょう。

ゲームはまた、プレイヤーが現実や、実生活における他の人々に対する感覚を失っていったときに悪い方向へ進む。一九九〇年代後半に起きたいくつかの悲劇的な学校銃乱射事件のあとに、コロンバイン高校の二人の銃撃犯［いずれも同校の生徒］が人気コンピューターゲーム「DOOM」に習った動きをしようと話し合っているビデオが発見された。二週間後、上院聴聞会で暴力を子どもたちに売ることの是非が問われた。『戦争における「人殺し」の心理学』（筑摩書房）の著者で、ウエスト・ポイント［米陸軍士官学校］で心理学の教鞭を執る元レンジャーのデーヴ・グロスマン元中佐は、パネラーの一人として、健康的な市民であることと他人の命を奪う能力をもつことの間に、橋をかけなくてはならないと述べた。

> 第二次世界大戦では、私たちは兵士に的《まと》を打つよう教えました。彼らは勇敢に戦いました。でも、彼らが戦場で的を見つけられなかったとき、私たちはそのトレーニングには弱点があったことに気づきました。兵士たちはトレーニングを実践につなげることができなかったのです。
>
> 第二次世界大戦以降、私たちはさまざまな種類のシミュレータを導入してきました。最初はポップアップ式の人間型ターゲットでした。ターゲットが目の前に現れたら撃てと教えら

れ、彼らは無意識に撃てるようになりました。本物の人間が目の前に現れたときも、彼らは訓練を実践に移すことができました。

今日、私たちはもっと高度なシミュレータを使っています。警察では大型画面に現れた人間をゲーム・アーケードにあるのとまったく同じ銃で撃つシミュレータが使用されています。唯一の違いは、アーケードでは安全装置はオフになっていること……こういったシミュレータの製造業界では、いずれの会社も、ある商品を軍へ売り、くるりと向きを変えて、同じものを今度は子どもに与えておいて無害だと主張しています——そんなことがどうしてできるのか、彼らは自らに問うべきです。

軍に許可されているある種の凶暴なゲームは、兵士に戦闘技術を教えるきわめてすぐれたシミュレータになりえる。しかし、「コール・オブ・デューティ——モダン・ウォーフェア2」は、二〇一一年にオスロの政府庁舎ビル付近で爆破事件を起こしたあとに、ウトヤ島に行ってサマーキャンプ中の主に若者ばかり六九人を射殺したノルウェー人の大量殺人犯アンネシュ・ブレイビクにとっても、絶好の訓練用シミュレータだった。彼は「ワールド・オブ・ウォークラフト」をリラックスするためにプレイしていたと認めている。「ガーディアン」紙のゲーム・ジャーナリストのサイモン・パーキンは、「コール・オブ・デューティ」はブレイビクの精神病質の媒体であって原因ではなかったと論じている。「壊れた人間は自らの狂気を満足させるためなら、どんなインスピレーションを探していようが、そこ［ゲーム］から引き出すだろう」と。さらに「自分の作品が悪い目的に使われないための手段を講じることができるゲーム作家は一人もいない」とも。だが他の人々は、ただゲームが火にガソリンを注いだものとみなしている。

社会的に排除されることが自己愛にどんな影響を与え、結果的にどのような攻撃性が生まれるかを調べた研究では、自己愛の強い人間が仲間から拒絶されると、または、拒絶されたと思い込むと、直後にまわりに対し激しく攻撃的になることがわかっている。それは銃乱射事件に見られるパターンと一致する。ジャーナリストのデイヴィッド・フォン・ドレールは、バージニア工科大学銃乱射事件のあとに、この種の殺人者の極端な自己中心主義こそがこういったストーリーの「森」であり、他のすべての要素――銃、ゲーム、歌詞、ポルノなど――はすべて「ただの木」にすぎないと、巧みに指摘した［森は全体、木はその構成要素］。「ナルシストだけが、自分の抱いている疎外感は他人の血の中で誇示すべきだと決断できる」とも言っている。しかも、ナルシストは〝木々〟の中で一人で過ごす時間が長くなればなるほど、そこで生まれた自己完結型の考えに我を忘れ、自分の行動をより正当化するようになる。

すでに一九八二年にC・エヴェレット・クープ軍医総監が、ピッツバーグ大学西部精神医学研究所で行った講演で、ビデオゲームは若者の健康に有害かもしれないと警告している。「ゲームが心身に与える悪影響がしだいに理解され始めています……ゲームには建設的な部分はまったくありません……すべてが、抹消、殺害、破壊です」と。これは三〇年以上も前のことである。プレイヤーが迷路の中でモンスターをかわしてドットを食べればポイントが稼げる2Dゲームの「ミズ・パックマン」と「ディグダグ」がアーケードゲームの人気ランキングでトップだった時代だ。

今日、「暴力的なゲーム」と「売れるゲーム」が同意語であることは、多くの人が認めるだろう。攻撃的な性向のある子どもほど暴力的なゲームや動画に魅かれるが、同時に暴力的なゲームや動画は彼らをよりいっそう攻撃的にすることもできる。これはほとんどのゲームが暴力的行為によりプレイヤーに褒美を与え、次のレベルに移る許可を与えていることに関係しているのかもしれない。さらに最近の研究でも、暴力的なゲームと実生活での攻撃性の関連が示唆された――大人も子どもも暴力的なゲームをしたあとには、チャンスがあれば、より攻撃的になった。ゲームに登場する凶暴な犯罪者と自分を同一視する人は、その役を演じながらした攻撃的な行動が、日ごろの暴力的な振る舞いにいっそう拍車をかける。私たちの脳が、人が現実とデジタルの自分を同調させてしまう「プロテウス効果」のように、私たちに連動するもう一つの心を本能的にまねるというデータは積み上がっている――たとえ、その別の心が仮想上のものであっても。

脳の物まね効果と感受性の鈍化とゲームの依存性の組み合わせは、ある種のプレイヤーには悲劇的なレシピになる。

The Ultimate History of Video Games（究極のビデオゲーム史）の著者スティーヴン・L・ケントによると、一九三〇年代に、ビデオゲームに先立つピンボールマシンに初めて〝払い戻し〟のアイデア――ゲームとギャンブルの組み合わせ――が導入された。政治家たちは即座にすべての形態のピンボールを禁止した。禁止令はそれから数十年、ついに熱狂的ファンがピンボールは運よりも技にかかっていることを証明してゲーム業界に正当性を与えるまで解かれなかった。プレイ

ヤーは、今のコントローラー上のジョイスティックとボタンの代わりに、一九四七年にハリー・マブスという技師の発明したフリッパーというバネ仕掛けのレバーを駆使してゲームをし、技を磨いた。

三〇年後、アーケードではビデオゲームが新潮流だった。売上げを大きくするためには、一人のプレイヤーが一回のゲームに二分とかからないことが重要だった。そのためには、グラフィックがおもしろくて、プロットは独創的で、かつ目標がシンプルなゲームを作る必要があった。つまり、「ルールを理解するのは簡単だがマスターするのは難しく」（ゲームデザイナーでアタリ社創設者のノーラン・ブッシュネルの金言）、そのため、いったんスタートしたら何度もくりかえしプレイしたくなるゲームだ。この処方は効果的だった。一九七〇年代の後半には、日本ではあまりに多くの人々が「スペースインベーダー」をプレイしたため、全国的に硬貨が不足した。その後も、人気のあるゲームで上手にプレイしている人のまわりには、いつも人だかりができた。ハイスコアの獲得に、ある程度の名声と個人的な満足がついてきた。

一気に早送りしてさらに三〇年後、超一流の才能――デザイナーからグラミー賞受賞作曲家まで――を結集して作られたゲームの出来栄えは、大型予算のハリウッド映画に勝るとも劣らない。映画でもゲームでも、若い男性に最も人気があるのはドライビング、スポーツ、戦争を中心に展開するテーマだ。ただしゲームでは映画と違い、プレイヤーがすべてをコントロールできる。よしんばゲームのルールが気に入らなくても、〝チート〟（プレイヤーに不正なアドバンテージを与える秘密のコードや不正行為）を行って、自分の技量で到達できるレベルより先にゲームを進めることで、ゲームをさらに大きくコントロールすればいい。「ワールド・オブ・ウォークラフト」のようなソーシャルゲーム［主にSNS上で提供されるオンラインゲーム］は、〝キャラクター・プログレッション〟に報酬を与えながら継続していくようデザインされていて、プレイヤーは武器やスキルのレベルを手に入れるとステイタスが上がり、ゲームはますます楽しくなる。いつでも前回中断したところに戻って、到達したところから始められるこの無限の世界が存在していると知っていることは、ある種の安らぎを与えてくれる。だが、このイルージョンの世界が現実に置き換わると、安らぎは依存に変わりかねない。

アメリカ軍はウェブ2・0方向へ

一九九九年の上院聴聞会でグロスマン元中佐が述べたように、ゲームの他の目的への応用はますます進んでいる。たとえば、戦場を舞台にしたリアリスティックな暴力ゲームはPTSD（心的外傷後ストレス障害）に苦しむ退役軍人の治療に使われている。デジタル技術のゲーム式適用も軍事作戦の不可欠な部分だ。『ロボット兵士の戦争』（NHK出版）の著者P・W・シンガーは以下のような考えを述べている。

テクノロジーの発達は戦争なくしてはありえない。私たちのまわりを見回しても、インターネットからジェットエンジンにいたるまで、あらゆるテクノロジーの開発の原動力は戦争だった。そしてテクノロジーは未開拓分野を切り開き、私たちの進む新しい方向を指し示したが、それはまた新しいジレンマや、私たちが答えなくてはならない新しい質問を、生み出した……戦争に行くということはきわめて危険な場所に行くことなので、ふたたび帰って来られないことを、二度と家族に会えないかもしれないことを意味した。さて、その経験を「プレデター」［ジェネラル・アトミックス社製ドローン］の操縦者のそれと比べてみてほしい。彼らはコンピューターの画面の前に座り、敵のターゲットめがけてミサイルを発射し、敵軍の戦闘員を殺す。そして一日の終わりには自分の車に戻り、二〇分後には食卓で夕飯を囲んで子どもたちと宿題について話をしているのだ。

シンガーは重要な疑問を呈している。暴力的なアバターと自身を同一視すること、または実世界で現実に起きている暴力行為から自らを切り離すことが、どのように人々の互いに対する感覚や、実生活での行動に影響するのだろうか？ ゲームは他人の気持ちに対する感受性だけでなく、自分自身のそれに対する感受性をも鈍らせるのではないか？

It Happened on the Way to War（それは戦争への道のりで起きた）の著者ライ・バーコットが話してくれたことだが、二〇〇五年にイラクの海兵大隊では、激しい銃撃戦の間、若い兵士たちは兵舎に戻るなり徹夜で暴力的なゲームをし、翌日また〝疲れはてたゾンビ〟のようになって戦場に戻るということを繰り返していたそうだ。それが彼らの多くにとって、通常のパターンだったという。

「ゲームが実際の体験を作り出すことはけっしてないだろう」とラリー・F・ディラード・Jr陸

軍中佐は言う。しかし、それはわからない。

オースン・スコット・カード原作の子ども向け人気空想科学小説『エンダーのゲーム』（早川書房）では、バトルスクールに入学したエンダーは、最終的には優秀な頭脳と抜け目のなさでトップのランクに上りつめる。仲間の学生たちとともに3Dの戦闘シミュレータ上で宇宙船を指揮するという訓練は次第にエスカレートし、フォーミックまたはバガーとしても知られる宇宙人との壮絶なバトルが延々と続いた。エンダーは消耗しつくす寸前で、恐ろしい悪夢に悩まされ、それは起きている時間も彼につきまとった。最終試験では、ある小さな惑星の近くで、敵の数はエンダーのクルーをほぼ一〇〇〇対一で圧倒していた。エンダーはその惑星を破壊するだけでなく、軌道にいるすべての宇宙船を消滅させる最強の武器を使う決断をした。エンダーはそのような冷酷な決断をしたからには退学になるだろうと思っていた。だが、実際にはすべての戦いがほんものの艦隊で行われていて、彼の取った決断がエイリアンとの戦争を事実上終わらせたことを発見した。

真っ先に私たちの心に浮かぶ質問は「もしゲームでないと知っていたら、エンダーはバガーを破壊することができただろうか？」だ。戦闘から一段階離れていることで、戦いの効率は増し、しかも兵士におよぶ危険は減るとなれば、軍はその方向に向かわないでいられるだろうか？

若者が、中でも特に男性が、どんなにゲームに病みつきになるかは言うまでもない。「ワイアード」誌の寄稿編集者ノア・シャクトマンは、次世紀に必要となる種類の兵士や飛行士や海兵の採用に当っては、今日のデジタルにとりつかれた若者を進んで受け入れなくてはならないことを軍は理解していると言った。だが今の若者は、間接的なテクノロジーを使って命令を遂行したときに、自分たちのアクションが引き起こす破壊の大きさを想像できるだろうか?

今日、こういったテクノロジーを使っている兵士たちには戦闘の場での実戦体験がある。だから、ある場所で押したボタンが地球の反対側の別の場所に破壊をもたらしえたことを常に忘れないでいるために、彼らはユニフォームを着て職場に来るのかもしれない。それでも私たちは、今の子どもたちが、肉体的には切り離されていても実際に参加していると感じられるリアルなデジタルの娯楽にどっぷり浸かりながら大きくなっているという事実を警戒すべきだ。前述の「木々」の中であまりにも長時間を過ごした子どもたちは、おそらく他人の気持ちに共感する能力が私たちほどはなく、それゆえ非人間的な決断をしかねない。特に今ではドローン・テクノロジーが、ゲーム・テクノロジーの殺戮だらけの実世界の延長上に出現しているのだから。

12 膨れあがる自己愛――権利vs現実

おなかのすいたキツネが、たわわに実ったぶどうの実が高いぶどう柵から垂れさがっているのを見つけた。キツネはそれを取ろうと必死で高く跳び上がった。でも、もうちょっとのところで届かなかった。そこでキツネはあきらめ、「あのぶどう、美味しそうに見えたけど、よく見たら酸っぱそうだ」とひとりごとを言いながら、平静を装い、毅然とした態度で歩き去った。

――イソップ作「キツネとぶどう」

ストレスの多い状況では、私たちの多くが自負心を守るために、実際に起きていることを少し歪めて理解する。「キツネとぶどう」の教訓はキツネがぶどうを取ることに失敗したという事実ではなく、失敗に対するキツネの反応の中にある。キツネはほんのちょっとした自己欺瞞によりプライドを保った。「まさしく、そこに魅力がある」とピッツバーグ大学のD・L・アシュリマン名誉教授は言う。「キツネの自己欺瞞に対し、読者はそれぞれの願望とニーズにより異なる反応をすることができる。キツネの不正直さと一貫性のなさを批判することもできれば、その現実主義とポジティブな自己像を称賛することもできる」。

キツネのリアクションは彼のセルフイメージの統合性を保ったのだ。スタンフォード大学の社会心理学者クロード・スティールは、一九八八年に初めて「自己肯定化理論」を提唱した。彼の教え子で心理学者のデイヴィッド・シャーマンとジェフリー・コーエンは、二〇年近くあとに、自身の研究の中でそのパワフルな役割を以下のように説明した。

（この理論によれば）自己システムの最終目的は、自分が倫理的に適切な行動をとっているという統合された自己イメージを守ることにある。自己イメージのこの統合性が脅威にさらされると、人は自尊心を回復させる方向で対応する……一つの方法は、直接的に脅威を減らそうと自己防衛的な反応に出ることだ。だが、自己統合性の別の広範な源を肯定確認することで脅威に対処するという別の方法もある。脅威に直面した人が自己統合性を守るためのニーズを満たす、このような「自己肯定化」は、脅威となる出来事や情報を、自己防衛的な偏見に訴えることなく扱うことを可能にする。

要するに、人は脅威に対し自己防御するというネガティブな対応もできるが、もっといい方法は、自己統合性を高めるという攻勢に出ることだ。

若い男性たちの態度はキツネの態度に似ている。今日の欧米社会では自尊心が王として君臨し、私たちの妄想がかった自己認識がつまらない現実から私たちを引き離している。ほとんどの人が真実より慣れ親しみを好み、快適を幸福と混同している。私たちの「政治的に正しい」文化があらゆる形の批判的な分析を抑え込んできた。誰かにレッテルを貼って非難することはその人を傷つけはするが、同時にレッテルは当の人物に、問題を自分の外側におくことにより、自己を改善する個人的責任から逃れさせる。現実逃避は、コメディアンの故ジョージ・カーリンが指摘したように、私たちの言語や、まわりで起きていることの認識にさえ浸透している。人々は真実と自己を分離するための「ソフト・ランゲージ」を発明したと彼は言う。「トイレットペーパーはバスルーム・テッシュに、ゴミ捨て場は埋め立て地に、ときどき曇りはときどき晴れになった」と。

欧米文化は私たちに歪められた理念だらけの、紛らわしくて不十分な現実を見せている。たとえばアメリカでは、この三〇年間に平均的な高校生の学力は少しも上がっていないのに、成績は極端なインフレを起こしている。一九七六年には全体の一八パーセントしか「平均グレードA以上」を取っていなかったのに、二〇〇六年には三三パーセントが取得している。これは八三パーセントの増加だ！　一方で、一九七六年に比べて、週に一五時間以上を宿題にかけた生徒は二〇パーセントも減っていた。要するに、成績がいいという錯覚が後押しされたのだ。少ない努力に報酬が与えられている。

イギリスでも成績のインフレを疑う人は多い。二〇一二年から二〇一四年の間に、大学で2－2［ツー・ツーと発音する。イギリスの大学の成績は上から1st、2-1、2-2、3rdで表される］以上の成績を取る学生の割合は二五パーセントから七〇パーセントに膨れ上がった。これは単に学生たちがよく勉強した結果だろうか？　それとも、大学側が学費の全額を払ってくれる学生を失いたくないというプレッシャーに屈したのだろうか？　もしくは大学ランキングで転落したくなかったからか、またはイギリスのトップ一〇〇の会社の四分の三が雇用にあたり最低でも2：1《ツー・ワン》以上の成績を求めているので、それをクリアする学生を多く送り出したかったのだろうか？

若い男性は大人たちから「なんでもなりたいものになれる」と言われるが、当人たちには、とてもそんなふうには感じられない。むしろ人生のすべての領域――学校、キャリア、社会生活、性生活――で常に完璧でいることが求められる現代のプレッシャーにさらされている。彼らがポルノやゲーム（や不良仲間）といった他の環境に逃げこんだり、不安神経症や鬱の診断を受けたり、ADHDなどのような、若者によくあるレッテルを貼られたりしたときに、ほっとしたとしても責められない。

この乖離《かいり》は、しかし、彼らの中に実世界では通用しない別のルールと自己認識を作り出す。発達心理学者のエリック・エリクソンは、〝アイデンティティ〟を「自我による外界の扱い」と「無意識の心」とのコンビネーションだと論じている。安定した自意識は、その二つがうまくつりあったときに達成されるという。思春期はこれらの発達のために最も重要な時期だと彼は言うが、だとすると、若者の思春期のアイデンティティは、彼らがリアルワールドでの日々の苦悩や試練ではなく、人生のイミテーションを通してそれを模索している今、いったいどのくらい安定したものになるのだろう？　彼らの高い自己評価がそのまま実世界での成功につながるという仮定はひどく間違っていて、どんなに若い男性がもう一つの世界に避難して、もてる時間のほぼすべてを画面／不良仲間／レッテル——本質的には彼らを社会の大部分から隔てる緩衝装置または覆面——の陰で過ごそうが、いつかは避けられない現実にぶつかることになる。それは深刻なアイデンティティ・クライシスを引き起こしかねない。

詩人で哲学者のロバート・ブライと精神分析医のマリオン・ウッドマンはこの衝突を「大いなる落胆」と呼んだ。レナード・サックスは、私たちの文化は子どもたちを「自分は次の大成功者にはならない」と悟る瞬間に備えさせるという仕事に失敗しているという。

思春期前の子どもの精神状態は「何か素晴らしいことが起きるだろう」という感覚を特徴とする。それが思春期に突入して一〇代を進んでいくうちに、やがて何も素晴らしいことなど起きないという自覚に襲われる。それが「大いなる落胆」の瞬間だ。私たちの文化では、その瞬間はしばしば成人初期まで延期され、二〇代になってやっと、この先自分はオリンピックに出ることもないし、アイドルや映画スターになることもないと気づくことになる。

思春期は子どもが自分の能力と自身の限界について学ぶべき時期だとサックスはいう。アメリカのように人口の巨大な国では、私たちの大多数がいずれ自分は他の人たちと比べて特別ではないという事実と折り合わなくてはならなくなる。成熟した大人であることは、自分は有名にも人気雑誌の表紙にもならないだろうと認めていることを意味する。若者をこの自覚に備えさせることができないと、完全な大人への移行は険しいものになる。日常的にゲームをすることはゲーマーをその宇宙の支配者にするので、多くの若い男性にとって今、その満足感こそが必要とするすべてになっている。

そこで、過度にゲームをする若者はしばしば、妥当性の確証を得るための手段に対し障害となるものはすべて避けようとする。なぜなら、それが彼らのアイデンティティにあまりにしっかりと織り込まれているからだ。したがって、ゲームをするという営みが疑問視されると、それはすなわち自分自身が批判されることになるので、ダブルの脅威となる。バーチャルのアクションと自尊心の間に互換性が生じる。すると彼らが好むバーチャルなスペースへの没頭と気晴らしは、彼らを取り囲む遮蔽板となって、自尊心をへこませる矛盾を視界から遠ざける。

真実を言えば、私たちのほとんどがすでにある程度はこれをやり始めている——誰もが何がしかのオンライン・ペルソナをもっているからだ。生活のペースが加速していくにつれ、新しいものは瞬く間に慣れ親しんだものになり、あっという間に古くなり、そして陳腐化する。欧米文化はますますテクノロジーを当然のこととして受け入れ、私たちはますます気晴らしをする権利があると感じている。コメディアンのルイス・C・Kがトーク番組「レイト・ナイト・ウィズ・コナン・オブライエン」で嘆いたように、「すべてが驚異的な今、誰もハッピーじゃない」。

最近では文字どおりすべてのテーマが「自分」についてとなってしまった。一九六〇年から二〇〇八年の間に出版された七五万冊以上の本を分析したジャン・トウェンジとその仲間は、その間に一人称複数代名詞（weやusなど）の使用が一〇パーセント減少し、一人称単数代名詞（Iやmeなど）の使用は四二パーセント増加し、二人称代名詞（youやyourなど）は四倍になったことを発見した。私たちの個人的ニーズに応えないものや、応えたとしても時間がかかりすぎるものに興味を失って拒否することは簡単だ。だが、ここには他の何かがある。それは私たちが外部とつながった機器に顔をうずめていないときに必ず感じる、絶え間なく私たちをさいなむ不快なフィーリングだ。正確には淋しさではない。それは掻くことができない痒みに近い。ほんとうにそうしたければ、いや、どんな問題であれ本気で解決を望むなら、しっかり自分と向き合うべきだとわかってはいるものの、問題を解明するのも、解決策を講じるのも面倒だ。そこで私たちはただ文句を言うか、心をさいなむフィーリングの原因を無視する。これが一般的に「ファースト・ワールド・プロブレムズ」［恵まれた社会の不満］と呼ばれているものの正体だ。

今日、なぜ若い男性が自分は何かを手に入れるのが当然だと感じているかというと、彼らの大半が、まわりに当たり前のようにあるものを実際に作ったり手入れしたりするプロセスに加わっていないからだ。かつては自分の車のボンネットの中がどうなっているのかを知らないのは裕福な紳士だけだったが、今ではほとんどの若者が知らない。何かあればただ車を修理工場に持ち込んで、エレクトロニクスによる診断を受け、特殊な工具で直してもらえばいい。製造や修理のプロセスは目に入らない。車を所有している若者のほとんどがボンネットの中のエンジンすら見ようとしないし、車が失速するまでバッテリーがどこにあるのかも知らない。そして、そうなって初めてジャンプスタートさせるのに必要なケーブルがないことに気づくのだ。

他人に共感できるようになるには、まずその人自身が人間らしくなることが必要なように、まわりの〝物〟の価値を十分に認めるには、それを作る過程に注ぎこまれた努力や人的物的資源を察する感性が必要だ。子ども時代に絶え間なく物を与えられ、思春期にはトラブルから助け出され続けると、若者は物の価値を理解することも、何かを育むことで得られる誇らしい感情も学ばない。ただ何かを所有することにしかプライドを得られなくなる。代わりに彼らが学ぶのは、あらゆることを期待し、自分が必要だと思い込んでいる物を、誰かを操って手に入れる方法だ。昨今の若者は畏怖という感覚を知らない。彼らは自分を取り巻く物理的な現実から切り離されてしまっている。同時に彼らは、スキルを必要とするものであろうとなかろうとブルーカラー的な仕事はどんなものであれ、沽券にかかわるのでできないと信じるようになった。配管工や電気工のように、たとえホワイトカラー職の多くより稼ぎはよくても。

一九六九年、ローリングストーンズは「欲しいものがいつも手に入るわけじゃない」と歌いはしたが、同時に、十分努力すれば必要なものは手に入ると人々を安心させた。歌はヒットした。今ではそんな歌はけっして作られないだろう。勤勉はシステムの動かし方を知らない人――つまりバカ――のためのものであって、若者にはもはやそんな辛抱強さも、成功のための基盤づくりを学びたいという気持ちもないし、途中で失敗したときにからかわれるのも耐えられない。

二〇一三年の「CIRPフレッシュマン・サーベイ」――毎年カリフォルニア大学ロサンゼルス校が行うアメリカ中の大学一年生を対象にした調査――の結果によると、新入生は自分自身を協力的な人間で、いろんな考えをもつ人に対し寛容だと見なしている一方で、自分の考えが批判された場合には、それを受け入れることは苦手だと答えていた。同様に、ジョセフソン倫理研究所による若者の道徳観に関する調査では、女子の二八パーセントに比較し男子の四五パーセントが「成功するためには、ときには嘘をついたり不正なことをしなくてはならない」に「同意する」または「強く同意する」を選んだ。さらに、女子の二倍の男子が「他の誰もがやっていたら、それは不正行為ではない」に同じく「同意する」または「強く同意する」を選んだ。あらためてこのフレーズを自分に繰り返してみてほしい。大多数の合意があれば、たとえそれが非道徳的または不正なものであっても受け入れられるものになる――この姿勢は、他の人が不正を行っているときに、善良な人が少し誤ったことをする足がかりになる。

ただでミルクが手に入るのに、牛を買う理由がどこにある？

『女性のいない世界――性比不均衡がもたらす恐怖のシナリオ』（講談社）の著者マーラ・ヴィステンドールは、世界に男性より女性のほうが人数が多いのは謎だと言っている。女性のほうが長生きする傾向はあるが、出生数では女子の一〇〇に対し男子は一〇五だ。より多くの男子が誕生しながら、なぜ最後には女性のほうが多い世界になっているのか？

この疑問に対し *Is There Anything Good about Men?*（男にいいことなどあるだろうか？）の著者で社会心理学者のロイ・バウマイスターは挑発的な説明をしている。彼いわく、有史以来、女性が一生のうちに出産する見込みは常に適度に高かった。その理由は、女性が安全を求め、まわりと協調して暮らしている限り（実際、ほとんどの女性がそうした）、たいてい男性がどこかの時点で現れて、セックスを提供したからだ。女性たちには子どもを作る相手を探すために海図にない水域や新天地——そこではある種の死亡率がかなり高くなる——を開拓する必要はなかった。要するに、女性の先祖たちは安全第一でいっていたのだ。

しかし、男性が子どもを作る相手を見つけるには、まったく異なる手段を取らなくてはならなかった。大昔の男性で、今日も生存している子孫を残せた人はほとんどいない。安全を選んで、まわりと協調した暮らしをしていた男性に現在も生存する子孫がいる可能性はさらに低い。男が自分の血統を永続させようとすれば、さまざまな才能をもち、創造的になり、かつリスクを冒して、新しい選択肢を探らなければならなかった。バウマイスターはこう言っている。

文化にとって最も有利に働くのは、結局は不均等に分配されることになる尊敬その他の報酬を求めて男たちを互いに競わせることだ。男たちは社会に評価されるものを作り出すことにより、自分の価値を証明しなくてはならない。彼らは文化的な競争で、ライバルや敵に勝たなくてはならない。それがおそらく、彼らが女性たちほど感じよくない理由だろう。

どのくらい文化が男たちを利用できるかは、彼らにある根源的な社会的不安しだいだ。この不安感は事実、社会的、実存的、生物学的な不安である。男性の役割に初めから組み込まれているのは、まわりに受け入れられ尊敬される人物になれない可能性であり、首尾よく子どもを作れるほど成功できない可能性でさえある。

男につきものの基本的な社会的不安感は彼らにとって非常に大きな重圧なので、あまりに多くの男たちが精神的に崩壊して邪悪な行いや英雄的な行動に走り、結局、女性より早く死ぬのも不思議はない。しかし、この不安感は文化、すなわち社会システムにとっては有益で生産的なのだ。

現存するさまざまな集団の遺伝子の標本を通して、人類の祖先はおよそ六七パーセントが女性で、三三パーセントが男性であることを発見した生物学者ジェイソン・ワイルダーの研究結果を、バウマイスターは強調する。それは、一部の男性は複数の女性と子どもを作ることができたが、ほとんどの男性には子どもがいなかったことを指し示している。この不公平な分配の好例が、一三世紀のモンゴル人征服者チンギス・ハーンで、彼の息子たちは大きなハーレムを所有していた。その結果、かつてのモンゴル帝国領内に現在も住んでいる男性の八パーセントが彼らの子孫である。

歴史的には、自分の血統を永続させることが、男性がリスクを冒すモチベーションだった。だが、これは裏を返せば、セックスをするチャンスがたっぷりあるときには男性が怠慢になることを意味する。一般的に男性が魅力的な女性と簡単にセックスできるとき、彼らは女性の注意を引くために、エネルギーや時間や金を使う必要を感じない。これは男性一人に対し女性が一・三三人の、今の大学のキャンパス内で特に顕著だ。このアンバランスはのちに、男女比がしばしば一対二超にもなる老人養護施設で繰り返される。ロシアの男女比は男性一〇〇に対し女性一一六、ウクライナのそれは一〇〇対一一七だ。これらの国では、高齢者の女性人口が男性のそれよりはるかに多いだけでなく、二五歳〜五四歳の働きざかりでも女性が男性の数を上回っている。パートナー候補の男性が女性より少ないという事実が、「男性不足」の感覚をいっそう固定化させている。「グッテンタグ - セコード理論」は一九八三年にマルシア・グッテンタグとポール・F・セコードによるToo Many Women?（女が多すぎ？）の中で初めて提起された。それは「男女のうち数が少ない方はパートナーへの依存が小さくなるが、それは他にも性的関係を結べる可能性が高いからで、結果的に彼らは余ってる側の相手に対し優位に立てる」という理論だ。潤沢な女性の供給を前にすれば、男性は性的にふしだらになり、一夫一婦の関係に収まりたくはなくなる。女性が多すぎる社会、または結婚適齢期の男性が少なすぎる社会では、結婚する人は減り、結婚したとしてもその年齢は上がる。男性はバラエティに富む候補女性の存在を楽しむので、女性の仕事や伝統的な役割の評価は下がる。そして女性たちはパートナーがいつまでも自分のものである保証がないので、経済的自立をめざして、よりいっそう教育やキャリアに邁進する。

偶然ではなく、東欧には、今よりましなライフスタイルや、より多くの機会を与えてくれそうな外国人相手に、自分をメイルオーダー花嫁として差し出す女性もいる。そして東欧諸国の多くで、男性より多くの女性が移民として流入しているにもかかわらず、人口減少が起きている。大学のキャンパスでは恋愛の数は減り、行きずりのセックスが増えた。私たちが話をした二人の女子学生もまた、それを心配していた。

男女ともに猛烈に忙しい昨今では、テクノロジーが大勢の中から都合のいい相手へのアクセスを手助けしてくれます。たとえば、私の友達はニューヨーク在住で一流投資銀行に勤め、仕事で非常に成功しています。彼女はときには恋人が欲しいと思いますが、とにかく忙しすぎます。そこで週に三回、その時々で気に入った男性と寝ます。これは二〇代と三〇代の男女の間で広く見られる現象です。個人的には、多くの女性がいずれこういった生き方から卒業するだろうと思いますが（おそらく最終的には子どもが欲しくなって）、男性たちは、自分自身にさほど弁明することなく簡単に女性と気軽な関係をもてることに気づいています。私たちは姓より先に体液を交換する世界に住んでいます。誰かと寝ていたとしても、その人に他の人とも寝ているのかと尋ねるのは押しが強いとみなされかねません。ロンドン、ニューヨーク、サンフランシスコといった大都市では、男女ともにピーターパン的ライフスタイル――とりわけ異性愛者の男性は有利――の選択肢を与えられているので、いつまでも若いままでいられるのです。何一つ誇張ではありません。これがありのままの現実です。

最大の問題の一つは、これが家族の動態に与える影響です。高い教育を受けて力をつけ、成功を収めている今日の女性は、無力で怠け者の夫など欲しくないし、男性は男性で、妻より劣っていると感じたくはありません。これが私たちを家族をベースとした社会ではなく、ますます個へと押しやっているのではないでしょうか？

「男は自分の女が要求する程度に成功している」と私たちがインタビューをした二七歳の男性は言った。この言葉には、男性にとって簡単にセックスできることは、人生の他の目標を達成するモチベーションにどんな影響を与えるのだろうかと考えさせられた。簡単にセックスできることで、他の目標もほんの少しの努力とプランニングで達成できるはずだと思い込む可能性はないだろうか？「私たちの目標はすべて人類の進化により煽られていて、私たちの努力のほとんどはただ、スケールの大きい手のこんだ交尾儀式の一部にすぎない」という理論には賛否両論がある。だが、過去には賞品——セックスできる（そして自分の遺伝子を広められる）相手——は努力に、いや、少なくとも賢いプランニングに与えられる褒美だった。今日、褒美は基本的に無料で、何の努力もしないうちに与えられる。ということは？ディナーの前にデザートを胃に収めるようなものだ。

Girls on the Edge（危なっかしい少女たち）の中で著者レナード・サックスがインタビューした若い女性は、最近の若い男性が求めるものは「さっさとすませるセックス」だけで、どうすれば女性を満足させられるかもまったくわかっていないし、恋愛関係を育むために心を通わせようという気もないと語っている。サックスは、昨今の少年少女は彼らの親の世代より早くにセックスを始めるので、少年は自己中心的かつ未熟で、しかも付き合いを始めてからオーラルセックスに至るまでの期間がはなはだしく短縮されたために、若い男性は女性を大事にする義務を感じなくなっていると分析する。若い男性のコメントには、ますます大きくなるポルノの影響が見てとれる。彼らの多くが自分の訪問したサイトを熱心に描写し、「オンラインポルノを見ながらのマスターベーションか、生身の女性とのデートかのどちらかを選べ」と言われたなら前者を選ぶと言っている。私たちの行った学生を対象とした調査でも、ある男性は「男友達の多くが実際に女の子とセックスするとがっかりすると言っています。彼女たちがポルノスターほど美人でないからで

す」と言っていた。

おもしろいことに、「ジャーナル・オブ・セックス・アンド・マリタル・セラピー」誌に掲載された最近の調査結果では、男女ともにポルノを視聴している人はよく使われる三つの自己愛テストで高得点を取り、強い自己愛レベルと長時間のポルノ視聴の間には相関性さえ見られた。自分を取り巻く人間関係やコミュニティの一部にはなりたくないし、自分以外の誰かの人生をよりよくする義務も感じないという点で、自己愛は同情の敵だ。

13 女性の隆盛？

一九六〇年代以降、男性の所得は六パーセントしか伸びていないのに、女性のそれは四四パーセントも伸びた。都会に住む二二歳〜三〇歳の独身子なし就業者を対象とした二〇一〇年の調査では、事実、女性のほうが男性より八パーセント多く稼いでいた。子どものいる既婚者で夫より収入が多い女性の割合は、一九六〇年にはわずか四パーセントだったが、二〇一一年には二三パーセントになっていた。女性はまた、現在、全学士号取得者の六〇パーセントを占めているが、この上向きの傾向はこれからも続くだろう。イギリスでは二〇二〇年までには女性が特殊技能職の三分の二を占めるようになるだろうと予測されている。

アメリカ女性は女性の権利を拡張した民主的ないくつかの法の恩恵をかなり受けた。まず一九六〇年代前半に、食品医薬品局の制定した法により、避妊ピルの販売と使用が認められた。一九七二年の教育改正法第九編は、教育における男女差別を禁じた。それにより教育機関は女性のスポーツをサポートするようになった。さらに一九七三年の「ロー対ウェイド裁判」により、安全で順法な妊娠中絶が認められた。加えて一九九三年に制定された育児介護休業法によって、女性は出産後や家族の緊急事態に休暇を取ることが可能になった。

同期間にイギリスでは、一九七〇年の同一賃金法や一九七五年の男女差別禁止法といった法整備が行われ、職業訓練、雇用、教育の機会において女性を差別することが違法になった（これらの法律は二〇一〇年に平等法に置き換えられ、宗教、障害、性的指向、妊娠、年齢に対する差別の禁止が加わった。www.legislation.gov.uk を参照）。一九七四年には、NHS（国民保健サービス）による、女性の年齢や未既婚を問わない避妊手段の無料提供がスタートした。

さらに一九七六年にはNASAが女性宇宙飛行士を受け入れ始め、一九八三年にサリー・ライドが宇宙に行ったアメリカ女性第一号になった（史上初の女性宇宙飛行士は、一九六三年に地球の軌道飛行を行ったロシア人のワレンチナ・テレシコワ）。国連は二〇〇八年に「女性に対する暴力の根絶」キャンペーンを行い、世界規模で暴力の阻止とその政策に対する社会的政治的な啓発を行った。二〇一二年のロンドンオリンピックには、史上初めてすべての競技種目に女性が参加した。女性問題に対する意識昂揚は、世界中でますます盛んになっている。

私たちは女性の地位、パワー、多岐にわたる能力の上昇を祝福する。ゆっくりと、でも着実にガラスの天井は消え、才能ある女性が産業界のトップに上りつめることが可能になっている。今日、進んで能力を発揮したい女性が就けない専門職はないと言っていい。私たちにはまた、企業でガラスの天井を守っているのは、いまだに〝学友〟のシステムの中に暮らしている前世代の年配の男性たちだという確信がある。彼らが定年退職した暁には、さらに多くの有能な女性が産業界のトップの座に就くだろう。

とはいえ、今もって改善が可能な分野も数多くある。二〇一四年現在、女性はアメリカ議会の上下院総議席の一八パーセント〜二〇パーセントしか占めていない。イギリスでは、FTSE一〇〇銘柄の会社の役員のうち女性はわずか二一パーセント（二〇一一年の一二・五パーセントからは大きな上昇だが）で、女性議員は全議員の四分の一にも満たない。議会に女性が占める割合の国別ランキングでは、一八六か国中七四位という低さだとフェミニストのローラ・ベイツは指摘する（イスラム法が施行されているスーダンや、「剰女」（売れ残り）という言葉が専門職の女性に結婚を促す中国より下！［二〇一五年度日本は一四七位］）。

二〇代には男性より収入の多い女性たちだが、生涯に稼ぐ総額ではまだ男性に後れを取っている。同じ仕事で、女性の七七セントに対し男性は一ドルを稼いでいるという統計も相変わらず存在している。ただし、この統計――最近では二〇一四年にホワイトハウスが配布――には裏がある。「エコノミスト」誌が指摘するように、もしほんとうに雇用主が同じ仕事をさせるのに女性には男性の七七パーセントの賃金しか支払わなくてすむなら、彼らはただそちらを選び、株主は大喜びで浮いた分の利益を手に入れるはずだ。実際には、〝七七セント統計〟はフルタイムの男女就業者の平均収入から算出されている。この明らかな収入差は、一週間に働く時間の差（たとえばイギリスでは、女性就業者の六パーセントに比し、男性就業者の一八パーセントが長時間労働をしている）や、男性のほうが女性より子どもの誕生後に取る休暇が短い、さらに工学技術職のような高収入の職に男性の方が圧倒的に多いなどといった原因からきている。

「エコノミスト」誌は、女性が望めば労働力として残ることを可能にする法の整備が、正しい方向への大きなステップになると提言している。アメリカは欧米諸国の中で唯一、有給の産休や育体、ならびに低価格の保育の提供を、法的に定めていない国なのだ。

ジェンダー民主主義は必要か?

カリフォルニア大学のルース・ローゼン名誉教授は*The World Split Open*(二つに裂けた世界)の中で、女性は「男性と似ていると同時に異なる」ので、女性の子どもを産み育てる能力に敬意を払わない社会は「明らかに、女性が社会に完全に参加する権利を侵害している」とし、「女性に男性と同じように生きることを強いるなら、それは真の民主主義社会ではない。真の〝ジェンダー民主主義〟のもとでは、職業生活と同じくらい家庭生活も尊重されなくてはならない」と論じている。

家庭生活を尊重するのは当然のこと。だが、この哲学は母親と父親の両方に当てはめられるべきだ。ピュー・リサーチ・センターによる最近の世論調査では、女性より多くの男性が「フルタイムで働くことは自分にとって理想的な状況だ」と言っていたが、同時にほぼ同数の男女が「仕事をするよりむしろ家で子育てをしたい」と言っていた。母親の五六パーセントと父親の五〇パーセントが仕事上の責任と家庭のバランスをとるのは難しいと感じていて、母親の二三パーセントが子どもと過ごせる時間が「少なすぎる」と答えているのに対し、父親では四六パーセント──母親の倍──が、そう答えていた。この差が、なぜ全体的には父親より母親のほうが、自分を「すばらしい」または「大変すぐれた」親であると考えているのかをいくぶん説明している。

親としての能力には男性より大きな自信をもちながらも、女性たちはなおキャリアと家族のどちらを優先させるかという葛藤で苦しんでいる。「アトランティック」誌史上最もよく読まれた記事となった「なぜ女性はまだすべてを手に入れられないの？」で、研究者で国務省元政策立案局長のアン - マリー・スローターは、「ワーク・ライフ・バランスの概念は変わらなくてはいけない」という意見に同意している。彼女は、ワシントンにいた間、夫が進んで子育ての責任の大きな部分を引き受けてくれていたにもかかわらず、政府高官として自らの望むレベルで仕事をし、かつ自分がなりたい種類の親になることがいかに難しかったかを書いている。「女性は（男性も）すべてを手に入れられるし、また同時に手に入れられると信じているが、それは現在の欧米の社会経済のしくみの中では無理」で、今こそ、力のある指導的立場に就いている女性たちが、〝すべてを手に入れること〟は個人の野望や頑張りで実現できるものではないということや、多くの働く母親は、ただ食べていくためか、または仕事を見つけられないパートナーを養うために必死で働いているのだという事実に気づくべきだと言っている。加えて、クオリティの高い保育園の料金は家計が破綻しかねないほど高額で、子どもの学校のスケジュールや習い事は仕事の要求と衝突する。彼女は経済学者のジャスティン・ウルファーズとベッツィ・スティーヴンソンによる「収入や教育の機会や社会的地位の向上にもかかわらず、女性たちは四〇年前より幸福でない」という調査結果に触れている。そして、実際に女性のためになる社会を作るには、まず女性大統領や五〇人［全体の半数］の女性上院議員を選ぶことにより「リーダーシップのギャップ」を縮めることが必要だとしている。そうなって初めて女性が男性と対等に力を発揮でき、法曹界や産業界の重要なポストにも平等に就くことができるだろうと。

私たちも、女性が政治家やその他の指導的地位に就くことが重要であり、企業にもし〝家族にやさしい〟ポリシーを導入する気があるなら、才能ある女性をもっと雇って、雇い続けるべきだという意見には同意している。また、母親と父親の権利が両方とも認められて初めて、誰にとってもワーク・ライフ・バランスが改善されるとも考えている。たとえばイギリスでは、女性は五二週の産休が認められていて、そのうち三九週まではそれまでの給料の九〇パーセントに加えて、必要なら政府からの補助金の支給も保証されているのに、男性はたったの二、三週間しか有給の産後育休が認められていない。男女の間に真の公平さとパートナーシップを育むには、現在のしばしば男性を疎《うと》んじた女性中心の会話を超えて、すべての人を含めるもっと人間中心の会話へとシフトする必要があると考える。女性が心から起きてほしいと願っていることは、家族の中の男性の役割が支持されて、初めて実現する。それにより男性は家族やコミュニティにもっと参加することが可能になり、多くの女性が現在感じている仕事と家庭の両立の危機は緩和するだろう。

必ずしもそう望んではいないのかもしれないが、自身の個人的、社会的、そして恋愛のゴールを達成するのに、自分の人生にどうしても男性が必要なわけではないと感じる女性はますます増えている。これは当然ながら多くの女性を自由にする発想だ。だが、ここで忘れてはならないのが、女性の自信の増大が男女の調和に反比例的な影響をおよぼすことだ。女性が長期的な目標から男性を切り離せば切り離すほど、両者の社会的な断絶は大きくなる。その断絶を最小限にとどめるには、何より男性自身と男性の問題の両方を男女平等の議論の中に積極的に組み込むことが重要だ。

重複する課題

Ｉ部で取り上げた男性に見られる好ましくない傾向は、けっして男性だけのものではない。肥満女性もかなり多く、超肥満女性の割合は多くの先進国で男性のそれとあまり変わらないし、発展途上国では女性の方が高いくらいだ。Ｊ・トウェンギとＫ・キャンベルは共著『自己愛過剰社会』（河出書房新社）に、自己愛性人格の大学生は一九八〇年代以降急増していて、特にその「傾向は女性の間に顕著だ」としている。若い男性は依然、自己愛テストで女性より高い点を取っているが、女性は急速に追いつきつつある。女の子への「プリンセス願望」のあからさまな押しつけも一因だ。しかも、不思議なことに親たちはそれを「キュート」だと歓迎している。彼らは「アナと雪の女王」や「シンデレラ」のような映画がいかに娘たちに「自分には大きくなったら恋愛でも経済的にも恵まれる権利がある」という考えを植えつけるかを考えていない。

メディアに関しては、若い男性は女性よりインターネットやゲームに多くの時間を費やしているが、一八歳～四九歳の女性は一か月に男性よりおよそ一一時間も長くテレビを観ている。これは女性たちの全体的な不幸感についての調査結果とも、「不幸な人ほどテレビを見る」というデータとも一致している。

メディアは登場人物のずぼらな男性にわずかな選択肢しか与えていないように、〝男好き〟な女性にも男性主人公を誘惑する以外の選択肢はほとんど与えていない。ジェンダー・バイアス度を測る「ベクデルテスト」は映画を三つのシンプルなテストで格付けしている。このテストに合格するには、少なくとも二人の名前をもった女性が登場して、〝男〟以外の話題で会話をしていなくてはならない。ベクデルテストのすべての項目をクリアするゲームはほとんどないと言ってよく、映画でも半分をやっと超える程度だ。テストをパスした映画にも性差別的内容が含まれている可能性はゼロではなく、したがって、このテストは完全ではない。とはいえ、いくつかの映画館や組織（スウェーデン映画研究所など）はベクデルの格付けを信頼し、女性に対する偏見を暴き出すのに利用している。

ソーシャル・ネットワークと携帯電話には少女のほうが少年よりももっととりつかれている。たとえば、二〇代前半のある女性は、高校生の妹が今から出かけるところだと友達に思わせたいがために、ヘアとメイクにどんなに時間をかけ、自撮りした写真をフェイスブックに載せているかを語ってくれた。実際には、いつも写真を撮るなりメイクを落とし、寝るだけだそうだ。一四歳〜一七歳の平均的女子は一日に一〇〇通またはそれ以上の携帯メールを送っている。これは男子の送受信数の倍以上だ。

こんなに友達付き合いをしながらも、彼女たちは互いに対するほんとうの気持ちや自分の状況をなかなか正直に打ち明けられない。男性の中には付き合いの中でヒートアップした状況になるのを好む人もいるが、女性は社交辞令を好み、対決はできるだけ、または完全に避けようとする。あいにく今の世代の女性たちは前の世代の女性たちから、感じのいいことを言えないくらいなら、むしろ（面と向かっては）何も言わないでいるという習慣を受け継いでいる。最近、私（ニキータ）は友人の一人から、あまりにもありがちな場面について耳にした。

彼女は〝親友〟と携帯メールで厄介な会話を交わしていた。彼女は親友との関係が少し冷めていると感じていた。なぜなら、親友は彼女抜きでベビーシャワー［出産前の友達にお祝いのベビー用品を持ち寄るパーティ］を計画していたからだ。それに、親友が彼女の送った携帯メールのすべてには返事を寄こさなくなっていたので、最近では以前ほどいっしょに出かけなくなっていた。彼女は親友に何か怒っているのかと尋ねた。すると「まさか。私があなたに腹を立てるなんて、そんなこと、ありえないでしょ。ただ最近、あまりにストレスがたまってたの。またコーヒーでもいっしょに飲みましょ」と返事してきた。彼女は隣に座っていた夫のほうを向き、彼ならこれにどんな対応をするか尋ねた。「おれだったら、そんなイヤミな態度はいい加減にしろって言ってやるよ。それからいっしょに酒を飲んで、忘れるね」。

男性はたとえ相手に失礼であっても、心にあることをはっきり言い合うが、女性はたいていの場合、問題が自然に解決してくれるか、またはそのうちたいしたことでなくなるのを期待して、何も言わずにただ相手から距離をおく。

この対決を避けようとして何も言わない態度は、少女時代から引き継がれたものだ。多くの若い女性が互いにオープンでざっくばらんになることには心地悪さを感じる。それは相手を批判することにも、また批判されることにもあまりに練習を積んでこなかったせいで、たとえ親切心から出たものであっても、批判した人を恨まないでいることが難しいからだ。対照的に男同士のコミュニケーションは、互いに真正直であるという信頼の上に成り立っている。それは、みんなをよろこばせるか、または〝波風を立てない〟でいようとするよりも、争いごとを解決したり妥協したりする訓練になっている。これにより、なぜ二〇一三年のギャラップ世論調査で、女性の四分の一しか女性の上司のもとで働きたがっていなくて、四〇パーセントが男性の上司をより好んでいたのか（三分の一はどちらでも同じという回答）、その理由が一部説明される。

女性にはなぜ思っていることを率直に言うことが、そんなに難しいのだろう――親友に対してさえも。その理由は、女性が社会的な生き物で、特に成長の過程においては、自分の幸せが他の女性にどう思われているかにあまりに大きく依存しているからなのだ。他の人たちについての情報はパワーだとみなされ、女性は一人の友達に嫌われることで単にその友達を失うだけでなく、その人の意見に左右される他の友人たちからものけ者にされることを恐れている。また、ほとんどの女性は互いの感情を傷つけたくないと思っているので、いつの間にか自分の正直な気持ちは押し込められ、結果的に、ほんとうは自分にとって何が問題であれ、友情やグループの結束を保つために、未解決のままで放置される。それゆえに、女性の間には社会的に孤立しているという感情もまた存在しているのだ。

多くの現代女性も現代男性と同じく、異性との付き合いや恋愛やセックスに背を向けつつある。「ガーディアン」紙の論説によると日本では四五パーセントの女性がセックスに興味がないと言い、シングルでいるほうが結婚よりいいと考える若い女性は九〇パーセント［原文どおり］にものぼっている。出生率の低下に対する不安は、日本の研究者たちを、ヒトの宿主なしに胚を予定日まで育てられる人工子宮の開発に駆り立てた。

アメリカでは最近の「ニューヨーク・ポスト」紙に、二〇代と三〇代の女性の間に結婚して子どもを産むよりむしろ犬を飼おうとする傾向があるという記事が載った。犬ラブ《doggie-loving》の女性読者たちは、「オムツを換え、かんしゃくをなだめ、大学の学費を積み立てるといった人生を放棄することについての迷いはいっさいありませんでした。四本足の我が子は間違いなく愛情を返してくれますから」と語っている。ある女性は、犬は子どもより手がかからないので出かけやすいと言っている。「ベビーシッターもいらないし！」と。やはり子どもより犬を好む別の女性は、彼女の小さな子犬は「やたらいびきをかくこと以外はパーフェクト！」だと言っている。アメリカペット製品協会は二〇〇八年から二〇一二年の間に、小型犬（体重約一二キログラム以下）の数は二〇パーセント増加したと報告している。

犬より人間のパートナーを好む女性たちはというと、多くが現実的でないどころか、とてもこの世に存在しそうにない相手を求めている。ちょうどポルノが男性たちにセックスについて非現実的なイメージを与えているように、女性版ポルノ――ロマンチックコメディや官能小説――の多くもまた、彼女たちに恋愛相手の男性について現実離れした夢を抱かせている。ほとんどの女性がまず少なくとも自分と同じくらいか、自分より背の高い男性を望んでいる。また仕事で成功している多くの若い女性が、自身が高い教育を受けて経済的に自立するにつれ、将来のパートナーに求める条件は厳しくなり、その分、自分の時間を分け与える価値のある候補者の数は減る一方だと認めている。この背後には、おしなべて彼女たちが事実婚や結婚をして子どもができたあとも、現在の生活レベルを落としたくはないし、できればさらに上質の生活やステイタスを手に入れたいと考えている、という理由がある。

そのせいからか、二五歳～三四歳の有職者で一度も結婚をしたことのない女性一〇〇人に対し、同じカテゴリーの男性は九一人という比率になっている。それでいて二〇一四年に行われた一〇〇〇人以上の男女を対象にした調査では、男性の八二パーセントと女性の七二パーセントが、デートの費用は男性が全額払うべきだと言っている。実際、関係が進んだあとでさえ、女性の一四パーセントに比して、男性の三六パーセントが全額払っていると答えた。要するに、女性は男性より高学歴で金銭的にも豊かになりながらなお、費用を折半することには乗り気でないのだ。おそらく女性がリードすることや男女平等に、男性と女性の両方がもっとなじんだときに、これは変わるだろう。

地雷と卵の殻——性欲とデート

女性が「ふしだらな女」と呼ばれたくないように、男性も「優越主義者」というレッテルは貼られたくないし、とりわけ女性蔑視の「男性優越主義者」(chauvinist pig) とは呼ばれたくない。どちらの呼び名も不毛にも長年使われてきた。さて現在どうなったかというと、男性について言えば、してはいけないことについてのルールは確立されたが、するべきことについては何も決められていない。したがって、男性優越主義者と呼ばれる男性の数は減っているが、同時に、以前に比べ、男たちはデートの場面で毅然とした態度をとらなくなっている。老カップルと話をすると、男性はよく「彼女ほど美しい人には会ったことがなかった」といった感じのこと言い、女性は女性で「初めて会ったときは彼のこと、すごくむかつくやつだと思ったの……でも、口説かれてしまったわ」なんてことを言う。

今では女性が「ノー」と言うと男性は真《ま》に受け、その先のアプローチをどうしたらいいかわからず、撤退する。結果、男女どちらにとってもデートのチャンスは減る。または、男性は説明もなしに拒絶されたので相手女性に感じの悪い態度をとるか、ナンパの達人からテクニックを学ぼうとする。とりわけ男性の頭が混乱するのは、女性たちが大事にしてくれるやさしい男性といっしょになりたいと言いながらも、実際には押しの強い、女性の気持ちなど無視する男性により魅かれているのを目撃したときだ。「聖女娼婦・コンプレックス」になぞらえて、このような態度を「ヒーロー・ゲス・コンプレックス」と呼ぶ人もいる。どうやら性欲は、私たちが社会全体としてどう議論していいかわからない別のルールに従っているようだ。実際、女性の大半が恋愛の対象になる人からは、冷静に考えた末ではなく、ただ激しく欲情されていると感じたがっているが、これが次の手を打つ男性側には判断に困る局面を作り出す。ニューヨーク市立大学スタテンアイランド校（CUNY）哲学科のマーク・D・ホワイト教授は、男女それぞれが欲情されていると感じたときの経験について、最近の記事にその理解しにくい状況を説明している。

もし私がデート中に思いやりある心遣いと自然発生的な欲情のちょうどいいバランスを取

ろうとすれば、相手女性に十分な尊敬の気持ちを見せないことで起きる損失――具体的には、女性の心を傷つけたり怒らせたりするリスク――は、情熱や欲情ぶりを十分に見せないことで生じる損失――女性をがっかりさせ、恋愛関係の成立を危うくするリスク――よりはるかに大きいと考えます。私の性格からすれば、前者のリスクは後者のそれより問題にならないほど深刻なので、私の態度はつい尊敬と心遣いのほうに傾きます。これがノーム・シュパンサー博士が描写する「あなたの気持ちを思いやる繊細でためらいがちな男性たち」の背後にある理由かもしれません。彼らは「これをしても大丈夫？」「あれをしても大丈夫？」と尋ねた結果、あなたを性的昏睡状態に陥らせる可能性があります――このような本来なら望ましいはずの資質にもかかわらず、……ではなく、その資質ゆえに。

男性に対する女性お得意の「ノーと言ったらノーよ」という台詞の「ノー」は、しばしば「たぶんノー」なのだ。性的に気を引く意図はない、単に相手を試すためか、もしくは虚勢を張っての「たぶん」なのだろうが、そもそも彼女がはっきり「イエス」と言わなくてはならない理由がどこにあるだろう？　Reddit［アメリカ最大級の掲示板］に上記の記事に関する次のようなコメントがあった。

男はどうしていいかわからなくなっていると思う。私たちが育ってきた社会では、男が演じる役割ははっきりしていた。だが、今ではそのような振る舞いは危険だとされている。それで違う態度を取るよう言われるが、女たちは私たち男に慎重で礼儀正しくあることを求めながらも、別の状況では欲情にまかせることを求める。一歩間違えば、あなたは積極性や力強さが足りない軟弱者か、強引すぎて〝レイプ寸前〟のどちらかだ。どの瞬間をとっても、どう行動すべきかを察知するのは難しい。女性を尊敬する平等主義の男が報われているかと思えば、次の瞬間には、女たちが男に許可も求められないまま力ずくで奪われるといった空想について話しているのを耳にする。この矛盾するメッセージから私はどんなシグナルを受け取ればいいのか？　女は両方を欲しがるなんてことができるのだろうか？　もし両方を欲しているとして、彼女たちはどうして相手の男にその場その場で自分の欲しているものを察してもらえるなどと思えるのだろう？　それとも、彼女たちは実は両方は欲しがっていなくて、ほんとうはどちらか一方だけを欲しいのに、文化の何かが「両方とも欲しい」と言わせているのだろうか？

私たちの調査でも、ある若い男性は同様の意見を述べた。

ポストフェミニズム世代では、男女の役割はクリアでない。今どきの二〇代後半から三〇代前半の男性は、繊細で思いやりのある振る舞いをし、攻撃的な衝動は隠すよう育てられたが、それだと何も得られないと感じている。二〇代から三〇代前半の女性たちは女性の地位の向上がどうのこうのと言いながら、やっぱり力強さや強引さを前面に押し出す男にセックスアピールを感じている。神経の細やかさや、礼儀正しさや、女性の希望を訊くことは弱さだとみなされ、一気に興味を失われる。新しいタイプの男性は女性にとっての興醒めであるだけでなく、そのせいで自分から女性を誘うことができなくなっている。なぜなら、魅かれている女性に対し強引になっていないか、鈍感でべたべたした態度になっていないか、ありふれたナンパ用語を使ったりしてないか、などと不安になる習慣が染みついてしまっているからだ。こうすべきだというはっきりしたルールはなく、ただ、してはいけないことのルールが山ほどあるだけだ。それをすれば、間違いなく悲惨な結果になるらしい……だったら、ごめん、ぼくはむしろゲームをするね。

一つ変わったのは、女性が感じている「解放されて」いなくてはならないというプレッシャーだ。それが正確に何であるかについてのコンセンサスはないし、そもそもフェミニズムがあれほどまでに多くの小グループに分かれた理由の一つは、性の解放の意味についてあまりに意見が分かれたからだった。たとえば、キャンディダ・ロイヤルやアニー・スプリンクルに代表されるグループは、ポルノは女性に力を与えると考えたが、アンドレア・ドウォーキンやスーザン・ブラウンミラー、ロビン・モーガンといった女性たちは、それはフェミニズムのめざすゴールを弱体化させると考えた。ポルノを撲滅しようとする敬虔な保守派と急進的フェミニストの努力にもかかわらず、一九六〇年代以降、社会の態度は、結婚まで女性は純潔な処女であるべきだという考えから、女性たちはいつでもどこでもあとくされなくセックスをする準備ができている存在であるという考えにシフトした。一方で、いくつかのタブーの誤りは正されたものの、性教育のカリキュラムの大部分は今もビクトリア時代にとどまったままだ。「私たちの体、私たちの選択」のスローガンはパワフルだが、誰も自分の体や選択肢について理解していないのに、それに何の意味があるだろう？

「ニューヨーカー」誌の常勤ライターのエリアル・レヴィは著書 *Female Chauvinist Pigs*（男性優越主義のメス豚）の中で、性的対象化［他者を性欲充足の道具として扱うこと］と自己対象化［自身を客観的に対象視すること］が若い女性の性欲とアイデンティティの発達に与える影響について論じている。彼女は「ローンチ・カルチャー」［女性が自発的に性をモノ扱いし、自ら安売りをするような文化］の隆盛により、女性のパワーの拡大が女性の権利を求める運動から横道にそれてしまったことの影響について調べた。結果、あらゆる年齢の女性が同じ問題に直面しているとはいえ、「年配の女性たちは女性運動が起きていたときや、少なくともその理論が国の集合記憶に生き生きと残っていた時代を知っているが、一〇代の少女たちは今とここしか知らない。彼女たちは「ho」（売春婦）が大っぴらな語彙でなかった時代を知らないし、一六歳の少女が豊胸手術をしなかった時代も、ポルノスターがベストセラーのトップになどならなかった時代も、ストリッパーがメジャーでなかった時代も知らない」ことに気づいたと言っている。

性的な自己顕示欲ときらびやかなライフスタイルがいっしょくたになった画像があふれ返っている今の時代に、若い女性が色気と性欲が美徳であるかのように振る舞ったからといって、どうして社会は驚くことができるだろう？　両親や友達やメディアから入ってくる「矛盾だらけでごたまぜ」の話の渦中にあって、一〇代の少女たちがテレビに登場するポルノスターに興味をもたず、インターネットのセックス関連サイトの数々にも気づくことなく、自身のホルモンの変化を無視するだろうと考えるのは現実的でない。彼女たちが未来の〝結婚相手〟のために初体験をとっておくという伝統的なプランに協力的でないのも、またセックスを相手の気を引くためのパフォーマンスだと考えるのも無理はないとレヴィは言う。そして以下のような提案をしている。

ティーンになぜセックスをすべきでないかばかりを教えるのではなく、おそらく、なぜセックスをするのかも教えるべきなのだろう。今のところ少女たちが性欲と相手に気に入られたいという欲求を混同していても、私たちはただ手をこまねいて見ているだけだ。大人の女性の間には性的奔放さをフェミニズムの抑制に対する反発だとする見方も存在するだろうが、一〇代の少女にそれはない。彼女たちは抵抗するためのフェミニズムを知らない……私たちの国をあげてのポルノとポールダンス［かつてはストリップショーによく使われたエクササイズ］に対する愛は、セックスを素朴に受け入れる自由でおおらかな社会の副産物ではない。それは強烈な不安を特徴とする時代と場所で暴走するエロチシズムに対する自暴自棄の挑戦なのだ。

レヴィはデボラ・トルマンが *Dilemmas of Desire*（性欲のジレンマ）を書くにあたり行った一〇代の少女とのインタビューを参考に取り上げている。トルマンは少女たちが「（体を）求められた経験」と「セックスの経験」を区別できないことに気づいた。少女たちはまた、自分自身の性的興奮は無視するか、もしくは抑えていたが、トルマンはこれを「寡黙な肉体」と呼んだ。少女たちは真に「自身の性欲を体で認知」すれば、性病や望まない妊娠を招くだけだと怯えきっていた。

少女たちが主に感じていたのは、とてつもなく大きな不安と狼狽だった。

一九七〇年に『去勢された女』（ダイヤモンド社）を出版したオーストラリア人のフェミニスト、ジャーメン・グリアは、この数十年間に女性を取り巻く状況はとんでもなく悪化したと言っている。「（女性の）解放は起きていないし、性の解放すら起きなかった……起きたのは商業用ポルノの解放と空想の解放だけ。でも、人は自由にならなかった」。男も女もともに答えを探しているが、現在の政治情勢のもとではそれは見つけられない。

言語と解放は等しくない。解放と等しいのは解放

政治家たちによる性差別主義に関する数字の歪曲とともに、女性運動のこのような困難さと矛盾を私たちが取り上げるのは、どんなに受けのいいスローガンも現実にベースとするものがない限り、女性の真の地位向上にはつながらないということを、女性たち自身が理解することが重要だからだ。女性運動により改善はあったものの、現在、両方の性に対する欧米の社会的また文化的構造には多くの欠点がある。さらに、論じるに値する女性問題に対する、政治的正しさゆえの見せかけの関心は、男性に対する根拠のない怒りを生み出し、長期的な改善や男女間の効率のよい協力体制作りから注意や財源をそらせている。

「スペクテイター」誌の記者ニック・コーエンは、昨今の記事に見られるこういった類の政治的正しさがもたらす有害な影響について次のように論じている。

私たちの時代を特徴づけるのは「言葉の力」に対する狂信ぶりだ。「ポスト1968」［一九六八年はグローバルに起きた社会運動がピークに達した年］に左寄りの人たちから始まり、以降、一般に広まっていったのは、敵とする人々の隠れた意図やまぎれもない前提は、彼らの言葉遣いのちょっとした間違いに表れるという確信だった。真実に気づくにはただ解読すればよく、そうすれば誰もがエリート階層の抑圧に気づくと、……だが実際には、言葉を変えることで世の中を変えられるだの、人種差別主義や同性愛嫌悪症は単に差別される側の人たちの感情を言葉で傷つけないことにより解決できるだのと言い張れば、真の人種差別や同性愛嫌悪は少しも変わらないどころか増長し、病気や体の不自由な人々は礼儀正しい放置により苦しみ続けることになる。

真の問題を正直に検討しようとするかわりに、私たちはただ言葉を検閲してきた。それこそが二〇一四年にはミシシッピー州の性教育の授業で性体験のある女子が汚いチョコレートにたとえられたことが大問題になった一方で、ビキニ姿のビヨンセが「タイム」誌の「最も影響力の大きい一〇〇人特集号」の表紙になるという矛盾が起きた理由だ。ビキニの写真は、あるレベルではポジティブなボディイメージのキャンペーンに賛意を表しているようで、別のレベルでは、女性は何を成し遂げようが、所詮、大事なのは魅力的なボディだといっている。セレブを崇拝する少女（少年）たちは、いったいこれをどうとらえればいいのだろう？

今日の世界では、メディアに登場する女性が自分の価値を維持しようとすれば、進んで自身を対象化するしかない。もし女性が伝統的な美人顔でなければ、山盛りのメークをするか、ダークでエッジの効いたルックスの路線をめざすかだが、どちらにしろ彼女のすこぶるセクシーな足を前面に出すよう期待される。あとはフォトショップがどうにかしてくれる。当の女優たちさえ、そんな現状にはうんざりしている。アメリカ版「ザ・オフィス」〔テレビドラマ〕に出演しているスターのラシダ・ジョーンズは、あらゆるもののポルノ化についての自論を「グラマー」誌に寄稿した。その中で彼女は、女性の誰もがストリップダンスや裸になることを大好きになれるわけではないと言っている。また、自身が性欲をもって、それを表現することは女性にとって重要な一歩だが、今、世の中に出ているもののほとんどがあまりに作り上げられたもので、しかも、「それらで飽和状態寸前になってしまっている」。テレビ業界では、こういった飽和状態は「総トン量問題」〔小さなものも多数になればトンで表せるほど重くなる〕と呼ばれ、対策として、同じ語句があまりに頻繁に出てくるとテレビネットワークの検閲が知らせてくれる仕組みになっている。だが、「ポルノとポップ・カルチャーについてはすでに総トン量問題が生じている」とジョーンズは言う。確かにポルノ画像とそれにともなうペルソナがあまりにも至るところにあるせいで、セレブのまねをする少女たちは「個人の性的な表現が、自身のプライドと深く関わっている」ことを理解していないかもしれない。

「タイム」誌のビヨンセの表紙はまさしく総トン量問題が頂点に達したことを示す現象で、これが転換点にならないなら、何がなるだろう？　フェミニストのケイトリン・モランが言うように、なぜ今日、「女であること」はこんなにも「ただすごくステキな髪の毛」をした「男の一人」になることとなのだろう？

女性たちがローンチ・カルチャーに自身のアイデンティティの形成と性的表現を任せたなら、それは自分自身を安売りすることになる。私たちはレヴィの次の意見に賛成だ。

自分のことをセクシーでおもしろくて有能で頭が切れると心から信じられたら、私たちはストリッパーのようにも、男性のようにも、それをいうなら自分自身以外の何もののようにも振る舞う必要はないでしょう……（これは）自分を認めてもらおうとしてFCP（男性優越主義のメス豚）が絶え間なく行っているゆがんだ演技よりは難しくはないはずです。さらに重要なこととして、そうすることで得られる報酬は、まさにFCPが喉から手が出るくらい欲しがっているものなのです。それは女性たちが受けるに値するもの、すなわち自由とパワーです。

これを実現するためには、女性はまず自分たちの真の価値を主張——男性に対する侮蔑を含まない、むしろすべての人にプラスになる独自の創造的アプローチを含む——するための、新しい方法を発見しなくてはならない。男と女は異なり、その内面にはさらに大きな隔たりがあるので、両者の成功の定義は同じである必要も、同じように見える必要もない。ルース・ローゼンの言葉のように、真の民主主義のもとでは、女性は男性のように生きなくてはならないと感じるべきではないのだ。

娘たちに教えたいこと

金銭的な成功を収める女性がこの先も増え続けるにつれ、女性たちは必ずしも男性という性にパワーが備わっているわけではないと気づくはずだ。むしろ、男性は最も「交換」を受け入れる性であることを理解するだろう。実際には、すべてを手に入れられる人などいない。フェミニスト運動が犯した間違いは、仕事がパワーの獲得と自己実現を同時にかなえてくれるという期待を女性たちに抱かせたことだった。

責任を伴わない特権は少ない。成功する人は、もしその責任がなんら利益も貴重な経験も与えてくれず、むしろ好機をつかむのに邪魔になるなら、「いいえ、けっこうです」と断る術を知っている。状況をありのまま受け入れておいて、あとで不平不満を口にするようなことはしない。女性たちは法や政府に代弁してもらったり、また時として収入の補塡をしてもらったりしなくてすむよう、成功するための指南を受ける必要がある。

キャリア同様に子育ても尊重する政策作りに加え、より多くの女性が仕事で成功できるようになるために社会がとれる最善の策は、まず女性たちに障害を乗り越える準備をさせることだ。フェイスブックの最高執行責任者シェリル・サンドバーグが「リーン・イン運動」で押し進めたような、「ボッシー」《bossy》〔ボスづらをしているという意味。女性に対して使われることが多い〕という言葉を禁止するといったやり方で女性の強さの価値をおとしめる（これ以外はポジティブな運動だが）代わりに、女性のために安全で健康的な職場作りに焦点を合わせるべきだ。私たちは少女をリーダーになるよう励ますことができる。たとえば、「知ってる？　ボッシーな人はちゃんと物事をやり遂げる人なのよ。他の人の言葉によく耳を傾けなさい。自分の発言に自信をもてるよう下調べをしっかりなさい。そして自分の意見を発表し続けなさい。トップに上りつめるのはけっして簡単なことじゃないけれど」などと言って。

他にも、少女たちに前述のベクデルテストに合格したテレビ番組や映画を見せたり、リーダーになるためのアドバイスが載った雑誌の購読を申し込むのもいい。二〇一三年には「ベター・ホームズ・アンド・ガーデンズ」誌はアメリカの雑誌で人気第四位だった。「コスモポリタン」「セブンティーン」「アルーア」「ラッキー・アンド・ティーン・ヴォーグ」を含む一七の女性雑誌はすべて発行部数で「フォーブズ」「エコノミスト」「ワーキング・マザー」を上回った。事実、「コスモポリタン」の発行部数は「フォーブズ」「エコノミスト」「ワーキング・マザー」の三誌の合計より多かった。イギリスでも同様に、「グラマー」の予約購読者数は全英第一位の四二万八三二五人にのぼり、他の女性雑誌数誌がそれに続いた。それらはすべて「エコノミスト」のどの国別バージョンの購読者数より多かった。もし「コスモポリタン」や「グラマー」を愛読する大勢の若い女性たちが、代わりに金融や時事問題を取り上げた雑誌を購読したなら、彼女たちの関心事は必ずや大きく変化し、彼女たちの自信にポジティブな変化が生じるだろう。

エリザベス・ギルバートはキャリアと家庭の両立についてインタビューした女性数百人の中に、どんな共通するパターンも発見できなかったと著書の Committed（懸命に）に記している。「ただ賢い女性たちが、それぞれ自分に合った方法を見つけ出していた」とある。前作でベストセラーの『食べて、祈って、恋をして　女が直面するあらゆること探求の書』（武田ランダムハウスジャパン）に、ギルバートはつらい離婚から立ち直った自身の体験を書いている。結婚生活では、夫は子どもを欲しがったが、彼女は欲しくなかった。他にも離婚にいたった理由はあったものの、最終的に決断させたのはこの「子どもの問題」だった。異なる決断が人生をどう変えるか、また、人生を歩むにあたり、自分にとって相性のいいパートナーになるのはどんな人物か、といったことについて世代の違う女性の間でもっと率直な話し合いができたなら、いくつもの心の痛みが避けられるだろう。

もし母と娘がお金の管理や投資や景気の動向などについて書かれたものをいっしょに読めば、母親は自身の経験や知識を娘に伝える会話の糸口をつかめるだろう。それは娘が将来の計画を立てる手助けになる。母親はまた娘に、人生の早い段階で子どもを生んだ場合と、遅くに生んだ場合とでは（または子どもを生まなかった場合に）、生じる困難や支払わなくてはならない代償――学費のローン、受胎能力、親であることで得られる（または逃す）好機など――がどう変わってくるかを話すことができる。娘たちはそういった会話を必要としている。仕事をもつ母親や日々の生活でいっぱいいっぱいのシングルマザーには、そんな話をする余裕はないのだろうか？　娘たちが母親の叡智の恩恵を受けられるよう、そういった時間をぜひとも作ってほしいと痛切に感じる。

大学では女子の学生数は男子を上回り、女子のほうが学校以外のアクティビティにも多く参加している。だからか、二〇一二年のＣＩＲＴ新入生調査では、男子の二倍以上の女子が（四一パーセント対一八パーセント）、「しなくてはならないことが多すぎて、絶えず押しつぶされそうだ」と感じていた。このように感じている学生はそうでない学生より、押しなべて自分の能力にも人付き合いにも自信がなかった。

これに打ち勝つために私たちができることは、もっと多くの女子学生をチームスポーツに参加させることだ。チームスポーツは社会的責任に一体感を与えるだけでなく、そこで生まれる競争意識とチームワークのコンビネーションは、のちにビジネスの場で必要になる協調性にしっかりした土台を作る。さらに、もし他の場面の人間関係に率直かつオープンなコミュニケーションが欠けていても、彼女たちはスポーツチームで互いが頼りになることを学ぶ。加えて、母親が女性同士の正直なコミュニケーションの手本を示せたらさらにいい。それは、正直に話す人を敬い、その場にいない人に対しても噂話をしたりいつもと違う態度を取ったりせず、建設的な批判をした人とも友達でい続ける、そんな関係だ。他人に対する偏った思い込みを避け、他人の行動について話すときに厳しい批判を加えないことも大切だ。

こういったことと同じくらい重要なのは、もし好きな男子がいたら自分から誘うよう娘を励ますことだ。それは、リスクの取り方や、拒絶されたときには痛みの扱い方を学ばせると同時に、彼女たちの個性や忍耐力や粘り強さの発達を助ける。またこのような経験から少女たちは間接的に、リスクを取る女性の良さがわかるパートナーの見つけ方を学んでいく。男性同様、女性にとってもリスクのない人生は退屈だ。リスクのある人生には失敗が含まれる――そして失敗は、成功への道程になくてはならない学習体験なのだ。

14 家父長制神話

男は求められはしないので、必要とされなくてはならない。私たちはヒーローにならなくてはいけないと信じているが、それは私たちがまだ自分たちのために他の役割を見つけられないからだ。

――ノア・ブランド、「グッド・メン・プロジェクト」編集長

女性が男性より無力であることを痛いほど感じる機会は無数にある。デートレイプや暴行しかり、交渉事やキャリアの階段では味方になってくれる仲間は少ない。加えて老化のきざしや、若さや美貌が与えてくれたパワーの喪失、これらはすべて女性が通り抜けなくてはならない試練だ。けれども、あなたが認めようが認めまいが、性差別主義は女性にとって損と得の両方になっている。少年にもまた少女とは違った不利な条件があり、男であることはけっして楽ではない。

まず生後たった数日にして、多くの男の赤ん坊が割礼を受ける。これは見る人によれば、性器切開にも例えられるプロセスである。未開で野蛮とされるある種の文化のもとでは女の赤ん坊に

も陰核切除の儀式が行われるが、アメリカでは大多数の男児が今もこれを強いられている（イギリスでの割合はアメリカより低い）。幼児になれば、男の子は女の子に比べ、泣いても長い間抱き上げてもらえないが、これは「泣いても無駄」という暗黙の教訓を与えるためだ。彼らはまた女の子に比べ、子守唄を歌ってもらう時間も、お話を聞かせてもらう時間も、本を読んでもらう時間も短い。その〝短さ〟は、自分にはそういったことに時間も労力もかける値打ちがないと思われているという、ネガティブな刷り込みになる。

のちに一〇代の前半には、少年は荒っぽいチームスポーツを通して痛みに耐えることを学ばされる。ほぼ同時期に、彼らは女の子と付き合うときに何を期待されているか（特に支払いに対する期待）に気づき、賃金のよさに魅かれてきついバイトを始める。彼らは社会に適合するにつれ、妻子を養うために給料のいい仕事に就かなければならないと信じるに至るが、女子は同じメッセージは受け取らない。少年はまた〝専業主夫〟に押される不名誉な烙印にも気づく。最近のピュー・リサーチ・センターによる世論調査では、家で家事をしている親の八四パーセントが女性で、全体の五一パーセントが「母親が家にいることは子どものためにいい」と言っていたが、父親に対しても同じことを言った人はわずか八パーセントだった。現在、子育てという新しい仕事を受け入れる男性が徐々に増えつつあるものの、今なお子育てが男性の役割としてみなされていないのは明らかだ。少年が初デートについて考え始める中学か高校時代のどこかの時点で、彼らはまたクリエイティブな趣味を捨てることも考え始める。なぜなら、アートや文学を専攻すれば、科学やテクノロジー、工学、数学（ＳＴＥＭ）を専攻した人ほどは金が稼げないことがわかるからだ。彼らはいずれ家族を養わなくてはならなくなるという可能性にもとづいて、この決断をする。女性に——特に自分がともに家庭を持ちたくなるような相手に——養ってもらうことは期待できないからだ。

今では大学生の過半数が女子だが、ＳＴＥＭ科目を専攻する学生の大半は男子学生だ。その一方で、社会科学系科目を専攻しているのは圧倒的に女子だ。二〇〇七年には工学専攻の学生の八三パーセントが男子だったが、心理学では七七パーセント以上、教育学では七九パーセントが女子だった。修士課程では工学専攻の七七パーセントが男子で、教育学では七七パーセント、心理学では八〇パーセントが女子で占められていた。イギリスでは、ＧＣＳＥの科目に工学を選んだ生徒の九〇パーセント以上が男子で、健康社会医療学を選んだ生徒の九〇パーセント以上が女子だった。

この男女比率と科目別の収入差を考えると、一見、男女差別のようにも思えるが、選択科目を決める前に男女ともにすでにＳＴＥＭルートが最もいい収入をもたらすであろうことは知っている。次に女性たちは男性との付き合いの中で、将来の収入差をデートのときに割り勘にしないことで補う。さらに彼女たちの大多数が最初の子どもが生まれたあとに少なくとも一年間、仕事を離れる。

性別人種を問わず多数の奨学金が提供されているが、女性にのみ与えられる奨学金（学問とスポーツの両方）のほうが、男性にのみ与えられるそれより多い。奨学金の情報を得たり申請したりするのにアメリカでよく使われている scholarships.com というサイトによると、女性のみを対象にした奨学金は男性のみのそれの四倍に上っている。しかも女性のみの奨学金の半数以上が全国から申請を受け付けているのとは対照的に、男性のみの奨学金はすべて対象者を一定の地域や大学に絞っている。シングルマザーのみを対象にした奨学金はいくつかあるが、シングルファーザー用のそれはゼロだ。その上、一九七〇年代には親たちは娘より息子のほうにより多くの教育費をかけていたのだが、それが一九九〇年代には等しくなり、二〇〇〇年代には逆転し、今では親たちは娘に息子より二五パーセントも多くの教育費をかけている。こんなふうに他の人が費用をもってくれるのだから、自分が好きな科目を選ばない理由はないだろう？

つまり、世の中が自分中心には回っていないという現実に、若い女性は男性ほどは目覚めていないのだ。権利の平等について話すほうが、責任の平等について話すより簡単だ。けれども、男女の間により大きな同情と協力を実現させたいなら、それこそが論理的な次のステップとなる。

パワーとは何か？

社会学者のエリーズ・ボールディングによると、黎明期の農業は古代中近東で女性が野生の穀物を栽培したことで発展していったそうだが、ジョージ・ワシントン大学のハイジ・ハートマン研究専門教授など多くの学者は、農業がいったん根付くと、男性が社会で優位に立ち、そしてそれが男性たちに将来にわたって家族、労働、経済、文化、宗教の分野で支配することを許したという説を立てている。それゆえに〝パワー〟は家父長制度のレンズを通して見られることが多い。

つまり、財布の紐を握っている者が他のすべてを支配するというわけだ。確かに人生の多くの分野において、金銭がより大きな自由とコントロールを与えてくれることは疑いようがないが、社会のシステムに権力を振るえることは単にパワーの一つの形態にすぎない。それほど派手ではないが、同じくらい有効な別のパワーもある。それは私的なパワーだ。

真のパワーはバランスがいい。それは単に収入、社会的地位、物質的豊かさといった外的な報酬を中心には展開していない。バランスのいいパワーには、健康、心の平穏、精神性、愛され尊敬されること、感情の自覚とオープンさ、ポジティブなセルフイメージ、自分の価値を自身とコミュニティ両方の日常生活の向上のために使える能力といった、内的な報酬も含まれる。

つまるところ、パワーを手にしているということは、人が自分の人生を思うがままにでき、充実した個人的体験へのアクセスを手にしているということにつきる。WHO（世界保健機関）は、一九九〇年から二〇一二年の間に低所得家族と高所得家族に生まれた男女の平均寿命を以下のように発表した。

- 低所得家族に生まれた男性：五四・七歳
- 低所得家族に生まれた女性：五七・三歳
- 高所得家族に生まれた男性：七三歳
- 高所得家族に生まれた女性：八〇歳
- 一九九〇〜二〇一二年に生まれた男性の世界平均寿命：六四・七歳

● 一九九〇～二〇一二年に生まれた女性の世界平均寿命：六九・七歳

世界の平均寿命では、女性は男性より五歳（八パーセント）長い。裕福な男性は貧しい女性より一五・七歳（二七パーセント）長生きするが、裕福な生い立ちの女性は貧しい生い立ちの男性より二五歳（四六パーセント）も長生きする。一〇〇歳を超えた人の八一パーセントが女性である。

乳がんの診断を受けた女性より、前立腺がんの診断を受けた男性の方がわずかに多いにもかかわらず、連邦政府は乳がんの研究を前立腺がんの二倍の支出で支えている。政府はさらに女性の健康をサポートするウェブサイト womenshealth.gov を立ち上げたが、男性のための同様のサイトはない。おもしろいことに、男性の健康は womenshealth.gov/mens-health/ といった具合に、女性のサイトのサブグループになっている。同サイトには女性が健康問題についてさらに学べる「全国女性健康ウィーク」のバナーが張ってあるが、「全国男性健康ウィーク」なるものは存在しない。オーストラリア、カナダ、イギリス、アメリカを含むいくつかの国は、男性と少年の健康に対する認識を高めることを目的の一つにした「インターナショナル・メンズ・デイ」（一一月一九日）を支援し始めたが、いまだ乳がんのためのピンクリボン・ウォークほどのスケールにはなっていない。

また、死因のトップ一五のほとんどすべてで、男性の比率のほうが女性より高くなっている。最も大きな差は心臓病と自殺と過失事故による致死傷に見られる。女性のほうが自殺を考える率は高いが、実際に自殺をするのは男性のほうが四倍も多く、アメリカでは全自殺者の七九パーセントが男性だ。イギリスでは男性の自殺率は女性の三・五倍で、四〇歳から四四歳の社会経済的地位の低い男性の率が最も高い。

二〇一二年にアメリカで仕事中に亡くなった四三八三人のうち、女性はわずか三三八人だった。つまり、仕事中の死亡の九二パーセントが男性だったのだ。建築現場での事故が最も多く、その大半が転落かスリップによる。イギリスでは二〇一二〜二〇一三年度に仕事中の負傷により死亡した九九人のうち九四人が男性だった。つまり、世界中で女性よりはるかに多くの男性が危険な仕事に就いている。

子連れのホームレスに限れば女性のほうが男性より多いが、アメリカのホームレス総人口の六八パーセントは男性で、そのうち四〇パーセントに軍役歴がある（一般成人では三四パーセント）。全国ホームレス退役軍人同盟は、毎晩、二七万一〇〇〇人の退役軍人が野宿をしていると見積もっているが、そのほとんどが男性だ。この国の恥辱はメディアが大きく取り上げることもなければ、国民の間に私たちの勇敢な退役軍人たちに報いるべきだという議論が巻き起こることもないまま今も続いている。イギリスでは路上で眠る人の八六パーセントが男性だ。

こういった事実から、私たちはある意味、女性は男性より大きなパワーをもっているのではないかと考えている。

「男らしくしなさい」――感情を抑えることの代償

少年にとっては、からかわれたり身体的ないじめにあったりすることはあまりに普通のことなので、それが特別なことではないとみなされるようになった。「男の子はいつまでたっても男の子」と大人たちは言う。「男の子はそんなものよ」とも。少年が幼いうちからまわりの「男の子はタフ」という見方を吸収し、「大人の男のように強くあるべきだ」と信じ込むと、最終的には、のちに人生で必要となる、自身の中にあったどちらかというと繊細な側面を切り離してしまう。そして将来、親密な人間関係や恋愛で苦労することになる。当然ながら、困難に直面したときに多少なりとも苦しみを和らげてくれる友達や家族や先生やコーチなど、要するに他の人に助けを求めることを、彼らは学び損ねる。

幼い少年が「泣くのは女の子」だと言われると、自分の感情を表現するのは許されないと悟り、抑え込む。誰だって人から自分が何者であるかを言われ、自分の気持ちがいかに間違っているかを吹き込まれたら、感情を抑え込むか、心理的な経験を無理やり変えようとするだろう。これが人間関係にどう影響するかというと、そんな経験をもつ人は、自分が何者で何が欲しいのかがわからなくなる。すると、深みも本質も何もない会話をするようになる。二〇年後、この少年が大人になり、素敵な女性と出会い、恋に落ち、その女性に彼がよそよそしいので淋しいと言われたとき、彼は頭が混乱するのだ。彼女は彼にもっと心を開いてほしがるのだが、彼には彼女が何を言っているのかがさっぱりわからない。なぜなら、彼はそれまでの人生で一度だって心を開いたことなどなかったからだ。

反対に、少年時代に学校でいじめられたときの怒りをずっと引きずっている場合もある。この怒りが自覚されないと、それは無意識のレベルで作用するようになり、しばしば背後からの声となって、いじめっ子の代わりに「お前は醜い」「バカだ」「悪いやつだ」などとささやく。それにより受けた自信へのダメージは、恋愛において相手にノーと言えなかったり、自分の要求をはっきり表現できなかったりという形で表れかねない。自分自身がいじめる側になるのを恐れるがあまり、「やさしい人」というカテゴリーに自分を押し込めようとするかもしれない。また、他人はみんな意地が悪く、信用できないので、親しくなれば最後には自分が傷つくだけだと信じるがあまり、他人との間に距離をおこうとするようになるかもしれない。この場合、深層心理では、誰もが性根の悪い卑怯者だと信じているということは、すなわち自分自身も同じであり、よって自分は愛されるはずがないと考える。心の底で自分は愛されるはずがないと考えていたなら、愛を受け入れることも、愛を与えることもほぼ不可能になる。

身体に触られた唯一の記憶が、乱暴なこづき合いや、誰かからのいじめであると想像してみてほしい。調査結果によると、赤ん坊時代に男の子は女の子より与えられるスキンシップの量が少ない。多くの男性にとってセックスに走る理由は、それが唯一、ポジティブな身体的接触が得られる場所だからだ。それがなければ、彼らの人生は他者との身体的接触をほとんど欠いたものになってしまう。ところが、身体的接触と心の安らぎとの間に個人的な理由からくる葛藤があったなら、セックスや恋愛は空虚で孤独で無意味なものとなり、真の喜びや親密さからは切り離されてしまう。ここでふたたび強調するが、若者が仮想のエロチックな体験を求めてポルノに向かうとき、そこに見るのはけっして愛情のこもった形で身体を触れ合う男女ではないのだ。

タブー

デューク大学の女子学生でポルノスターになった悪名高いベル・ノックスは「家父長制社会は女性のセクシュアリティを恐れる」というフェミニストたちが長年抱いてきた考えの受け売りをした。しかし、それは徐々に叫ばれなくなった時代遅れのメッセージだ。今日の欧米の男性で、女性が自らのセクシュアリティをアピールする場面を見るのを楽しまないという人がいたら、間違いなくその人はゲイだ。社会全体としては女性のセクシュアリティを恐れているかもしれない……だが、私たちは同じくらい男性のセクシュアリティも、ティーンのセクシュアリティも恐れている。高齢者のそれに至っては存在しないというふりをしている。それらはほんとうに家父長制社会のせいなのだろうか？　それとも、セクシュアリティの問題はいわば厄介なので、伝統的に社会が受け入れてきた基準の外にある巨大なグレーゾーンに、誰も自らすすんで足を踏み入れたくないだけなのだろうか？

セクシュアリティは部屋の中にいる象のようなもので、最初は誰もがそれを避けて歩く。目には入るが、それについて話すことはない。だが、しだいにその大きさを感じ始めると、もはや無視することはできなくなる。つまり、今ではエアーブラシ加工したビキニ姿の女性が表紙を飾るゴシップ雑誌、ポルノまがいの広告、官能小説の露骨なシーン、あらゆることを開けっ広げに話すリアリティ番組、そういった攻撃を避けるのはもはや不可能といっていい。それらの狙いは、私たちには足りない部分や、手に入れていないものがあると感じさせることだ。それでも、それらが存在するのは、私たちがそれに注意を払うから、そしてもっと重要なことに、そういった性的にアピールする広告を使った商品を買うからだ。

一つの大きな影響は、そのせいで誰もが絶えず何か足りないと感じ、もっと何かを欲しくなり、要するに欲求不満になっていることだ。結果、抑圧的な感情を抱いたり、つのらせたりするケースもある。「どうして自分にはあんなものが手に入らないのか？　誰かが、または何かが、抑圧しているのだろうか？」と。

女性たちは「自分たちは対象化されていると感じる」と言うかもしれない。レイプ文化を永続させていると言う人もいるだろう。しかし、この種のメディアの多くが、実は女性により、女性のために作られているのだ。

フランスの短編映画「オプレスド・マジョリティ」［エレノア・プーレア監督のフランス短編映画。完全に女性優位の世界で、主人公の男性は子育てを担当。歩いていると女性からセクハラまがいの声をかけられ、挙句の果てに性的ないやがらせをされる……。監督がフランス語から英語の字幕をつけてネットで公開するとアメリアで爆発的に視聴された］で描かれるのは、男女が逆転した社会である。この映画には大変な反響があった。私たちのフェミニストの友人数人がソーシャルメディアに感想を投稿していた。その一つは、「暴力に対しては断固反対するものの、男は女と違い、数人の魅力的な女性から猥褻な行為を受けるのはイヤではない」という、男性からのコメントだった。彼にとってはそれはむしろ〝望ましい性的体験〟なのだとか。映画自体は滑稽さを狙っていたが、結局は、監督の女性が、いかに男性のことを理解していないかだけが浮き彫りになった。彼女は女優が演じる男たちの無神経ぶりと怠慢さを通して、男というものは女性に猥褻な行為をしてもかまわないと思い込んでいるとほのめかしていた。だが、それは大多数において男性のほうがより危険な仕事に就き、それにより女性を庇護し、そして間接的には女性の自由を守っていることを考えると、あまりに偏りすぎた見方だ（例として、イギリスでは全警察部隊の七四パーセントが男性のみで構成され、軍部隊の九〇パーセントが男性のみで成り立っている）。また、この監督が（男性の演じる）女性を弱くて無力な存在に描いているのも興味深い。いったい彼女は女性について何を言おうとしているのだろう？

そもそも男性に対する性差別については、どうして誰も話したがらないのだろう？　なぜ女性はオーラルセックスをしてくれないという理由で恋人を捨てることの是非について公の場で討論したり、年下の男性と寝るとどんなに力がみなぎるかを話したり、女性ドライバーによる女性客しか乗せないタクシー会社を作ったり、さらには男性にはもっと税金を払わせるべきだと提案したりすることさえ許されるのに、男性が同じことをするのは許されないのだろうか？　ダブルスタンダードというと、いつも女性側が損をする側であるかのように語られるが、新しいレンズを通して見ると、男性は少なくとも女性と同じくらいの頻度で割を食っている。

もし男性が「オプレスド・マジョリティ」の男性版を作ったなら、きっと、どんなに男性が〝経済的豊かさを与えてくれるモノ〟（女性が〝セックスのためのモノ〟だったように）として扱われ、どんなにセックス以外では好意的に身体に触れられることがなく、どんなに離婚後の子どもの親権争いで負けているか、といった男女間の敵意の裏面を見ることができるだろう。たぶん私たちは、アメリカではなぜ女性は兵士になる権利とともに、いざ召集されれば免除される特権も与えられているのに、男性はすべて一八歳の誕生日から三〇日以内に徴兵として登録し、もし戦争が起きたら戦わなくてはならないのだろうかと自問すべきなのだ（これはすべての一八歳以上の女性に、もし国にもっと多くの子どもが必要になったら出産するよう登録させるのと同じくらい性差別的だ。ナチス・ドイツは第二次世界大戦中にレーベンスボルン計画と呼ばれる、これによく似たことを行った）。イギリスでは強制的な徴兵制は一九六〇年に廃止されたが、それから数年間は、一八歳から二一歳の男性で高等教育機関に入学が決まっていない者には兵役が義務づけられていた。

男性が被害者のレイプは、日常生活でも報道においても、無視されるか、軽視されるか、ジョークの種にされがちだ。FBIは男性が被害者となった性的暴行事件については統計すら取っていない。あまりに情報が見つけにくいので、そんなことは起きていないと考えがちだ。でも、確実に起きている。レイプに関しては女性が一生のうちに被害報告をする率は男性のそれよりはるかに高いものの、レイプ以外の性的暴行事件に関しては男女がほぼ同じくらいの率（女性五・六パーセント、男性五・三パーセント）で被害を報告している。イギリスのマンカインド・イニシアティブ［DV撲滅をめざす団体］によると、家庭内暴力事件の五件に二件は男性が被害者だ。身の危険は女性のほうがより感じているものの、OECDの報告によると、事実、男性のほうがはるかに攻撃や暴力事件の被害に遭う危険にさらされている。

男性に対する性的暴行の大部分は、片想いの末に口説き、拒絶されたゲイの男性が加害者だった。もし男性の大多数が女性からの〝強制猥褻行為〟や〝無理強いされたセックス〟をレイプの定義に含めたなら、おそらくその数は膨れ上がるだろう。私たちはまた、男性の被害者は――加害者が男か女かに関係なく――女性に比べ、警察に報告して助けを求める可能性が低いという点も考慮に入れなくてはならない。ナショナル・コーリション・アゲンスト・ドメスティック・バイオレンス［アメリカのDV撲滅をめざす団体］はその理由をこう説明している。性的暴行の男性被害者になるという屈辱、マッチョなステレオタイプに反していると思われる恥ずかしさ、話を信じてもらえないかもしれない恐れ、被害者という立場を否定したい気持ち、社会や家族や友人からのサポートの欠如など、……少年の場合はさらに、恐怖、ゲイだと思われないかという不安、しっかりしていると思われたい願望、独立心などが加わる。

私たちはそのリストに羞恥も加えたい。少年が大人の男性にレイプされたケース（カトリック神父のスキャンダルなど）をのぞき、対男性性的暴行に反対する声を人々は上げたがらない――または、上げない。それはタブーだとさえ言われている。男性被害者が思い切って事実を打ち明けても、人々はそれに対しどう反応すればいいかがわからない。明確な法律もない。人々は勃起した男性が同時に被害者でもあるという事実を、どう考えればいいのかがわからないのだ。「もし彼も興奮したのなら、彼もやりたかったのでは？　違うかい？」と。

違う、と若い男優のアンドリュー・ベイリーは言う。彼は一三歳のときに女性教師にレイプされた痛ましくも強烈な体験をYouTubeに投稿している。その動画の最後に、彼はその出来事を

「爆笑もの」だと思うと言っている。なぜなら、そう考えるしかないからだそうだ。それ以外に彼には自分に起きたことを処理する方法がない。それはすべての思春期の少年のファンタジーだと考えられているのだから。

たとえレイプの間に女性被害者がオーガズムを得たとしても、レイプされたこと自体を否定されたりしないのに、なぜ男性の場合は違うのだろう？　もしベイリーの描写した状況が男女逆さまだったら、社会はもっと親身になって女子生徒を助けようとするだろう――彼の経験はシリアスさにおいて少しも劣っていないのにだ。男性たちに性体験歴について語らせると、彼らの実に多くが残念な状況で童貞を失っている。女性に無理やり体を押しつけられ、流れに任せるしかなかったと認める者もいるだろう。私たちはその女性をレイピストとは呼ばない。それが男性なら、レイピストと呼ぶ。

この種のダブルスタンダードを話題にするのは重要だ。なぜなら、もし私たちが性の本質の複雑さを認めず、どのように、そしてもっと大事なのは、なぜ性的暴力が起きるのかを正直に見つめなければ、私たちは社会に性のダークな部分を扱う態勢作りを期待できないからだ。特に若い男性は「ノー」と言うのは男らしくないと教えられ、嫌な相手から性的な誘いを受けたときの追い払い方も、性的暴行を受けたときにどうすればいいのかも教わらない。代わりに、女性からセックスの誘いがあれば常によろこんでお受けする準備ができているという社会的条件付けをされている。したがって、「オプレスド・マジョリティ」についての前出の男性のコメントに同意できる男性も多いだろうが、そうでない男性もまた多くいるのだ。加えて、もし被害者としての男性を否定すれば、たとえば配偶者虐待（言葉による暴力と身体的暴力の両方）やストーキングやハラスメントなどといった、男なら何とかできるはずだと思われたり、「男らしく物事を受け入れろ」などと言われかねない他の事件もないがしろにすることになる。

この状況は果たして改善できるのだろうか？ 同意や（行為の）許容範囲に関する法律を作ることは助けになるが、私たちは子どもたちに現実の同意や許容範囲がどういうものかを具体的に教える必要がある。単に一、この人物は同意を与えたがっているか？ 二、この人物には同意するかしないか判断する能力があるか？ という、標準的な二つの必要条件だけでなく。

女性たちが自分たちの抑圧されている分野を探し出して、それに対する社会の認識を高めようとするなら、同じように男性たちにも、表に出してはならないと感じている部分がどのようなところなのかを検証させなくてはならない。女性たちはまた、自分自身の偏見やダブルスタンダードや男性に対する逆性差別意識を探り出して自覚する必要がある。けっして単に女性の男性に対する性的暴行を責めようとしているわけでも、女性に対する性的暴行の重大性を弱めようとしているわけでもない。これは性的暴力を力を合わせて撲滅するために必要なコミュニケーションの道を、男女双方に発見させる手段なのだ。私たちの身体の限界に対するそのような侵害は、人間の尊厳に対する侵害なのだから。

多くの男たちも、ただ女性たちとは違った意味で、「男の役割」に縛られていると感じていながら、そのフラストレーションの原因を正確に突き止めることができないでいる。というのは、彼らは自分の感じている大変さや不安の源を追求するようには育てられていないからだ。一部の男性では、一定の条件のもとでこのフラストレーションが怒りに変わる。そして運悪くそれが沸点に達すると、女性に対し暴言を吐いたり、身体的または性的な暴力を振るったりする。個人の行いが、その個人のせいであることは間違いないが、同時に私たちは制度や状況が個人の行いにおよぼすパワーを甘く見るべきでない。私たちが女性の脆弱さだけを認め、本質的には男性が加害者で女性は被害者だと言い続ければ、どちらに対しても得にはならず、不公平を固定することになる。

相手を性の対象としてのみみなすことはレイプの必要条件だ。男性が女性をモノ扱いする理由の一つは、デートに誘うにしろ性的関係を求めるにしろ、アプローチするのはたいてい男性側だからだ。しかも、付き合い出したあとでさえ彼らはかなりの確率で拒絶されるのだが、もし相手をモノだと考えることができれば、それほど傷つかずにすむ。そのうち、彼らはイニシアティブを取らないあらゆる相手を侮蔑するようになる。だが、性的に対象化される側は、いったい自分の何に価値を見出されているのだろうかと自信喪失になりかねない。将来的には、恋愛やセックスにおいて主導権を握る女性が増えるにつれ、対象化や拒絶についての彼女たちの理解は深まり、同時に男性は女性たちが長い間不満だった被対象化や、拒絶の裏にある感情を理解し始めるだろう。他の立場逆転についても同じことが言える。稼ぎ頭の女性が増えることにより、男性が子どもと過ごす時間は長くなる。すべての人が真に解放されるためには、大きなスケールでの態度と行動の変化が必要だが、それには相手側はどんな感じなのかを実感させる、この種の変化が必要だ――ただ相手に自分を投影するだけでなく。

みんなのための正義？

二〇一三年、アメリカ司法長官のエリック・ホールダーは現行の刑事司法による解決方法では二一世紀の問題を克服するには十分でないと述べた。彼はアメリカの矯正システムの失敗について、アメリカ法曹協会の下院年次総会で以下のような意見を述べた。

国として、私たちは投獄について冷酷なほど有能です。一九八〇年から現在までにアメリカの総人口は約三分の一増えましたが、連邦刑務所の人口は八〇〇パーセント近い驚異的な伸びを見ました。しかも、すでに収容人数を四〇パーセント近く超えているにもかかわらず、今なお増え続けています。我が国の人口は世界総人口の五パーセントに過ぎませんが、囚人の数では世界の四分の一を占めています。現在、二一万九〇〇〇人以上の連邦受刑者が檻の中にいますが、そのうち半数近くがドラッグ関連犯罪による服役で、多くが物質使用障害を抱えています。九〇〇万から一〇〇〇万人以上が、毎年、アメリカの地方刑務所をぐるぐる回っています。そして元連邦受刑者のおよそ四〇パーセント、元州受刑者の六〇パーセント以上が出所後三年以内にふたたび逮捕されるか、保護観察を撤回されています……しばしば出所に付された条件の解釈間違い、またはマイナーな違反のせいで……。そろそろ、どうすれば私たちのコミュニティを強くし、若者を助けられるか、また、黒人やラテン系の若者が刑事司法制度に巻き込まれる（加害者としてだけでなく被害者としても）可能性が不均衡に高くなっている事実にどのように目を向けられるか、厳しい問いかけをすべき時期に来ています。

一九八〇年代の後半、アメリカでは司法の世界に男女差別がはびこっていることが発見された。同じような犯罪で有罪になった場合、どうも法廷は女性には男性より長い執行猶予期間を与えているようだった。この問題は司法当局により調査された。すると現実はもっとひどく、男性が実刑になるケースでも、女性は執行猶予付きになる傾向にあった。その上、実刑になった女性も男性とはまったく異なる環境に入っていた。ワレン・ファレルは『男性権力の神話――《男性差別》の可視化と撤廃のための学問』（作品社）に、以下のような一弁護士の言葉を引用している。

「女性の重犯罪者は州議会議事堂から数マイル東にある、元は学校だった施設に入れられます。男性の矯正施設は文字どおり監獄です。そこにあるのは独房、看守、独房棟のギャング……女性の施設はもとの用途そのままに学校だと感じられ、職員は更生と社会復帰を後押しします」

今日、カリフォルニア州の女子犯罪者計画事業（FOPS）は、女性の犯罪者に各種サービス、指導、自助療法を提供するジェンダー対応プログラムを立ち上げたとサイト上に宣言している。目的は彼女たちを更生させ、出所後の地域社会への復帰をよりスムースにすることにある。FOPSは目標の一つに、女性犯罪者を倫理的な組織化された環境で、品位と尊敬をもって扱うことを挙げている。加えて、職業訓練、学習プログラム、キャリア教育、実務教育、出所前ガイダンス、アートクラス、地域福祉プロジェクトの支援グループを提供する。この背後にある哲学は、市民の安全を強化しながら、女性の機会を増進し、女性受刑者の数を減少させることにある。男性に対する同様のプログラムはない。

このような問題はアメリカに限ったことではない。イギリスでも刑務所人口に占める女性の割合はわずか五パーセントで、その多くが六か月以下という非常に短い刑期にある。子どもの七パーセントが学齢期に父親が刑務所に入るという経験をすることになるが、こういった子どもたちは他の子どもたちの三倍の確率で心の問題を抱えたり、反社会的行動をとったりする。受刑者自身の七六パーセントが子ども時代には父親が不在であった。マイノリティが刑務所に送られる率はここでも不均衡に高い。イギリスの受刑者の一〇パーセントが黒人だが、総人口に黒人が占める割合は三パーセントにも満たない。

二〇一二年の下院議会で、フィル・デイヴィース議員は、司法の世界に見られる男女差別について、以下のように述べた。

司法省の数字によりますと、女性のほうが男性より保釈されやすいようです。……現在、拘留中の女性の六〇パーセントに一八歳以下の子どもがおり、一万七〇〇〇人の子どもが母親から引き離されてます。また、総数四〇〇〇人以上の女性受刑者のうち約七〇〇人が子どもから一六〇キロ以上離れた刑務所にいます。この状況が意味することを段階を追って説明させてください。まず、こういった母親たちを子どもから引き離しているのは国の制度ではありません。刑務所に入ったのは法を破った行動のせいですから、ほぼ一〇〇パーセント彼女たちのせいであり、彼女たちの責任です。……加えて、最近に見直された判決のガイドラインには、被告が誰かの第一介護者であるケースでは、被告の拘留が被介護者におよぼす影響を考慮するようにとの項目が折り込まれました。これもまた判決に際し、男性より女性のほうに有利に働きます。私たちがそんなにも女性犯罪者の子どものことを心配するなら、刑務所にいる父親から引き離されている推定一八万人の子どものことはどうなのでしょう？　この男女平等の時代に、この断然多い数字のことは気にしなくていいのでしょうか？　私たち男性はもっと、いや、少なくとも同じくらい怒るべきなのではないでしょうか？

囚人の四七パーセント――労働年齢の一般人の三倍――に何の就労資格もなく、わずか二七パーセントしか出所後に仕事に就けていないというのに、なぜ男性のためにはもっと社会復帰のためのプログラムがないのだろう？　囚人一人につき年間四万ポンドの費用がかかり、彼らの四分の一が過密状態の監房に押し込められ、再受刑率は四七パーセントにのぼっているというのに、受刑者を社会に復帰させ家族とふたたび結びつける努力がもっとなされないのは、まったく理にかなわない。将来ふたたび罪を犯すのを思いとどまらせるのは、受刑者の四〇パーセントが家族の支えだと言い、三六パーセントが子どもに会うことだと言っているのだからなおさらだ（面会者のいなかった受刑者の再犯率は三九パーセント高い）。刑務所の外に自分のことを大切に思ってくれる人がいることは、出所後の人生に非常に大きな違いを生んでいる。

男性受刑者が刑務所内で体験する性的暴行とその影響も忘れてはならない。ただのレイプだけでなく、集団レイプも多いのだが、彼らはアナルセックスを通してより簡単に広がるＨＩＶのような命にかかわる性病の感染に直面する。二〇一〇年の「アメリカン・ジャーナル・オブ・パブリック・ヘルス」誌に掲載された記事によると、受刑者のＨＩＶ感染率は一般のそれの四倍だ。同記事の執筆者たちは、性感染症の広がりを食い止めようとコンドームの自動販売機を設置し始めた少数の刑務所について調査している。

それよりもまず、刑務所内でのレイプを防ぐことにもっと対策が取られればいいのだが。

いわゆる賃金格差をなくす困難さ

男の賃金が高い理由の一つは、彼らの仕事のほうがはるかに危険だからだ……「ガラスの天井」が女たちを最も賃金の高い職から締め出す目に見えないバリアであるなら、「ガラスの地下室」は男たちを最も危険な仕事に押し込める、目に見えないバリアである。

——ワレン・ファレル

女性運動があれほどまで成功した理由の一つは、責任の平等は最小限に抑えて、権利の平等を強調したからだ。したがって、それは若い女性たちに「すべてを手に入れられる」という神話を吹き込んだのだが、それは彼女たちに、よく言っても誤解を招き、悪く言えばダメージを与えた。

平等な責任を軽くよけた結果、女性たちはトップ役員と同じ権利は欲したが、危険な肉体労働をしている男たちと同じ責任は欲しがらなかった。こういった男たちは私たちの目には触れないのだが、それは彼らの重労働に私たちが日々どんなに依存しているかを考えると皮肉だ。たとえば、今あなたが手にしているこの本やタブレットは、それぞれ、男性が大多数を占める非常に危険な産業——林業と鉱業——の製品だ。目にも明らかに男性が圧倒的に多い警察においても、毎年、職務中の死亡者数より自殺者数のほうが多い。

女性が高い地位に就こうとすれば男性の同僚からの抵抗にあうと言って男女差別的な環境を非難する人もいるが、最近の研究で明らかになったのは、専門職の場では雇用、給与、職業指導において、女性が同じくらい他の女性に対して差別的であるという傾向だった。

たとえば、「サイコロジカル・サイエンス」誌に発表された、オランダのある小規模な調査結果によれば、女性の同性に対する態度にはサポートと差別の両方が見られる。その調査をした研究者たちは、上級職にある婦人警官を対象に、その態度と女王蜂的行為〔ひとり勝ちを好み、若い女性の足を引っ張る〕について調査した。協力者の半数は職場で女性であることを不利であると感じたとき、または男女差別を感じたときの経験を書くよう言われ、残りの半数は、あくまで個人の能力が評価されていて男であるか女であるかは関係ないと感じた経験について書かされた。次に、両グループとも、まず自分のリーダーシップのスタイルについて、続いて自分が他の女性たちとどれほど同じだと感じるか、そして警察の中で性差別は問題かどうかについて書くよう指示された。

調査結果からは、彼女たちが職場でどんなに自分が女性であることを意識しているかが浮き彫りになった。女王蜂的行為が見られた人は、職場の他の女性たちに対してさほど親近感は覚えていなかったが、男女差別への感受性は強かった。彼女たちは男性型のリーダーシップをとる傾向にあり、自分は他の女性たちとは違うと自負していて、性差別を問題だとはとらえていなかった。対照的に他の女性たちに強い親近感を覚えていた人たちは、性差別にはやはり非常に敏感だったが、他の女性たちのメンターになりたいという強い思いに突き動かされていた。

この研究者たちは、もっと多くの女性をトップにしたいと考えている組織は、まず職場での性差別問題に取り組まねばならないと提言している。「組織内での性差別をそのままにして女性を高い役職に据えると、その人たちは自分自身を(部下の)女性グループから切り離さざるを得なくなる」と研究者のベル・ダークスは言っている。その他にも、性差別を軽視するか、部下の女性を助けることを控えてしまうだろうと。「女性たちをそんなふうに、自分のチャンスと女性グループのチャンスのどちらかを選ばなくてはならない立場に置くと、自分の方を選ぶ女性が出てくる。グループを選ぶ理由がどこにあるだろう？　男性はそんな選択はしなくていいのに」。

女性を危険な仕事に適合させる代わりに、危険な仕事のほうを女性に適合させるべきだと提案することにも問題がある。共同作業をする男女が、仕事の要求する内容に対して、二つの異なる――両立しない――心構えをもつ可能性があるからだ。また、前出のオランダの調査結果についてもう一つ考えられるのは、男女差別だと認識されているものが、実際には、仕事の要求――状況判断や、脅威に対し自ら進んで身体的に応える意欲など――を満たすために、長年にわたって従業員の間に広まってきた一般的な見方かもしれないということだ。女性が男性の同僚からの敵対意識だと感じるものは、実はその仕事に就いている者なら誰もが耐えなくてはならないリトマス試験なのかもしれない。ワレン・ファレルが指摘するように、同じ職場で働く仲間たちは、男女問わず、その人が土壇場でも逃げ出さないタフな人間かどうかを知りおく必要がある。

戦闘訓練では、男たちは命の軽視を要求される……その結果、どうなるか？　嫌がらせやシゴキは命の価値を切り下げる準備になる。それが男たちが互いにそういった行為をする理由なのだ。彼らは互いの個性を切り崩す。なぜなら、軍の機構はパーツが標準化されているときに最も効率が上がるからだ。だから〝男部隊〟の戦闘訓練ではシゴキや嫌がらせは前提となる。だが、〝女部隊〟でそんなことをすれば抗議されかねない。彼女たちは命の価値を認めたまま戦う。二つの部隊が物理的に離れている場合には、その差は大きな問題にはならない。しかし、同部隊では、男たちは女性も自分たちと同等だと言われる。それならと女性にシゴキや嫌がらせをすれば、彼らのキャリアはそこで終わる（しばしば家庭生活も崩壊する）。これにより、男たちはますます「女たちは両立しない二つのものを、両方とも手に入れようとする」という思いを強くする。

職業の中には常に大きな危険を伴うものがあるが、概してそういった職に多数の女性が就くことはない。したがって、起きるべき真の変化は、こういった産業をできるかぎり安全なものにするか、もしくは男性と女性が異なるスタンダードをもっているなら、男女を別のチームに分けることだ。男性に対する保護の不足は、本来ならその仕事が従業員にどんなに危険な状況を作り出しているのかを考えるべきなのに、彼らに傍目には意固地と映る態度を取らせてしまう。組織制度のパワーについての何十年にもおよぶ研究の結果、私たちはただ樽の中の「腐った林檎」(個人)に注目しても仕方ないことを知った。「樽」のほうを、つまり状況そのものを見るべきだ。それから、樽内の一人一人に影響をおよぼすシステムを作り、変え、終わらせる大きなパワーをもつ「樽の作り手」の分析にかからなくてはならない。

シンメトリーな男女関係はセクシーでない

女性運動はバランスのとれた女性を作り出したが、その運動に男性は付き合わなかったので、男女関係の力学にねじれができた。男性の問題はおおむね無視され軽視されてきたが、それは「男ならしっかりしろ」と言ってすむ問題ではない。男女の双方が、相手がどんなに無力感を覚えているかに真摯に目を向け、相手にその原因となっているものをすすんで探らせる必要がある。

アメリカではほとんどの男性役員の妻が家にいる。男性役員の八八パーセントは結婚しているが、女性役員では七〇パーセントにすぎない。男性役員の妻の六〇パーセントがフルタイムの仕事をしていないのとは対照的に、女性役員の夫で外でフルタイムの仕事をしていない人はわずか一〇パーセントだ。男性役員の子どもの数は平均二・二人、女性役員のそれは一・七人。女性役員の何人かは「私にも妻が必要」とコメントしながらも、それなら夫に専業主夫、子守り、料理人、家庭管理人、子どものための運転手になってほしいかと言われれば、そうではない。

心理学者のローリ・ゴットリーブは「ニューヨーク・タイムズ」紙に掲載した「対等な結婚ではセックスの回数は減る？」という記事の中で、なぜ結婚生活の責任を夫婦の間で対等に分担すると、プラクティカルではあっても、今のところ、よりよい性生活には結びつかないのか、その理由を説明した。ある調査では、男性は洗濯物をたたむとか、料理や掃除機をかけるといった、一種〝女性的な〟家事をすると、ゴミ出しや車の手入れのような〝男性的な〟家事をした場合に比べ、セックスの回数が減るという結果が出ている。また、伝統的な家事分担をしたときのほうが、少なくとも女性はセックスでより大きな満足感を得ている。

ゴットリーブは夫が家事の四〇パーセントをし、妻が世帯収入の四〇パーセントを稼いでいるときが、離婚のリスクが一番低いことにも言及している。さらに、彼は生体人類学者で人間行動の研究家でもあるヘレン・フィッシャーが行った二〇一三年の調査結果にも注目した。それによると、セックスの満足感に対する女性の期待は驚くほど変化しつつあり、「他のあらゆる点で理想的な相手だが性的には魅かれない相手と結婚または同棲をするか？」という質問に最も「はい」が少なかったのは、意外にも六〇歳以上の女性たちだった。

この記事はトレイシー・ムーアからの「平等がこの世で最大の性欲キラーだったとして、それがなんなの？」というコメントのようにかなりの反発を呼んだが、社会として私たちが現在どこにいるかを考えたコメンテーターは、いたとしてもごく少数だった。確かに大多数の女性がまだ伝統的な男性に魅かれているが、それでも彼女たちの目は今、違う役割を担っている男性を見ることに慣れつつある。男性がずっと女性をセックスの対象として見なしてきたように、女性もまた男性をずっと女として成功の対象（経済的豊かさを得るための手段）として見なしてきた。そのパラダイム［ある時代や分野における支配的な考え方］は変わりつつあるものの、長年にわたって守られてきた文化的認識が変わるには時間がかかる。従来〝男らしくない〟とされてきた何かを男性がしている場面を見れば、女性のほうも同じくらい性欲をそがれかねない。今の女性は子どものころ、「大きくなったら夫と子どもを養えるくらい、お金を稼ぎなさい」とは言われなかった……「稼いだお金は自分のためか、子どもがいれば子どものために使えばいい」と言われて大きくなった。したがって、女性たちは今なお男性をいい暮らしを与えてくれるモノとして見ているので、男性が女性的な役割を担うことは彼女たちの対象化にフィットしないのだ。

最終的には私たちが探すべきものは平等ではなくバランスなのかも知れない。それはどんなバランスだろう？　おそらく、まず60／40だの50／50だのといった分担の比率自体を捨て去り、互いの得意分野と苦手分野を責任とともにバランスよく分配する方法について共に考え、心を割って話し合うことから始めなくてはならないだろう。バランスの感覚は一人一人違うのだから、他の人たちにちょうどいいバランスや世間的なバランスにより脅かされたり不安にさせられる必要はない（家庭かキャリアかという女同士の戦争が、家庭内戦争に変わってはいけない）。あなたにとって一番いいバランスは他の人には必ずしも都合のいいものではなく、逆もまた真だからだ。これは政治的には正しくないかもしれないが、もしそれにより私たち皆が求めているのに捕まえられないでいる幸福と目的に近づくことができたなら、そんなことが問題だろうか？

15 経済の沈滞

大学を卒業するために大きな借金をする学生が、社会の変化について考えているとは思えない。借金の仕組みにはめられるとき、その人に考える時間的余裕はない。

――ノーム・チョムスキー、言語学者、社会政治批評家

今の若い人たちにとって、一ガロンのガソリン代、学費、家の値段は、彼らの親世代にあたるベビーブーマーの時代に比較し、とんでもなく不均衡に高くなっている。はたして一九九〇年代以降、教育費はインフレ率の数倍の率で高騰したが、PC、テレビ、おもちゃの値段はむしろ下がった。それでも、今、欧米で暮らすためのコストは景気低迷に突入する以前より高く、多くの人がただ生活していくためだけに多額の借金をしている。

株式投資アドバイザーのピーター・ブックヴァーは「仕事の数は減ったままなのに、純粋な生活費は空前の高さに戻った」と言っている。アメリカでは、人々は一般的に親たちより出世するチャンスはあるが、経済的リスクには、よりさらされていると感じている。

一九七〇年にはアメリカの新築住宅の平均価格は二万六六〇〇ドル〔約九五〇万円〕で、中間値の世帯所得は年間八七三〇ドル〔約三一〇万円〕だった。公立四年制大学の年間学費が平均四八〇ドル〔約一七万円〕で、私立大学は一九八〇ドル〔約七〇万円〕。一九七三年にはアメリカ人の七二パーセントを占めていた高卒またはそれ以下の学歴の人たちの大半に、成功して中産階級になる可能性はまだあった。高い勤労意欲があれば、学歴の低さはさほど大きな障害にはならなかった。当時はまだ製造業が巨大な存在だったからだ。続く数十年間に中流への道はしだいに閉ざされていったが、それはかつて国内の自給自足を誇りにしていた企業が経費削減に取り組み始め、とりわけ、人件費や福利厚生費の低さを求めて海外へのアウトソーシングを始めたからだった。このビジネスの再構築が起きていた間にも生活のコストは上がり続けたが、男性の賃金の中間値は停滞したままだった。

一九七一年には、イギリスの一人あたりの年間平均所得は約二〇〇〇ポンド〔約二〇〇万円〕で、家の平均価格は五六三二ポンド〔約五七〇万円〕だった。一九七八年には、製造業、鉱業、採石業の三つでイギリスの職の二六パーセントを占めていたが、現在ではわずか八パーセントである。同期間にサービス業はすべての職の六三パーセントから八三パーセントに急伸した。一方、稼ぎ手の中のトップ一パーセントの給与は一九七五年のスタート時点にもすでに高かったのだが、以来、一八九パーセントも増加した。これは平均的フルタイム従業員の給与の伸びの二倍近くだ。

一九九〇年には、アメリカの新築住宅の価格は一四万九八〇〇ドル〔約二一五〇万円〕に跳ね上がっていた。中間値の世帯収入は二万九九四三ドル〔約四三〇万円〕で、公立大学の年間学費は平均五六九三ドル（一九九一－一九九二学年度）〔約八〇万円〕、これは二〇年前の世帯所得に占める割合の三、四倍だ。

次の一五年間に「よい暮らし向き」はさらに視界の外へと消えていった。高卒またはそれ以下の学歴の人の割合は四一パーセントまで減少したが、労働人口は約七〇パーセント増加した。ということは、約二〇〇万の職が大学に行かなかった人にはもはや回らなくなった。今日にコマを早送りすると、先進国における正味の雇用増の大半が、少なくとも大学教育を必要とする職だ。低学歴の人たちが描く未来図は相当に暗いもので、低学歴の男性にとっては決定的に暗いものとなっている。高校を卒業していない男性のインフレ調整後の所得中間値は実際、一九六九年から現在までに六六パーセントも減少した。

一九六九年から二〇〇九年の間に、男性高校中退者の所得の中間値は三八パーセント、男性高卒者のそれは二六パーセント、大卒者のそれは二パーセント、それぞれ減少した。これらの数字は仕事のある人のみを対象にしていることを忘れてはならない。すべての学歴レベルで平均所得は中間値を上回っているが、これは、高額所得者層に収入の増加が集中していることを指し示している。しかし、二〇一〇年には、新築住宅の平均価格は二七万二九〇〇ドル［約二三〇〇万円］、世帯所得の中間値は四万九四四五ドル［約四二〇万円］。公立の四年制大学の学費は平均一万六三八四ドル［約一四〇万円］になった。今や、子どもを私立の小学校に通わせるコストのほうが、かつてハーバードやエール、スタンフォードなどの名門私立大学で学ぶのにかかっていたコストより高くなっている。バランスは制御不可能に陥った。

イギリスもさして変わらない。大学の学費が有料になった一九九八年には、その上限は年間一〇〇〇ポンド［約二〇万円］に定められていた。同年の平均所得は一万七四一四ポンド［約三七〇万円］で、住

アメリカ合衆国

1970年	大学の学費	世帯年間所得の5.5パーセント
	住宅価格	世帯年間所得の3.05倍
1991年	大学の学費	世帯年間所得の19パーセント
	住宅価格	世帯年間所得の5倍
2010年	大学の学費	世帯年間所得の33パーセント
	住宅価格	世帯年間所得の5.52倍

イギリス

1971年	大学の学費	無料
	住宅価格	平均年間賃金の2.82倍
1998年	大学の学費	平均年間賃金の6パーセント
	住宅価格	平均年間賃金の4.7倍
2014年	大学の学費	平均年間賃金の33パーセント
	住宅価格	平均年間賃金の10倍

宅の平均価格は八万一七七四ポンド〔約一七五〇万円〕だった。のちに、二〇〇四年には学費の上限は三〇〇〇ポンド〔約六〇万円〕になり、この一〇年間にさらに九〇〇〇ポンド〔約一五〇万円〕まで跳ね上がった。今日、イギリスの世帯は可処分所得の平均四分の一を家賃または住宅ローンの支払いに回している。二〇一四年には平均所得は二万六六五〇〇ポンド〔約四六〇万円〕で住宅の平均価格は二六万五〇〇〇ポンド〔約三七五〇万円〕、大学の年間学費は平均八六一〇ポンド（二〇一三年-二〇一四年度）〔約一五〇万円〕だった。

要するに、高校の卒業証書はもはや「夢の実現」へのパスポートではなくなったのだ。今では多くの人が、それも大卒やそれ以上の学歴をもつ人たちでさえ、山頂まで大石を押し上げてもすぐ麓に転がり落ちてしまうので永遠に押し上げ続けるしかないシシュフォス（ギリシャ神話）の人生に、自分のそれを重ねあわせている。

生活費の高騰が個人と社会の価値を引き下げている

この不景気の時代に、女性一人につき男性三人が職を失っている。生活費の高騰に加えて将来の展望も暗いとなれば、男性たちが家族というものを、頑張って働いたことに対する報酬ではなく、むしろ今よりさらに働かなければならない理由や重荷として見るようになったとしても不思議はない。多くの若者は、未来があまりに殺伐としているため、いったいどうすればいつか妻や子や家やまともな老後（年金付きの仕事に就けたとして）を手に入れることができるのだろうかと絶望している。

もはや夫婦のうち一人が働いた金でいい生活ができるなどという神話は信じられなくなった。また、イギリスでは「サンデー・タイムズ」紙のコラムニストのファーディナンド・マウント卿が著書 *Mind the Gap*（足元の隙間にお気をつけください）［ロンドンの地下鉄の有名なアナウンス］で指摘したように、社会階層のはしごを上るチャンスは誰にでも平等にあるというふりも、できなくなっている。

二〇世紀を通して、国際競争は私たちに縁故主義と年功による昇進をあきらめさせた。生き残るためには、優れた人材が見つかれば報い、昇進させる必要があった。結果的に新種のエリートが形成され、低い階級にはすぐれた才能の持ち主はいなくなった……今では人々は能力により類別されるので、必然的に階級差は広がった……さらに困ったことに、資本主義は引き続き労働者から、それも特に最底辺の労働者から技能を奪う傾向にある……資本主義は機械の仕事を複雑化し、人間の仕事を単純化することにより、効率を上げる方法を常に発見し続けている。したがって、計算し、判定し、見積もりを立て、組み合わせるといった仕事はすべてコンピューターに任せ、その間、人間はいくつかのボタンを押すだけでよくなった。

このように業務が肉体的にきつくなくなれば、過去にはとうてい無理だった分野にも女性が進出できるようになる。だが、それには肉体的な強靭さと辛抱強さが最大の売りだった下層階級の男たちの買い手が減るというマイナス面もある。それに則して、男性のプライドと有用意識は縮小する。私たちは気詰まりながら、男にとっては製鉄所や炭鉱で一生働くほうが、スーパーマーケットで棚に品物を積む短期の契約仕事をつなげていくよりも好ましい人生だということに気づいている。

この、以前には複雑だった仕事の単純化が、賃金が上がらない理由の一つだ。「私たちは深さにおいては過去の産業革命に少しも劣らない情報革命の時代を生きている世代だ」と心理学者のメアリー・レーガンは言うが、情報革命は産業革命よりはるかに多くの人々から目的意識を奪っている。くしくも私たちの調査に協力した二六歳のある男性は「ミレニアル世代は今の予測不能な経済の只中にあって、チャンスの少なさからくる高い失業率に苦しんできた。私たちは途方にくれ、見捨てられていると感じている。メディアでは社会計画や高齢者の就職についての議論はさかんだが、取り残されている私たち二〇代から三〇代の若者にはほとんど、またはまったく、意識が向けられていない」と嘆いていた。

マウント卿は二〇〇三年の教育白書を参照している。それには、単純労働者の家庭の子どもが大学に行く可能性は、専門職の親をもつ子どもの五分の一であり、「イギリスでは学業での成功が他のどの国よりも社会階級により決定されている」とあった。とはいえ、不利な条件の子どもがGCSEに合格する率は、学校により六〇パーセントから二〇パーセントまで大きなばらつきがあるので、現在もまだ改善の余地はある。

だが、若者がさらに上の教育を望み、一生懸命勉強したとしても、その先には間違いなく高い学費という厳しい現実が待っている。

男の数式

おもしろい方程式［次頁］がネット上を駆け巡った。悲しいことに、多くの若い男性が同じ結論に至っている。

価値の低い学位のために巨額の借金を背負った多くの学生は、卒業を目前にして初めて雇用市場の現実を知る。まともな仕事は彼らを待っていないし、自分の卒業証書は成功のための確かなパスポートではない。頑張れば何にでもなれると言われてきた若者たちが、一世代丸ごと大量の失業者となってゴミ捨て場に放り込まれ、ただ食べていくためだけに「キューブ・ファーム」

1. 女は時間と金を食う。よって

$$\text{Woman} = \text{Time} \times \text{Money}$$

2. 「タイム・イズ・マネー」、よって

$$\text{Time} = \text{Money}$$

3. よって

$$\text{Woman} = \text{Money} \times \text{Money}$$

$$\text{Woman} = (\text{Money})^2$$

4. 「金がすべての問題の根源」

$$\text{Money} = \sqrt{\text{Problems}}$$

5. よって

$$\text{Woman} = \left(\sqrt{\text{Problems}}\right)^2$$

$$\text{Woman} = \text{Problems}$$

A+

［簡単な間仕切りで一人ずつを仕切ったオフィス］の仕事に甘んじる羽目になる。

ときにプレッシャーは大きくなりすぎる。その極端な例は日本に見られ、草食系の男性を意味する「ソウショクダンシ」に加え、家を、それもたいていは両親の家を一歩も出ない「ヒキコモリ」と呼ばれる男性たちを生み出している。中国にも「ディアオス」と呼ばれる独自のカテゴリーに属する男たちがいる。この言葉は〝陰毛〟と直訳できる。ディアオスは労働者階級の出身で、多くはテクノロジー産業の職に就いているが、社交術に欠け、もてる時間のほとんどをゲームに費やしている。彼らの賃金は普通だが、「ガオフーシュイ」（背が高く、金持ちでハンサムなボンボン）に対し強い劣等感を抱いていて、ヒエラルキーを上ることについては悲観的になっている。このような自分たち自身でレッテルを貼ってグループ分けしている現象は、厳しい経済状態の中で彼らの多くが覚えている無力感を反映している。世界中で普通の男性が成功することがますます困難になっているのだ。

いつかは一家の大黒柱になれるという現実的な可能性がない今、若い男性たちはこの先に待っている落伍者の心理に折り合いをつけなければならない。アルファ・メールになれないなら、どんな新しい役割が彼らを待っているのだろう?

個々人だけでなく国家規模ですぐにでも解決法を見い出さない限り、地球規模でこの世は多くの若い男性にとって淋しい、とてつもなく悲しい場所になる。

PART 3
解決法

16 政府ができること

世界中で今や人々は自国政府よりむしろソーシャルメディアを信用し、政府への信頼度は史上最低レベルになっている。人々は発案し、ネットワーク作りをし、アクションを起こすにあたり、ますます政府よりも企業やＮＧＯを頼るようになっているが、それは政府では不可能か、のってもらえないか、または時間がかかりすぎるからだ。政府はこれまで市民を引きつけておくのにインターネットを効果的に活用してこなかった。たとえば、イギリス政府のツイッターTwitter Gov.ukのフォロワーは二五万人にも満たないが、実業界の大物リチャード・ブランソン卿には五〇〇万人近く、マイクロソフト社の創設者ビル・ゲイツには一八〇〇万人のフォロワーがいる。アメリカでは、ビルとメリンダ・ゲイツ夫妻が自らの財団を通して「ポストセカンダリー・サクセス」といった教育改革事業に資金供給をしているが、それは政府がその分野にあまり良い結果を生み出していないからだ。

次に述べるいくつかの提案は、経費削減、社会的結合の増進、市民の安全と健康の向上を目的としている。これらは個人の行動や外部組織の支援によっても成し遂げられるが、政策の変更によりはるかに早く達成できるだろう。私たちはもっと多くの「樽の作り手」、つまり社会の外からシステムを変えることができる人々に、この問題についての認識を高め、長期的な解決法に取り組んでほしいと願っている。

父親の役割を支援

イギリスの社会正義センターが行った二〇一二年の調査によると、「私たちの壊れた社会を修復したいと少しでも望むなら、まず家族や子育てに着手すべきである」に八九パーセントの人が賛成した（そのうち五二パーセントは大いに賛成）。八一パーセントが子どもは両親とともに育つべきだと考え、九五パーセントが父親は子どもの健康な成長に重要だと確信していた。離婚や親権争いにおいて子どもの生活に父親が存在する権利を強化する政策、両親が別居するほうが得になる扶助金の廃止、男性に女性の産休と同じだけの育休を提供、男性受刑者への家族の訪問の奨励などは、すべて確実に正しい方向へのステップになるだろう。

また、全国規模での男性メンターシップ・プログラムに資金援助すれば、特にシングルマザーが増えている今、子どもたちの生活にもっとポジティブな男性像がもたらされるだろう。それとは別に、大量の失業中のシングルマザーの問題にも取り組む必要がある。失業中のシングルペアレントについての報告をまとめたシンクタンク「ポリシー・イクスチェンジ」のマシュー・ティンズズレーは、「政策立案者は失業中のシングルペアレントの就活をもっと支援すべきだ」と結論している。だが、「政府が無料保育を拡大することも正しい」「人々にもっと就活に励むよう要求することも正しい」とも言っている。失業の減少を助けることはただイギリス経済を活気づけるだけでなく、社会福祉予算の削減にもつながるだろう。

小学校にもっと男性教諭を

イギリスでは男性は教師全体の五人に一人にも満たない。女性にもっと科学やテクノロジー系のキャリアをめざさせ、政界や民間企業の高い役職に就くよう促して、男女比のバランスの悪さを是正しようとしている人は多い。それ自体は大変すばらしいが、男女比のアンバランスを修正するためには、男性がもっと教育や社会科学系の職に就くよう、同様の努力がなされるべきだ。過去二年間に教育庁は男性にそういった職業を選ぶよう、以前にも増して促しているが、男女を問わず質のいい教師を手に入れるにはさらに大きな尽力が必要だ。

学校からジャンクフードを追放

心臓病、脳梗塞、2型糖尿病、ある種の癌といった肥満に関連した疾患は、避けられる死因の代表的なものだ――こういった病気での死亡が非常に多い男性にとっては特にそうだ。肥満の人の推定年間医療費は、標準体重の人よりはるかに高い。子ども時代の食習慣が死ぬまで続く傾向にあることははっきりしているので、肥満傾向を逆転させる明らかな方法の一つは、学校が提供する飲食物の選択を改良することである。

すでに実行されている好例としては、メイン州バーバラ・ブッシュこども病院の「キッズＣＯ－ＯＰ」〔小児臨床転帰福祉科〕の「レッツ・ゴー！」という子どもの肥満を防ぐ取り組みの中で行われている「５２１０」というプログラムがあげられる。それは全国的に知られている、実際に効果の上がった肥満防止プログラムで、一日に野菜と果物を五皿、娯楽目的で画面を見る時間は二時間以下、身体活動を一時間以上、砂糖入りドリンクはゼロ杯という「５－２－１－０」のダイエット法だ（letsgo.org）。

イギリスのいくつかの学校は、通常の自動販売機をオーガニック・低糖・添加物フリーのドリンクや食べ物の「グリーン・マシーン」に替えることで、健康的な食べものに手が届きやすくした。とはいえ、より健康的な食生活を実現させるには大々的な努力が必要だ。

政府は学校にもっと水飲み場を設置させ、学校と住宅地の間に自転車専用車線や遊歩道を設ける都市計画をサポートすべきだ。運動と食事の両面で健康的な選択がしやすいようにしておけば、都市の住民の肥満率を低く抑えることができる。人々のライフスタイルを具体的に変える社会的基準を設ければ、つまり、さまざまな状況で組織的な支援があれば、市民は間違いなく恩恵を受ける。

学生に先々の人生に備えさせる

経済的観点から見れば、論理ははっきりしている。格差を縮め、成功度の差を未然に防ぐために、私たちは早めに投資することができる。または、のちのち改善がより難しく、より高くつくようになってから投資することもできる。どちらにしろ金はかかる。そして、どちらの場合も、しばらくの間、払い続けなくてはならないだろう。しかし、二つのアプローチの間には重大な違いがある。早目に投資すれば、私たちは未来を形作ることができる。のちの投資は、私たちを過去に失われた好機の修正に縛り付ける。

――ジェームズ・J・ヘックマン、シカゴ大学経済学部
ヘンリー・シュルツ特別教授、ノーベル経済学賞受賞

子どもの人生の可能性は受けた教育の質に大きく左右される……OECD諸国で最も効果を上げている教育制度は、いずれも質の高さと公平さを組み合わせたものだ。そのような教育システムのもとでは、学生の大多数が、個人の社会経済的バックグラウンドよりもむしろ能力とやる気により高いレベルの技術と知識を得ることができる……教育の公平性への投資がもたらす利益は、個人と社会の両方にかけるコストを上回る……特に、その投資が早い時期に行われれば。

――ＯＥＣＤ「教育の公平性と質」

高校を含む中等後教育の間も生徒に勉強に対する興味を失わさせず、やる気を持続させるには、学校自体が小学校のレベルから、子どもたちが家庭環境に関係なく教育と訓練の恩恵を十分に受けられるよう改良される必要がある。

ＯＥＣＤは、学校の公平性は教師や運営管理者たちの質によると表明している。ＰＩＳＡテストの結果が向上しているブラジル、日本、ポーランドといった国々では、教職資格取得条件を厳しくしたり、優秀な教師の流出を防いで教職を魅力あるものにするために教師の給与を引き上げたり、将来有望な学生に教職を選ぶようインセンティブを提供したり、また現職の教師には研修への参加に対し奨励金を出したりといった、教師のクオリティを高める方策が打ち出されている。しかし、高い給与は、一人一人の教師の存在と技量が最大の効果を生み出す学校への配属と組み合わさって、初めて意味がある。

生徒たちが高校卒業後にどうなったかが、個々の高校の成功を図る一つのものさしになる。もし学校や教師が、高校をきちんと卒業して大学進学や資格の取得に進んだ生徒の数を増やしたことで報酬を得られたなら、優秀な人材が教師になって長くその職に留まるだろうし、授業の内容や質も変わってくるだろう。現在のところ、受け持った生徒の卒業後の進路により教師に報酬を与えている学校はあったとしてもごく少数だ。

同じ報酬モデルを刑務所でも採用する必要がある。担当する棟の受刑者たちの生活態度が良好、トラブルがない、仮釈放された、出所後に再び犯罪を起こさなかった、といったケースで看守にボーナスや特別有給休暇などの報酬を与えるといい。

政府は学校に就労環境やメンターシップ・プログラム(次の項で詳しく紹介)を組み込むことに加え、高校生を対象にキャリアカウンセリングのプログラムを導入することもできる。多くの大学にこういったプログラムがあるが、学生たちは自分の将来に差し迫った状態で直面する前に、未来のオプションについてもっと多くの情報を必要としている。今のカウンセラーと生徒の割合(中学高校では生徒五〇〇人にカウンセラー一人)では、生徒たちの現在と未来の幸福にたいした役には立てない。彼らの人生にとって決定的に重要なこの時期により多くのガイダンスを与えることは、彼らが先々、障害を乗り越えて教育を継続するための効果的な助けになる。なぜなら、それにより彼らは自分の選択肢を実感し、自身のゴールを達成するためにはどんなステップが必要かを理解するからだ。

性教育も大々的な改革を必要としている。フィラデルフィア芸術大学人文科学メディア学科のカミール・パーリア教授は、学校の性教育プログラムが男女の違いを無視し続ければ、「男子と女子の両方をだますことになる」と言っている。妊娠や、知らないうちに性病に感染して将来の受胎能力が損なわれるリスクのせいで、気軽なセックスにより失うものは女子のほうが男子よりはるかに大きい。したがってパーリアは、男子にはセックスに関する基本的な倫理道徳を教え、女子には男子にセックスをさせることと男子に好かれることの違いを教えるよう勧めている。

まったく同感だ。子どもたちに安全で責任感あるドライバーになるよう車の運転を教えるのに、運転と同じくらい健康と安全に深く関わってくるセックスについては役立つことを何も教えないというのでは、あまりに無責任だ。

親も子も変わる準備はできているのだから、この非常に重大な問題への取り組みを避ける言い訳はできない。たとえ純潔主義のプログラムを推し進めているコミュニティにあっても、若者たちにコンドームを使わないセックスのリスクと責任についてきちんと話すことは必要だ。

性教育の授業では、客観的で考えのかたよらない有資格の保健教師に、以下のようなトピックを取り上げさせるといい。

- 自身の許容範囲や安全なセックス、仲間からのプレッシャー、よくある恋愛問題などについてのコミュニケーションの取り方。
- セックスを始める準備ができているかどうかは、どうすればわかるか。
- 禁欲、妊娠の予防、さまざまな避妊方法の具体的な利用方法。
- 恋人に対する（精神的、肉体的）虐待や性的虐待の防止。
- 結婚前に将来の伴侶にすべき質問。
- 乳がん、卵巣がん、精巣がんの発見方法。
- 受胎能力と年齢。
- 生殖と妊娠。
- さまざまな性行為と性感染症リスクの関係。

- サイバーセックス［ネット上の疑似セックス］とセクスティング［性的なメッセージや写真を携帯メールで送る］に関連した法律とプライバシーの問題。
- 男女別に、思春期に何が起きるか。
- 詳細な生体構造と生理学。
- 親密さのポジティブな面と健康効果。
- 同性愛とＬＧＢＴＱ［性的マイノリティ］についての情報。
- メディア、テレビのバラエティ番組、オンラインポルノ上の親密さと恋愛についての間違った描写について、批判的な討論。
- 親密さと性に関連した基本的なライフスキル［ＷＨＯによる「ライフスキル」の定義――日常のさまざまな問題や要求に対し、より建設的かつ効果的に対処するために必要な能力］。

私たちが話をしたイギリスの学生たちは、このトピックに同意した。彼らの大多数が性教育は低い学年から始めて毎年継続的に行うべきだとの考えに賛成していた。性教育はたいてい、彼らが性的にアクティブになり、最も多くの疑問を抱えたときになくなっていったと感じていた。彼らにとって最も重要な時期は一四歳から一五歳にかけてだった。また性教育はもっとくだけた雰囲気の中で、少人数のグループで行われるべきだと考えていた。そのほうが各問題について真剣に考え、よりオープンに話し合うことができるからだそうだ。性教育は男女別に行ってほしいと言う人たちもいれば、その必要はないと言う人たちもいた。まず男女いっしょに性教育の授業を受けたあとで、男女を別々にして、それぞれにプロフェッショナルな保健教師による匿名の質問タイムを設けるという素晴らしい提案もあった。イギリスをベースとした「RAPプロジェクト」は急速に広まりつつある。RAP（Raising Awareness and Prevention）は専門の講師による多様なプレゼンテーションやワークショップを提供していて、そこではいかにポルノやメディアがセックスやボディ・イメージに対する態度に影響をおよぼしているかについて討論が行われている（詳しくはtherapproject.co.ukを参照）。

こういった総合的な性教育を受ける前の年齢の子どもには、人により我慢できる範囲は違うことや、相手の気持ちに寄り添うことの大切さを教えられる。ロンドンのミドルセックス大学心理学科のミランダ・ホーヴァス教授は、子どもたちがオンラインポルノに出会う前にそういった教えを受けることは大事だと言っている。「もし子どもたちが五、六歳のときから、人は平等であることや、自分以外の人を敬うことを学び始めれば、一〇代になってポルノに出会ったときに、ポルノの中に尊敬や感情が欠落していることを見抜き、理解するでしょう。与えられたものをうまく扱える準備が整っているからです」。

政府が性教育や避妊教育の改善をサポートすべき別の理由は、医療費の軽減と、若いシングルマザーの失業率を引き下げることにある。イギリスの保健省によると「避妊に一ポンド使えば、他の医療費を一一ポンド節約できる」とか。一〇代で最初の子どもを出産したシングルマザーの半数以上が無職または失業中で仕事を探している。二〇歳〜二三歳で第一子を出産したシングルマザーでは四〇パーセント、三〇代前半で出産した場合は一九パーセントが同カテゴリーに属している。

歴史は何もしないで傍観している者たちにはけっしてやさしくない。多くの大惨事が、もし予防手段が講じられていれば避けられただろう。上記のような解決策は現在と未来の世代に等しくポジティブで長期的な好影響をもたらすだろうから、投資し、導入する価値がある。実現に向け、個人と政府の両方にそれぞれの役目を果たしてほしいと願っている。

17 学校ができること

現在の教育制度が破綻していることは疑いようがない。ハーバード大学の「繁栄への道プロジェクト」は、現行の制度を変えなければ「確実に社会の構造は侵食されていくだろう」と警告している。すでに述べたように、今の一〇代や二〇代前半の若者たち、それも特に低所得家族の出身者は、一〇年前に比べて就職できる可能性も、働く経験を得る可能性も低くなっている。経済格差は広がっている。もし今日の若者に将来ぶつかるであろう困難に対処する準備が整っていなければ、高い生活費にともない彼らの社会的地位が急降下するにつれ、好機があまりに少ないので、怒りはいや増すばかりだろう。彼らが社会に課すコストもまた増大する。一番困るのは、社会に対する彼らの分担金（税金など）の多くが徴収できなくなることだ。

もし若者に直接キャリアに結びつく技能を身につけてほしいと願うなら、今のところ最も有効なアプローチは、質の高い職業訓練プログラムを立ち上げることだ。そうすれば若者はスクーリングの合間に、実際の職場や、彼らにも解決できる問題を体験することができる。北欧や中欧の多くの国で、生徒たちは一四、一五歳になれば、こういった融合プログラムに送り込まれている。

担当した教師たちによると、地域の店や企業とコラボした授業は、生徒たちに理論の裏にある理由を見せ、結果的に彼らはより熱心に授業を受けるようになったそうだ。こういったプログラムは、生徒たちに授業と職業訓練の両方にやる気を起こさせるのにきわめて有効だ。こういった設定はまた、生徒たちの思春期から大人への移行をも、よりスムースにしている。

生活技能を身につける

イギリスで私たちが行った調査では、「今までにはない授業で、学校にあればいいなと思うのはどんな授業ですか?」という質問に、一〇代の生徒の三分の一近くが「生活技能《ライフスキル》」を提案した。それには、個人のお金の管理、仕事への適切な応募方法と面接についてのアドバイス、大人の責任や人生の変化(近親者の死など)への対処方法などが含まれる。大学生の何人かは、その年齢になってもまだ簡単な予算を立てることも、銀行口座のお金の流れを把握しておくこともできないでいることが恥ずかしいと言った。ある学生は「その手の授業がないことも、若者が親の家から出て行かない理由の一つかもしれない」とさえ言った。それは彼らに共通した感覚のようだ。だったら、教えようではないか。

実用的な生活技能の授業を既存のカリキュラムに組み込むことは、突拍子もない夢ではない。こういったアイデアはすでに多くのプログラムの中で実行されていて、モンテッソーリ教育とウォルドフ教育(日本ではシュタイナーと呼ばれている)はともに、世界中ですべての年齢の生徒に調和のとれたカリキュラムを提供する学びの施設を展開している。たとえばモンテッソーリ教育は、社会におけるテクノロジーの発達とともに、独立心、適度な自由、子どもの自然な心の発達の尊重に重きを置いている。

公立校の中にも授業方法を革新的に変えているところがある。「レース・トゥ・ノーウェア」というドキュメンタリー映画では、オレゴン州のある小学校が宿題を禁止したところ、子どもたちが以前より多くを学び、テストで良い成績を取り始めたことが紹介された。すると他の学校も見習い始めた。詳しくはracetonowhere.comを参照。

他の方法としては、ジェンダーブラインド（男女の役割についての社会的通念にとらわれない）ではなく、ジェンダースペシフィック（それぞれの性に特化した）な授業や課題を勧めたい。たとえば、男子は女子が読むような本は読みたがらない。また、女子は男子のいないクラスでのほうがよく学べるが、それは女子だけのクラスでは、女子であることをそれほど意識しなくてすむからだ。「ブリティッシュ教育心理学ジャーナル」誌に掲載されたある無作為な研究によれば、女子だけのクラスで物理を選択した女子生徒は、共学のクラスで選択した女生徒ほど「物理は男子の科目」だと考えない。

もう一つ、「プロジェクト・リード・ザ・ウェイ」というアメリカの非営利組織は、小学校から高校レベルまで数々の学校と連携して、生徒がいずれキャリアで成功するよう、科学や工学で役立つ知識や技術を学ばせるプロジェクト・ベースの学習法を教師たちに提供している。

学校は実世界の問題を受け入れ、さらに教師たちはゲーム産業を見習って、学習のプロセスを楽しくて報われるものにするといい。

双方向性学習のために最新テクノロジーを利用

テクノロジーは力強く、子どもたちは情報が伝わる速いペースに慣れつつある。今日の児童や生徒が以前には必要としなかった新しい方法による刺激を必要としているのは疑いようがない。「機械は触媒だ」と言ったのはハーバード大学のクリス・ディード教授だ。すでに多くの教師が学習効果を上げるためにテクノロジーを授業に組み込みつつある。大学教授の中にはオンラインフォーラムを活用して授業でのトピックについて議論したり、課題を出したりし（しばしばパワーポイントを使ったプレゼンテーションの形で）、授業時間はあやふやな部分の明瞭化と討論に使う人たちもいる。このような方法は、昔ながらの堅苦しい授業方法より効果的で、学生たちを引きつけておくのに有効なことが証明されている。

成績のインフレを止める

成績のインフレもまた、教育関係者が本気で取り組まなくてはならない問題だ。誰も彼もがトップグレードに値するわけではないし、生徒や学生に「きみは特別だ」と言ったことが、特に長期的には裏目に出ることも多い。心理学者たちは、勉強の苦手な生徒や学生に対し、成績を上げようとして自尊心をくすぐるような励ましをすると、事実、彼らの自信は高止まりしたままで、成績はいっそう下がることを発見している。学生たちはどうすればもっと効果的に勉強できるか、どうすればぐずぐずと先送りにする習慣を克服できるか、どうすれば時間を有効に使えるか、どうすれば勉強や仕事で他の人とうまく協力できるかを学ぶ必要があり、そして究極的には、集中し頑張れば報われることを知る必要がある。彼らの心を鼓舞する話をしてくれる人物や、さらに重要なのは、目標を達成するために自身が歩んだ道のりについて語ってくれる講演者を招くといい。

学校には学校の役割があるとはいえ、政策決定者、運営管理者、両親、生徒や学生自身の協力なくしては必要なすべての目標を達成することはできない。特に親たちは公平な教師をサポートし、子どもたちに成人後の人生にしっかり備えさせることで、自身の役割を果たすことができる。

18 両親にできること

壊れた男を治すより、強い子どもを育てるほうが簡単だ。

――フレデリック・ダグラス、アフリカ系アメリカ人の社会改革家、奴隷解放運動のリーダー

あなたが子どもを育てなくて、誰が育てる？　必要な変化の大部分は親たちによりもたらされなくてはならない。親が子どもに対しもっと厳しく限界を設け、これまで以上にガイダンスを与えるべきときが来ている。習慣になったデジタル系刺激のスイッチを切り、息子の創造性のスイッチを入れなさい。もしあなたの息子がＡＤＨＤなどの診断を受けたなら、まず薬物療法以外の道を探りなさい。あなたの息子に合わない治療計画に彼を適合させようとする代わりに、彼に合う治療計画を発見しなさい。場合によっては普通より一年遅れで学校に入学させ、学校嫌いにさせるかわりに学校を好きにさせなさい。冒険物語や彼が実際に好きなテーマの本を与えて、読書をうながしなさい。あなた自身が息子の良いロールモデルになるか、または息子のために良いロー

ルモデルやメンターを見つけてやりなさい。彼に自分が男らしいと感じられるポジティブな体験を与えると同時に、人間としての彼のユニークな特質を伸ばすよう導きなさい。

娘には好きな男の子を自分からデートに誘っていいのだと教えなさい。息子には女の子からの誘いを受けるのは恥ずかしいことではないと教えなさい。最近、私たちに「心からの褒め言葉を女子から聞くことはまずない。もしそんなことが起きたら、反対に疑り深くなって、ぼくに何かしてほしいのか、それとも何かを売りつけようとしているのではないかと思ってしまう」と打ち明けた少年がいた。子どもたちがこんなふうに条件付けされているのは正しくない。このような考え方に慣れると、いずれ彼らは孤独感と異性に対する不信感を抱くことになるからだ。子どものころから女の子には自分が欲しいものを欲しいとはっきり言うことによって自信をつけさせ、男の子には女の子によるリードを快適に感じさせることは、男女の間に信用、コミュニケーション、信頼を打ち立てる非常にシンプルな方法だ。

責任感と回復力は子どもの強さの二本柱

公平であることは重要だが、単に男の子であるという理由だけで息子を罰するのは公平でない。頭脳明晰なハーバード大学男子学生の卒業後の人生を数十年にわたって集めて分析した結果、ジョージ・ヴァイラント教授は一つの結論に達した。それは「息子がちょうど悲しみや激しい怒りや喜びといった感情を理解し始めたときに不良扱いする代わりに大目に見てやって、彼らの気持ちを〝包み込む〟両親をもつことは、彼らの将来に天と地ほどの違いをもたらす」というものだった。子どもに自由を与えることの一つの側面は、それにより彼らが大人からの最小限の監視のもとで、自らの感情を経験し探検できることだ。「アトランティック」誌に掲載された「過保護な子ども」という記事の中に、ハナ・ロズィンはウェールズにある「ランド」と呼ばれるアドベンチャー広場を訪問したときのことを書いている。子どもたちは積み上げられた古いマットレスの上でジャンプし、火をつけ、木の荷台で砦を築いたりしながら、他の子どもたちとの意見の違いを自分たちで調整し、どうすればいっしょに遊べるかを学んでいた。ランドには二人の大人――訓練を受けた遊びの監督――がいたが、彼らが干渉することはほとんどなかった。その必要がなかったのだ。潜在的な危険はあったものの、膝の小さなかすり傷が少しあった以外に、怪我をした子どもはいなかった。けっして大人たちは怠慢なわけではなく、大きな事故が起きないよう常に子どもたちから目を離さないでいたのだが、むしろ子どもたちは、うまくいっていないときにこそ素早く何かを学んでいた。ロズィンは、両親が子どもの生活のすべての面をお膳立てするのをやめたなら、子どもたちははるかに楽に自信や勇気や想像力や批判的思考を身につけるだろうと言っている。ランドのような環境では子どもたちは自分たちで遊びを考え出すが、しばしば危険に感じられる障害を乗り越えることが要求される。そこで彼らは自分はか弱くはなく、むしろ立ち直りの早い強い存在であることを知り、身の危険や、他の子どもとの関係における危うい状況を切り抜ける方法を学ぶ。それは絶え間なく親たちが口をはさむ不毛な遊び場では、けっして発見できない。

回復力は責任感とワンセットになっている。私たちの調査で五〇歳以上の男性は、若い世代の男性に欠けている最も重要な部分として責任感の強さをあげていた。ある年配の男性は言っていた。「親は息子がティーンエイジャーになれば、お金の管理と政治についてくらい教えるべきだ……息子に家族やスポーツチームや友達といったグループのための大事な用事——たとえば、行事に必要な道具の購入など——を頻繁に与えなさい。また、子どもには公共交通手段の使い方を教え、学校からバスや電車で帰らせなさい。彼らに何らかの責任をもたせなさい」と。

同時に、息子が自分の責任を果たさなかったのに口先だけの褒め言葉をかけたり、ただ参加しただけで「参加賞メダル」を与えたりするのはやめなさい。達成感こそが人に学んで上達して成功するモチベーションを与え、新しいことを試させ、新しいスキルをマスターしようという気を起こさせる。結果の質に関係なく褒められると、子どもはもっと頑張ろうという気をなくす。同様に、子どもは何かを素晴らしく上手くやれたときに、そうでもない子が同じような称賛を受けているのを目にすると、大人たちの評価に対し疑り深くなる。子どもが必要としているのは、自分が上手にやっている部分やもっと上手くなれると感じている部分に対する明確で具体的な褒め言葉だ。彼らは心理学者のキャロル・ドゥウェックが呼ぶところの、子どもの勤勉さを褒めて、能力を伸ばすよう励ます「成長型マインドセット」を必要としている。ゲームはプレイする子どもに成長型マインドセットの評価を与えている。親たちも見習わない手はない。

ロバート・M・ゲイツ元国防長官のような多くの成功者が、成長期に責任を持たされたことと、こういった種類の励ましのコンビネーションが、どんなに彼らの性格を形作ったかを具体的に語っている。

子どものころ、両親はうんと頑張れば私に達成できないことはないと繰り返し励ましていたが、同時に、けっして自分が他の人たちより優れているなどと考えてはいけないと日常的に諭《さと》してもいた……両親に叱られることはよくあった。そのときは必要以上に厳しく罰せられていると感じていたが、今では完全に当然だと思える。両親の私に対する期待と躾《しつけ》が、私に自分の行いのもたらす結果と、それに対して責任を取ることを教えてくれた。両親が私の性格を、したがって私の人生を、形作ったのだ。あの日［国防長官就任が正式に発表される日］、上院議会への道すがら、今、この瞬間の私があるのは、小さいころに両親が私の中に育んでくれた人間性のおかげだと感じていた……。

若者にとっては、夢中になれる何かを発見するだけでなく、学校を卒業したあとにその情熱を自分のために利用する方法を学ぶことも、同じくらい非常に重要だ。

仕事はどうする？

あなたの息子が高校生なら、雇用状況について世間話をしなさい。息子にもう少し責任を取ることを学ばせ、ビジネスのルールを理解させるために、パートタイムの仕事やコミュニティでのボランティア活動をするよう勧めなさい。そしてその仕事について、何が良くて何が悪いかを話し合いなさい。当然、あなたは息子に夢を追求してほしい。でも同時に、息子が大学を卒業したときに、巨額の学生ローンを抱えたまま将来性のない不利な就職市場に入ることがないよう、前もってどんな選択肢があるかにきちんと気づいていてほしいはずだ。多くの親たちが、子どもが実現可能な夢を育てる手伝いもしなければ、大学卒業後に待ち受ける現実に備えさすこともしていない。世界は変わりつつある。かつては大学院に行く準備には幅広いリベラルアーツの教育を受けなさいというのが一般的なアドバイスだったが、競争が激化して給与も下がっている今、そんな助言はもはや通用しない。

もしあなたの息子や娘がＳＴＥＭルートに進むことに興味を示さなければ、専門学校や準学士取得プログラム〔高専や短大に相当〕の道を検討するよう勧めるのもいいかもしれない。準学士ならびにサーティフィケート取得者〔学歴としては高卒以上準学士以下〕の四分の一以上が平均的な大卒者より多くの金を稼いでいる。どの方向に進もうが、若者はテクノロジーに精通していなくてはならないし、文章力とコミュニケーション能力は成功のためには必須だ。ベーシックな社交術を身につければ、他の人々はその人の近くにいたくなる。息子に男子だけでなく女子の友達もいるかどうかを尋ね、どちらの友人も作るよう励まし、彼らのために家を開放しなさい。

同時に、他者をじかに育てる体験を得られるよう、息子がまだティーンのうちにベビーシッターや子どもたちのコーチ役を引き受けるよう勧めなさい。夏休みや週末にたとえばサッカーのようなスポーツで小さな子どもたちのレフェリーを務めれば、いい小遣い稼ぎにもなるだろう。

勇気を出してタブーの話題に挑戦

息子にセックスについて教えなさい。今の時点で息子が性体験をすることに異存があろうがなかろうが、将来的には、ある時点で誰かと健康的で恥ずかしさから解放された性的関係をもってほしいと願っているだろう。それへの準備は、息子がまだ少年のうちに、彼の中にセックスに対しそういった態度を育み、サポートすることでスタートする。

セックスがカップルの長期的な関係にとって重要な部分であることには、ほとんどの人が同意している。けれども、時間の経過とともに、多くのカップルがセックスの問題で悩み始め、時にそれは二人を引き裂く。少年たちにセックスを恐れるよう教えたり、反対にセックスについてまったく何の情報も与えないことは、彼らの将来の恋愛の助けにはならない。ハーバード大の「グラント・スタディ」の結果から、ヴァイラント教授は以下のような発見をしている。

精神の不健康の予測判断材料としては、結婚生活における性的不満足よりセックスに対する過剰な恐怖心のほうがはるかに強力だ。つまるところ、結婚生活における性の不適合はパートナー次第だが、セックスに対する恐怖は全人類に対する個人的な不信感と密接に結びついているからだ。生涯にわたり不幸な結婚生活を送った男性は、幸福な結婚生活を送った男性の六倍、離婚した男性の二倍、アンケートで「性的関係に対し恐怖心または違和感がある」

に同意を示していた。

息子にはいつでも質問に応じ、よい聞き手になり、自身の信じることをひるがえさず、知らないことは知らないと認め、無償の愛を示しなさい。仲間からのプレッシャーや、相手の同意や許容範囲、避妊、安全なセックスと性感染症、ポルノと現実の違いを説明しなさい。もしくは、息子がもっと楽にそういったトピックについて話せる、彼が信頼している人物（カウンセラー、性教育の教師、セラピストなど）のもとに連れて行くのもいい。「他のみんながやってるから大丈夫」ではない。もし誰かが息子に無理強いしたり、うまく言いくるめたりして何かを――それも正しいとは感じられない何かを――させようとしていたなら、どうすればそんな状況から安全に抜け出せるかを教えなさい。

けれども、勇気を出してセックスのポジティブな面を説明することも同じくらい重要だ。相手とのコミュニケーションの大切さを強調し、セックスは喜びと（最終的な）パートナーとの絆を深めるためのものであることを彼が理解し始める手助けをしてほしい。セックスに関する本を自宅の本棚に加えるのも一案だし、タイミングのいい機会にそんな本を息子にプレゼントするのもいい。ヘザー・コリーナ著S・E・X（高校生と大学生のためのセックス完全マニュアル）やC・ウインクスとA・シーマンズ共著のThe Good Vibrations Guide to Sex（いい感じのセックスのためのガイド）は広範囲にわたる情報の豊富な手引書として推薦する。

もしあなた自身の結婚生活におけるコミュニケーションが停滞気味なら、ジョン・グレイの有名な『男は火星人　女は金星人』（ヴィレッジブックス）を参照するといい。これは間違いなくあなたとパートナーとのコミュニケーションを改善してくれる最もシンプルで役立つ指南本の一つだ。これは一〇代末の若者にも適切な書だ。ジョン・ゴットマン著 *What Makes Love Last?*（愛を続かせるもの）とシエファリ・ツバリ著『「良い親」をやめれば「生きる力」を持つ子が育つ』（宝島社）も非常に頼りになる本として推薦したい。もしあなたが離婚しているなら、子どもが両方の親と充実した時間を過ごせるよう工夫しなくてはならない。どんなに別れた相手を憎んでいても、子どもにとってその人が誰であるかを忘れてはならないし、子どもの前では極力相手のことを悪く言わないよう努めなくてはならない。別れたあとも子どもがもう一人の親と会うために友達との時間やアクティビティを犠牲にしなくてもいい程度に、互いに近くに住むことも大事だ。

父親であることを優先

父親は息子の生活の一部になることを何よりも優先すべきだ。いつになっても、けっして遅すぎることはない。あなたが怠慢な父親だったり、成功をがむしゃらに追いかけていたり、旅で留守がちだったり、自分の趣味に没頭しすぎていたりしても、ただ一時停止ボタンを押せばいい。息子にチューニングを合わせるために、それまで続けてきた生活をつかの間、停止すればいい。それまで彼のそばにいてやれなかった後悔を言葉にし、失われた時間をともに努力して埋め、熱心な父親かつ友達でありながらも、息子にやる気を起こさせると同時に限界を教える役になれるよう努めなさい。そんな新しい父子関係をどうスタートさせればいいかを息子に尋ね、アドバイスを求めなさい……ただ一方的に与えるだけでなく。

あなた自身、年老いて人生を振り返ったときに、物質的な成功のために多く――友達や家族や楽しみさえも――を犠牲にしてきたせいで虚しさのみを感じてしまう、そんなあまりに多くの人たちの一人になってはいけない。そういった人たちは妻や娘や息子が彼らを必要としていたときにそばにいてやろうとしなかったせいで、後ろめたさを感じている。息子は特に、娘よりもっと、父親の関わりを必要としているが、それは娘には友達のネットワークや、父親より表現豊かな母親といった他の多くの人たちとの関わり合いがあるのに、息子にはそれがないからだ。

父親が、祖父やおじたちもだが、今の世代の息子たちのメンターになることもまた非常に重要だ。建設的で正直かつオープンな態度でのぞめば、息子たちはあなたのアドバイスを大切に思うだろう。照れくささは捨てなくてはならない。あらかじめ話すことを考え、息子やあなた自身の生活に何が起きているのかをシンプルに話し合うための、静かで邪魔の入らない場所と時間を見つけなさい。息子の夢が何なのか、または何にはなりたくないのかを、あなたは知る必要がある。彼が何を心配し、何を恐れているか？　彼は何が得意だと感じていて、どの分野がさらに調整を必要としているのか？　あなたにはいつ何を話しても大丈夫だと彼に思わせることが肝心だ――特にセックスや何らかの後悔や不確かな将来といった、たいていは話さないままになる事柄について。

時間の管理

もう一つ、すべての親に与えたい実践的なアドバイスは、子どもたちに一週間の時間をどう使ったかを追跡調査させることだ（ひとまず、ポルノの視聴時間は無視して）。表に含めるべき主な活動は——

1、睡眠
2、学校や職場で過ごす時間
3、宿題
4、家事などの雑用
5、スポーツ
6、友達と過ごす時間
7、戸外の自然環境の中で過ごす時間
8、テレビ
9、メール、携帯メール、ツイッターなどデジタル機器を使用した作業時間の合計
10、ゲーム

このような行動を簡単にまとめることは、時間の管理について子どもと話をするきっかけを与

えてくれる。そして、現在だけでなく先々の身体的、精神的、社会的な成功のために必要なバランスのとれた時間割を作ることができる。時間の追跡をしたことに対しては、たとえば夕食を彼らの好きなメニューにするといった報酬を与え、食事をしながらその結果について話し合うといい。どんなに多くの時間がゲームとインターネットに費やされたかに、きっと親と子の両方が驚くだろう。さらにゲームやインターネットをしていた時間帯に誰かとじかに接触していた部分をマーカーペンでハイライトすれば、一人閉じこもった状態で過ごした時間の長さがわかる。

もしあなたの息子が携帯電話やＰＣやゲーム機器などに膨大な時間を費やしていたら、そういった機器にアクセスできる時間を減らすか、それらを使う権利を彼に褒美として稼がせなさい。ピュー・リサーチ・センターの調査によると、ティーンの七五パーセントが携帯メール無制限の料金プランを利用していて、メッセージごとに料金が発生するプランを利用しているティーンは一三パーセントにすぎなかった。無制限プランの若者は、制限のあるプランを利用している者たちより、一日に量で言えば七倍の、数で言えば一四倍のメッセージを送受信していた。この際、通話や携帯メールの数に制限があるプランへの変更を考えてみたらどうだろう。息子のＰＣやラップトップを子ども部屋から家の中心エリアに移すのも手だ。国立睡眠財団は、親が子に「夜の何時以降は携帯電話の使用禁止」のルールを守らせたなら、子どもは毎晩、一時間近く長い睡眠が取れることを発見した。同財団はまた、親がそういったデジタル機器を子ども部屋から取り除いたなら、このルールを二、三倍の効率で守らせられることも発見している。

ゲーム機器に関して親がけっして行ってはならないのは、単にそれらを取り上げる、もしくは息子にきっぱりゲームをやめさせることだ。「もしその子にとってゲームが自分の思いどおりになり、報われ、ハッピーだと感じられる唯一の場所なら、そのすべてを取り上げることは打ちのめされるほど大きな打撃になりかねない」とニールズ・クラークは言う。他の報われるアクティビティを導入しながら、ゲームの時間をゆっくり減らしていくプランを立てる必要がある。

金は大きな目標とイノベーションと回復力のあるところに流れ込む。息子が将来、北米やヨーロッパで経済的利害をもつなり投資をするなりし、かつ社会的信用を得られるようになるには、親たちは今日の若者に揺るぎない価値観と労働意欲を植えつけておかねばならない。ニューヨーク市は最近、ロンドンを抜いて世界の金融センターになったが、二〇一九年までには上海に追い抜かされると予測されている。ミレニアル世代は未来のリーダーとなる人たちだが、彼らがひどく薬漬けになっていたり、肥満体だったり、逆境に弱くて何千時間もゲームやポルノに費やしたりしていては、とてもいいリーダーにはなれないだろう。親は子どもたちが現実の世界でまわりと協力し、成功するための自信と勇気を得られるよう、いっそう努力する必要がある。

19 男たちにできること

私たちはみな、二つの痛みのうちどちらかを選ばなくてはならない――訓練の痛みか、後悔の痛みか。

――ジム・ローン、起業家、モチベーションについての講演家

人は安全を求めて退却するか、成長を求めて前進するかを選ぶことができる。成長は何度も選ばなくてはならない。恐怖は何度も克服しなければならない。

――アブラハム・マズロー、人間主義の心理学者

もしあなたが若い男性で、もっと生きがいのある、満足のいく生活を望んでいるなら、自分でそれを引き起こさねばならない。ゲームにうつつを抜かし、傍観者になって待っていても、何も起きてはくれない。外に出て、世の中に参加しなければならない。携帯電話やラップトップに視線を落とし続けている間は、チャンスが訪れても見逃してしまうだろう。他の人々とつながる機

会がないとか、テクノロジーを通してしか成功するチャンスはない、などという間違った思い込みすら抱き始めるかもしれない。だから、あなたのデジタル・アイデンティティをオフにして、あなた自身のスイッチをオンにしなさい。自分を、友達になっていっしょにビジネスをしたくなるような男に変えなさい。そんな男になるための段階的な計画を立てなさい。

ダンスを習い、自然を再発見し、女友達を作り、他の人たちの話を適切かつ十分聴いていることを確認するためにソーシャル・インタラクションをモニターし、会話の切り出し方を練習しなさい。心から褒めることにより相手に自分は特別だと感じさせるスキルを身につけなさい——次の週、一日一回、試してみなさい。自分にも欲しいと思える特質をもつ人を見つけ、その人の生活を観察することにより、実在のロールモデルやメンターを発見し、実生活にやる気の起きる何かを見つけなさい。さまざまな知識や技術を身に付け、二歩前進するために一歩後退しなくてはならない場合もあることを学びなさい。

ポルノをスイッチオフ

11章に登場した、ポルノ依存症から抜け出そうとしている講演者のゲイブを覚えているだろうか？　彼は、あなたが今観ているポルノが実際にあなたが欲しているものを見せているかどうかを自問するよう言っている。若い男性に彼が与えるアドバイスは、ポルノの視聴をきっぱりやめることだ。「ポルノはけっしてあなたを満足させないどころか、必ず与えると約束しているものを、結局はあなたから取り上げる。それは喜びを感じる能力です」と言っている。これは考えてみる価値がある。

性科学者で恋愛カウンセラーのヴェロニカ・モネットも同意見だ。彼女の経験では「単に視聴時間を減らすという方法では、たいていの場合、ただ短期的な効果をもたらすだけで、そのあとには必然的にもっと駆り立てられるようなリバウンドが生じ、逆効果になることのほうが多い」。

もしあなたが誰かとの親密さを心から望んでいるのに、現実の女性には欲情しにくく、またはセックスで達しにくいなら、少なくとも一時的にポルノを完全にやめる必要がある。それ以外に道はない。その回復期間中に、今後もポルノのマイナス面を避けられるように、あなたとポルノとの関係を明確にする必要がある。ポルノはあなたの仮想生活のすべてではなく、ほんの一部――願わくば、一番いいものでない一部――になりうる。なぜなら、あなたの脳は回復するからだ。

YourBrainOnPorn.com というサイトには、ポルノを見なくなれば、実際、脳は〝再起動〟されるとある。ドーパミンの受容体が回復し、報酬回路の感受性が正常レベルに修復され、脳が配線し直されるという。するとポルノの経路は使われないため弱くなり、同時に実行調節経路は強くなる。脳が回復するにつれ、現実の人間が相手でも欲情しやすくなり、ペニスの刺激感応性は高まる。ドーパミンのレベルも十中八九回復する。

重度のポルノ依存症患者にとってはインターネット自体が引き金になる。そういったケースについては、一二段階プログラムに参加した男性たちから非常に前向きな意見が寄せられた。オンラインポルノ依存症からの回復過程にある若者はこのように話した。

インターネットの問題は通常、インターネットでは解決できません。オンラインポルノ依存の問題をオンラインで解決しようとするのは、アルコール依存者がＡＡ［アルコール中毒更生会］のミーティングをバーで開くようなものです。酒をオーダーして一口するだけで禁酒が解けてしまうように、たった四、五回クリックした先にあなたの毒があるのです。

ポルノというネバネバしたいやなヤツをあなたの脳から引きはがす第一歩は、そいつの電源を切り、人とつながることだという気がします。自助グループに入れば、この病気の一部である孤立とポルノ依存症であるという羞恥のかせが少し壊れるでしょう。あなたの最も暗くて淫らな秘密を他の人に打ち明け、彼らが理解や同情とともにあなたを受け入れることを発見すれば、人生が一変するほどのパラダイムシフトが起きます。私たちはただ歩き回って、いきなり誰かにポルノとの個人的な闘いについて話すことはできません。だからこそ自助グループが役に立つのです。

自身の安全地帯から飛び出して他の人々に助けを求めようとする人には、バラエティ豊かな自助グループが存在しています。こういった問題の解決方法どころか、助けの求め方すらわからないで孤独な状況にはまり込んでいる人々にとって、こういったグループはこの上なく貴重な存在です。セラピー系の自助グループでは医学的な指導下にある環境で、互いへの説明責任のプレッシャーが、回復をめざす個々人に健康的なモチベーションを与えています。

最後に、「一二段階プログラム」は精神面に重点をおいたプログラムです。これは回復期にある依存者にポルノを遠ざけさせ、それぞれの信仰、性格、依存症の根底にある個人歴に取り組ませるための方策を数多く提供しています。また、依存症から抜け出そうとしている同志とつながらせ、仲間の豊富な経験を利用する機会を与えています。私は一二段階プログラムのグループに定期的に参加すると同時に、セックス／ポルノ依存症を専門とするカウンセラーにもかかっていました。第一回のカウンセリングで彼に「私はとても幸せな子ども時代を送りました。何らかのトラウマがあるとは思えません」と話しました。残念なことに、この誤った思い込みが、しばらく私の回復を遅らせました。事実、根底にある絡み合った問題を深く掘り下げ始めるまでは、せいぜい一か月か二か月しかポルノを遠ざけておくことができませんでした。グループの一員になったおかげでこういった問題にしっかり取り組むことができ、私の依存症が単なる「（ポルノを見る）機会が増えたための依存症」ではなかったことがわかりました。彼らの経験の叡智から学んだのです。

薬物、アルコール、ギャンブル、ある種の食べ物など、他のすべての依存症と同じく、ポルノの過度な使用癖を治す即効薬も魔法の薬もないということを肝に銘じるのは重要だ。

だが、ポルノでさえなければ、セックスのことが常に頭にあったり、セックスがアイデンティティの大きな一部であったりすることは、実際、悪いことではない。多くの大成功した人物が、並々ならぬ強い性欲の持ち主であったりする。とはいえ、人はセックスのエネルギーを色欲から抜け出させて、単なる本能ではなく、もっと気高い何かの役に立たせるため、精神的な方向に変換する方法を学ぶ必要がある。性的エネルギーを他の種類の考えや行為に変えようとするなら、意志の力を駆使してそのエネルギーを視覚化し、全力で方向づけしなくてはならない。このテーマに関して読みたい人にはナポレオン・ヒルの古典『思考は現実化する』(きこ書房)や、自己啓発書作家スティーブ・パブリーナのブログを勧めたい。その中の「セックスのエネルギー」というタイトルの投稿で、パブリーナは性的エネルギーを自分のゴールを達成する燃料として使うよう勧めている。自分が何に性的興奮を覚えるかを知れば、ゴールまでのプロセスはもっと楽しめるものになると彼は論じている。なぜなら、それに到達するための道を自分で方向づけできるからだ。

人は性的に興奮すると、なんらかのアクションを起こしたいという衝動に駆られる。ホルモンに支配され、信じられないほどの集中力が生まれ、欲望の対象以外には何も考えられなくなる。真に意欲を掻き立てられるゴールにより、人が突き動かされているときも同じだ……ゴールを追い求めることは、誘惑のテクニックを練習するのに似ている……時には障害にぶつかり、やめたくなるだろう。そんなときはいったん立ち止まって、まだゴールに愛着が残っているかどうかを自問するといい。そしてつかの間、自分の歩んでいる道のことは忘れ、ただゴールだけを頭に描くといい。すでに自分はそこにいると想像しなさい。あなたはまだそれを欲しくて欲しくてたまらないと思うだろうか?……ゴール設定の本質は考えと行動を新しい方向に向かわせることにある。もしあなたが行動を起こす気にならないなら、それはあなたが間違ったゴールを設定したからだ。

彼が言いたいのは、つまりこういうことだ――あなたが自分の人生をもっと思いどおりにしたいなら、自分が何にモチベーションを掻き立てられるかをより深く理解しなさい。もしあなたの行動パターンが、常に何かから逃げていて、中途半端な満足感しか得られない受け身の気晴らしでただ時間を空費しているなら、あなたがこの先に得るものは何だろう？ それは中途半端な満足感でしかない。

時間泥棒

自分が一日の時間をどんなことに使っているかを見直してみる価値はある。それをすることに抵抗を感じるなら、たぶんあなたはゲームに費やしている時間を、もし一人でゲームをしているならなおさら、減らす必要がある。最も依存症になりやすいのは、通常、人付き合いが苦手か、もしくは個人的に恵まれない人たちだ。だから、まず他の人たちとのインタラクションのあるゲームを――できれば実際に顔を合わせて行うゲームを――するところからスタートすればいい。ゲームに使う時間の一部を、実生活で何かを成し遂げるのに使ってみてはどうだろう。三〇三頁の図はゲームに費やされる平均時間と、他のアクティビティをやり終えるのにかかる時間の平均を示している。

もっとスポーツを

少年時代の私（フィリップ）は、小さいときに罹った病気のせいで脆弱で動きがぎこちなく、身体能力が劣っていたのでスポーツは苦手だった。だが近所の子どもとスティックボール［子どもが路上でする野球］チームを作ろうと決意した私は、ひとり校庭で古い箒《ほうき》をのこぎりで切った棒でスポールディング［ピンクのゴム球］を何時間も、コツを得るまで、壁に向かって打ち続けた。ゴム球を遠くに飛ばすのにはそれほど筋力はいらないが、棒がボールに当たる瞬間に手首を回転させ、スナップをきかせる必要がある。しばらくすると、私は伝説の「下水管三本男」になった。つまり、ゴム球を毎回確実に、ニューヨークの下水管の長さの三本分の距離より遠くに飛ばせたのだ。それは何十年たった今も、私の最も誇れる偉業の一つだ。

必然的に、私のヒーローはボストン・レッドソックスで「華麗なるトゲ」の異名をもつ、やはり長身痩せぎすのテッド・ウイリアムズになった。スティックボールを打つ能力はソフトボールへ、そして野球へとつながっていき、ソフトボールではケリー・ストリート・グラウンドで、三五〇フィートの塀越えを打ちセンターを守るスター選手になった。その運動能力とちょっとした持ち前の魅力でチームのキャプテンになり、その権威を使って、選手たちに女の子たちと路上でローラースケートをすることを提案した。次に年下の選手たちのナンパ術に磨きをかけるため、近所の青年たちのガールフレンドを説得して、地元の公民館で社交ダンスのレッスンをして

アクティビティに必要な平均時間

1年間にティーンがゲームに費やす総時間の平均	676時間
ロゼッタストーン（オンライン外国語学習教材）で外国語の基礎を習得	205時間
規則的な練習でギターの演奏を修得	260時間
学校の学期内にスポーツを1種目習得	32時間
サルサダンスを習得	40時間

もらった。さらに、このひたむきな練習がもたらした成功は、学業に対する真面目な姿勢に、やがては恵まれない人たちに対する惜しみない奉仕の姿勢へとスライドしていった。つまり私が言いたいのは、練習は必ずしも完璧な結果をもたらしてはくれないが、のちのち、あなたにとって重要な別の活動で、確実にあなたを有能にしてくれるということだ。

その点は昔も今もまったく同じ。スポーツの場で、恐怖心を克服して身体的に勝ち抜ける多くの男たちが、他の男たちに対して自分を証明する必要を感じる代わりに、むしろ自分の中にある同情心や傷つきやすさや内省といった〝女性的な〟基本的価値観を育めることを発見している。私たちの調査でも、息子がテコンドーを通してどんなに自信をつけたかというコメントをした親がいた。「彼らはいじめっ子から自分を守れると感じています。ベルトの試験に通れば、自分の上達がわかります。そこには規律と互いを敬うことを教えてくれる大人の男性や女性のメンターがいます。しかも、子どもたちは大人のメンターたちでさえ時には試みて失敗し、また試みている場面を目撃します。なんて素晴らしい人生レッスンでしょう！」。

個人スポーツは自己責任と精神力の強さを教え、チームスポーツは協力と立ち直る力を育てる。能力レベルがどうであれ、あなたの加入を求めている少年グループや少年少女混合チームやリーグが必ずある。

もしスポーツが苦手なら、歌やダンス、楽器の演奏といったリズムを含むアクティビティはスポーツのいい代わりになる。それらも人と人とを結びつける絶好の環境を与えてくれる。そのほか、外部からの絶え間ない刺激の砲撃から一時的に逃れるためには、マッサージでリラックスしたり、静かな公園やハイキングコースを歩く時間を作って、心を刺激から解き放つといい。

ベッドメイキングを自分でしなさい。小さな達成は大きな達成につながる

二〇一四年、米海軍大将で特殊作戦司令長官のウイリアム・H・マクレーヴンがテキサス大学の卒業式の演説で学生たちに一番に与えたアドバイスは「毎朝のベッドメイキングを自分でしなさい」というものだった。彼はその理由をこう説明した。一日のその最初の仕事をきちんとやり遂げたことが、次にすべき仕事の数々を成功に向けて調子づける。そしてその日の終わりには、朝一番の小さな仕事が雪だるま式に膨らんで、多くの仕事がやり遂げられているだろう。自分のベッドを整えることはシンプルでありふれた作業だが、それは人生の小さなことが重大な影響を

もちうることを毎日教えてくれる。「そんなちっぽけなこともちゃんとやれないなら、大きなことをまともにやれるはずがない」。それに、もしその日、期待どおりに物事が進まなかったとしても、家に帰ったときにきれいに整ったベッドがあると、明日はいい日になるという希望が湧いてくる。

これこそが習慣の作り方だ。毎日小さなことをきちんとやる良い習慣をつければつけるほど、人生はポジティブな方向に向かい、その習慣の上に実った成果を手に入れやすくなる。

これに関連したアドバイスを社会心理学者のロイ・バウマイスターも与えている。長年にわたって自尊心について研究してきた彼だが、人々には「不本意ながら、それ（自尊心）を忘れなさいと助言する」と言っている。「個人の成功には、自制心のほうが自尊心よりはるかに重要な役割を果たす」からだ。

私（フィリップ）もまた、自制心が人生全般におよぼす影響については証言できる。時間の経過についての私の研究では、自らの下した決断がもたらす損得やちょっとした結末を幼いうちから理解していればしているほど、学校に上がったときに勉強が良くでき、大人になってからは、感情面でも、金銭面でも、また身体の健康の面でもうまくやれていることが発見された。とりわけ未来についてよく考えている子どもは非常に勤勉で、しなくてはならない勉強があるときに、ぐずぐず先延ばしにしたり、日々の誘惑に負けたりしない（このテーマについてもっと学びたい人や、自身の時間的展望を発見したい人は『迷いの晴れる時間術』〈ポプラ社〉を参照）。

もう一つ、習慣にしたいのは、バランスのとれた食事をとることと、睡眠を十分にとることだ。

自身を成功に導くためのスケジュールを作りなさい。

内面の力を発見しなさい

人の性格は心理的または道徳的な姿勢に表れる。それに出会ったときには、自分が最も行動的で生き生きしていると深く強烈に感じる。そんな瞬間には、内なる声が語りかける――「これがほんとうの私だ!」。

――ウイリアム・ジェームズ、一九世紀のアメリカ人心理学者

ライターかつ映画製作者のジュリア・キャメロンは『ずっとやりたかったことを、やりなさい』(サンマーク出版)の中で、何でも心に浮かんだことを三ページ書くという「モーニングページ」と名付けた「明らかに意味のない」作業を勧めている。モーニングページの書き方に決まりはない。唯一求められているのは、毎日書くことと、できる限り自分を批判しないことだけだ。モーニングページはあなたが自分に厳しくなりすぎないようブレーキをかけてくれる。書きたくなかったり、書くことを何も思いつかなかったりしても大丈夫。そのうち思いもよらない内なるパワーに出会うだろう。それが真のあなただ。あなたは自分に対しいっそう正直になり、自分が誰かだけでなく、誰になりたいのかも発見するだろう。それがわかると、今の自分から将来の自分になる

ために努力するモチベーションが湧いてくる。論理的に聞こえないかも知れないが、効き目はある。じっくり考えるための空白を用意すると、心が研ぎ澄まされるのだ。これはただクリエイティブなタイプの人たちのためだけでない。モーニングページは弁護士、政治家、起業家を含む、すべての人に有効だ。

最小限でも、印象的な言葉や引用文をさっと書き留められる小さなノートか、携帯電話のノートアプリをいつも手元に置きなさい。このようなノートは一七世紀には「備忘録」として知られ、知的探求を記録するだけでなく、すぐれた頭脳を育て、ひらめきを与えるのに欠かせない道具だとみなされていた。それはたとえほんの短い時間でもあなたを減速させ、刺激的な考えについてじっくり検討させ、あなた自身のアイデアや夢に没頭させる。

そんな心のエクササイズを定期的に行えば、あなたの叡智は深まり、幸福と意義の違いが見分けられるようになる。心理学者でホロコーストの生き残りのヴィクトール・フランクルが著した『夜と霧』（みすず書房）に書かれているのは、幸福とは本質的に「私」を目的とし、意義は「私たち」を目的としているということだ。幸福は「今」の中に見つけられるが、意義は「過去と未来」の中に発見できる。幸福な人は受け取るのを楽しみ、意義ある人生を送っている人は他人に与えることから満足を引き出す。幸福は追い求めることができるが、長く続く幸福は実際、意義のある努力から生じる。その努力によりあなたは自身の強さと弱さを発見し、未来に達成できるゴールを定め、他の人々と絆を結んでともに成長できる状況を経験する。

女友達をつくる

少なくとも一人は若い女性の友達を作って、あなたが求めるものはあくまで友情であり、それ以上でもそれ以下でもないことをはっきりと伝えなさい。多くの女性が異性の友達との関係で完全にリラックスすることができないのは、片方が相手に対してもっと強い感情を抱くようになるのではないか、そうなれば関係がぎくしゃくして、最終的には面倒な事態を扱う羽目になるのではないかと不安だからだ。でも最初からそんな恐れが無用であることをはっきりさせれば、互いをよく知り、信頼を築くことははるかに簡単になる。実際、もし片方が恋愛感情を抱いた場合にどうするかを話題にすることとすらできる。たとえば「ばかげて聞こえるかもしれないけど、ぼくにはこの友情がとっても大事だから、もちろんずっと友達でい続けたい。でも、もしどちらかがそれ以上の感情を抱くようになったら、そのときはすぐに話し合おう」といった感じのことを言うのもいい。これは相手との間に正直でオープンなコミュニケーションの基準を定めるだろう。最初にこういったことを言うほうが、のちに間違ったコミュニケーションにより友達を失うことになるより、はるかに気まずさは少なくてすむ。共通の趣味か活動が一つか二つある女性を見つけなさい。もしそんな女性をどこで見つければいいかがわからなければ、オンラインのクラブやチャットルーム、またはMeetupを利用するといいだろう。

シャイな男性に一言。ゲームで上達するにも、手引きを使った練習にある程度の時間を費やすことが必要なように、どうしようもなくシャイな男性が〝普通程度に社交的な〟男性になろうとすれば練習が必要になる。人付き合いが苦手なら、まずはゆっくり始めることだ。一つゴールを定め、それに向かって少しずつ努力しなさい。「スーパーマーケットのレジの人に微笑みかけて一言二言交わす」といった小さなゴールでもいい。社交の場では、結果にこだわらないように。社交とはそれぞれ違った考え方と感情をもつ人が交わることであり、私たちにできることはせいぜいその場にいて、会話に加わることくらいなのだ。

女性を「ふしだらな女」と罵らない

友達同士や特に恋人同士の言い争いの途中に、女性の気持ちが男性からすっと離れていく瞬間の一つは、「slut」（ふしだらな女）と罵られたときだ。あなたが同性愛者でないことを前提として言うが、相手女性をふしだらな女と呼んで辱めることは、あなたが望ましい性的関係や恋愛関係を手に入れようとしているなら、その努力を台無しにしてしまっている。「すべての女性は生まれつき性が抑制され、すべての男性は無差別に性交を好むようプログラムされているという疑似科学的な神話は正しくないだけでなく危険です。なぜなら、その典型からはずれる女性は許しがたく、矯正されるべきか、またはひどい扱いを受けて当然だという考えに直接結びつくからです」とニューヨーク大学ヒューマン・セクシュアリティ学科のザーナ・ヴランガルーバ教授は言っている。さらに彼女は付け加える。「それは、多くの女性と関係する男性を称賛するだけでなく、同様の性欲をもつ女性の価値を低く見ることが許される文化を作り出します。多くの女性が気軽なセックスを求めないのは、そういったことをする女性に対するこのネガティブな態度のせいで、その結果、皮肉なことに、男性たちは行きずりのセックスを大いに求めているのに、なかなか手に入らないのです」。

多くの女性にとって、性的な不名誉は非常に大きな障害だ。したがって、男性の性欲は魅力的であると同じくらい脅威にもなりうるのだ。もしあなたが相手女性に対し、あなたは安全で、この先もずっと今と同じ敬意をもって彼女に接するつもりであると伝えたとしたら、彼女があなたとともに性を探求するときには大きな違いが生じるだろう。男性がうじうじした態度だと、女性が真に自分を解き放つチャンスは失われる。最も満足のいくセックスは、それぞれが思っていることをストレートに話せ、どうすれば性的興奮を覚えるか（または興ざめするか）を発見できる雰囲気の中でこそ実現する。

自分から男性を誘ったり、セックスでももっと主導権を握りたいと思っている女性は実際には多いのだが、相手がどう反応するかがわからなくて思いとどまっている。あなたが女性にもっとリードしてほしいと思っているなら、会話が互いの気を引く感じになってきたときに「女性から口説かれるとすごくうれしい」といった感じのことを言うのも手だ。すでに性的関係にあるなら、彼女のアイデアやリードでびっくりさせられるのは大好きだと言えばいい。

もし彼女の求めているものが矛盾していて、よくわからないと感じたなら、彼女にそう話しなさい。あなたの受けている印象と、それであなたがどんなふうに感じているかを説明するといい。

それでも二人の間で折り合いをつけることができないなら、もっと相性のいい女性に移ったほうがいい。あなたが魅かれた女性がたまたま、自分が正確に何を必要とし、何を求めているのかがわかっていない場合もあるだろう。だが少なくとも、自分が欲しているものを感覚的にうっすらと把握し、自分の期待や空想が現実とはどんなに違うかを進んで探って、その食い違いを笑うことはできるはずだ。真に強い女性なら、あなたが自分の希望や意図をはっきり口にしたからといって、あなたを男性優位主義者だと思ったりしない。そして最終的には彼女は「ノー」と言えるだけでなく「イエス」とも言えるくらい強くなり、あなたは自分がしていることを分析しすぎることなく、自分自身でいられるようになる。

メンターを見つけなさい。メンターになりなさい。

恋愛についての最高のアドバイスは、かつてあなたと同じ経験をした年配の男性から得られるだろう。彼らは個人的な決断についてだけでなく、知的な生活の送り方やキャリアの選択についても助言を与えてくれるはずだ。一度もメンターをもったことのない人は、メンターの価値を過小評価しがちだ。今、成人男性と少年が交流をもてる場は、過去にないほど必要になってきている。年配の男性は家族の中で、学校で、職場で、若者のメンターになるべきだ。すでに述べたように、父親がまずこの役を引き受けるべきだ。メンターであることを、あなたという人間の一部にしなさい。

投票する

有権者の要求に応えれば、政治家は再選される。前述したように、一九七五年から一九八〇年の間に女性は学位取得者の過半数を超えた。それだけでなく、一九八〇年以降、女性の投票率は男性のそれを上回り続けている。アメリカの最近の大統領選挙では、女性票は男性票より四〇〇万から七〇〇万票も多い。イギリスでも女性の投票率は男性のそれを七パーセント上回っている。男性が政策立案者たちに、職場の安全や父性の権利といった自分たちの問題により注目してほしければ、政治にもっと関与する必要があるし、最低でも投票すべきだ。もし男性がそんな簡単なこともしないなら、今後も彼らを無視した政策は増え続けるだろう。

男性が自分たちにとって世の中を住みやすい場所にするためにできることは、個人としても、また組織としても、数多くある。だが、それには前の世代の男性たちがやったように、まず行動しなくてはならない。もし男性がよりバランスのとれた人生を送りたいと望むなら、新しい社会の動向や現実にもっと積極的に関心を抱かなくてはならない――ただデジタルの世界だけでなく。

20 女性にできること

少年や若い男性の今の窮状は、事実、女性たちの問題です。彼らは私たちの息子です。彼らは私たちの娘が将来をともに築く相手です。彼らが苦境に陥っているなら、私たちもみな陥っています。

――クリスティーナ・ホフ・ソマーズ

姉妹、母親、友達

屈強な男性への需要はある。私たちはこれからもずっと荒々しい男たちに壁となって立ちはだかってもらい、私たちを守り、見張ってもらう必要がある。けれども、私たちはまた男たちに、彼らが小さいうちから、他者と感情的なつながりを結べるよう、愛情の示し方も教えなくてはならない。それはつまり、一般的に男らしさと結びつけられる力強さや厳しさはもちろんのこと、のちのち恋愛などの対人関係に役立つような情緒的洞察力と深みのある人格をも育むことを意味する。

究極的には、男性が女性に「女になる方法」を教えられないのと同じくらい、女性も男性に「男になる方法」を教えることはできないのだが、彼らが正しい方向に成長していくよう導くことはできる。八歳から一二歳にかけて、つまり思春期の直前に、男の子は強い男性のロールモデルが身近にいなければ、それを切望し始める。母親がこの成長過程を理解して後押しすれば、息子は生涯にわたり、二つのまったく違う存在である男女の間により良い関係を築くことができる。同時に、そうすることで母親はメンターとなる男性から生涯にわたる信頼を獲得する。なぜなら、彼女はそのプロセスをけなす人ではなく、彼女自身がそのポジティブな一部だとみなされるからだ。少年は、父親やメンターと過ごす時間を尊重してくれ、他の少年たちとの歳相応の活動を通して男らしさを発見するよう励ましてくれる母親の存在から、大きな恩恵を受ける。

男の子にとって姉妹――それも特に年齢が近い姉や妹――は、女性が男性に何を望むかだけでなく、女性が一般的に欲するものについて理解するにあたって、決定的に重要な役割を果たす。男の子が姉妹やその友達とどう関わったかは、彼ののちの女性観や、女性との関係(友情と恋愛の両方)に重大な影響をおよぼす。兄や弟に率直かつ思いやりをもって自分たちの考え方を伝えることで、姉や妹は彼らが大きくなったときの女性とのコミュニケーションや協力のレベルを引き上げることができる。また年齢差に関係なく兄弟姉妹がともに楽しめることを見つけ、それを通して自分の感情や価値観を相手に楽に伝える方法を育むことは重要だ。それは男女双方にとって、生涯を通して異性と関わるときの快適さの源になりうる。

ゲームウィドーとポルノウィドー

私たちが話を聞いた男たちからの提案をまとめると、彼らのゲームのしすぎやポルノの見すぎがどんなにカップルの関係やそれぞれの生活に影響しているかを話し合うことは、双方にとって重要だ。それには正直かつ辛抱強く、心を強くもたねばならない。もしあなたがゲームウィドーやポルノウィドーへの道を突き進んでいたら、彼に残されている選択肢と、今の振る舞いをやめなければどんな結果になるかを彼の目の前に突き出し、その言葉を最後まで曲げないことだ。彼にいろんな提案をするのも悪くはないが、彼がゲームやポルノにそんなにも夢中になっている理由をわかっていると思い込んではいけない。もしあなたか彼のどちらかが、もしくはもっといいのは二人いっしょにセラピストかカウンセラーにかかる必要があると感じたなら、先延ばしにしないこと。二人の関係が修復できないほど悪化したり、あなたが内心「もう終わった」と決断したなら、もはや手遅れなのだから。何があっても、けっしていっしょにゲームをしようだの、ポルノを見ようだのと提案してはいけない。中には二人でゲームやポルノを楽しむことがまったく問題にならないカップルもいるが、もしあなたのパートナーがすでにそれらを過剰にしていたら、そんな提案はただそれを容認することになる。そして最終的には、もし彼がバーチャルワールドで暮らすことを選んだなら、あなたは別れる決断をしなくてはならない。

あとくされのないセックス

どんな通貨であれ、女が受け取る通貨が男の持ち歩く通貨になる。

――私たちの調査に協力した男性

「まともな男が少なすぎる」と不平を言ったり、自らに男性優越主義のレッテルを貼って媚を売っていても、女性は自分の望むような恋愛を手に入れることはできない。こと恋愛に関する限り、女性には株式市場に投資する心構えが必要だ。要するに、探すべきは、おもしろくて、有能で、他の女性たち（潜在的な投資家）からもある程度の注目を浴びている男性だ。恋愛に投資――時間、エネルギー、感情――する投資家として、あなたはあなたが出会う大多数の男たち――自信たっぷりか（良い販売戦略ではあるけれども）、恋愛のためには時間も空間も作らないか、優柔不断か、条件はまあまあ良くても意欲や感情的寛容さに欠けるか――の中から、ほんものの掘り出し物を探り当てる術を身につけなくてはならない。

男性の中にあなたが見つけるべき資質は「彼が自分の能力をあなたと彼の両方にとって意味のある、ともに成長できる、バランスのとれた健康的で長続きする関係を築くのに使いそうかどうか」だ。そのためには、あなたは自分に、「この男性には真の対人能力が備わっているか？すなわち、人の話に耳を傾け、共感し、意思疎通し、チームとして問題を解決する能力があるか？」「あなたと自分の両方に満足のいく関係を長期にわたって維持しようとする願望と、それを可能にする能力や手段があるか？」と問わなくてはならない。付き合いの早い段階で、彼が相手から何かを奪う人ではなく、何かを与える人であるかどうかを見極めなくてはならない。彼は誠実な恋愛ができる性格と能力から出たバランスのいいアプローチをしているだろうか？——策略ばかりを駆使しているのではなく。これらはすべて男女関係が長続きするに当たって、男性側に欠かせない資質だ。

長期間にわたって恋愛のテクニックを駆使し続けたり、演じ続けたりすることは不可能なので、もしあなたがこれまでの男性の選択を改めたいなら、早い段階で相手にもっと注意を払うべきだろう。女性たちが長年にわたって中身のある男性ではなく販売戦略の巧みな男性に引っかかり続けてきた結果、今では女性たちが正しい相手と付き合うチャンスは大幅に縮小している。戦略に長けたタイプの男性を選ぶことは、あなたがどのくらい長く関係を続けたいと思っているかに関係なく、あなたの将来に悪影響をおよぼす。ちょっとしたお遊びや一夜かぎりの情事は、時には人生の重圧からのいいガス抜きになるだろう。だが、しばらくすると、結果的に「理想の人」はいっそう遠ざかる。

バーやクラブで男性と話をすることになったときも、他の男たちに見られていることを忘れないで。あなたが話にのっているのを見ると、彼らはあなたが今話している男が使った作戦をまねしようとする。当の男性が自分の好ましい資質をあなたに証明する代わりに、うまい言葉でまんまと口説いている場面を他の男性たちに目撃される悪影響は大きい。口先でうまいことを言える男は、めったに最後まで責任を取らない。これもまた、ナンパのテクニックを身につけて使いこなすことで、セックスに対しオープンな女性を見つけようとする男性が増えている理由だ。この手を使う男性側のメリットは計り知れない。数をこなすことで自分のテクニックに磨きをかけられる上に成功率は高く、魅力的な女性とセックスでき、しかも多くの場合、のちの面倒な関係についても心配しなくてすむのだから。

男性は、まっとうな女たちがおしなべてセックスや付き合いの見返りに、思っていたほど時間やエネルギーや誠意を注ぎ込んでもらうことを期待してはいないとわかると、自分たちの振る舞い方をそれに合わせようとする。要するに、女性をみくびるのだ。厳密に経済的な見地から言えば、すでに手に入ることがわかっているのに、それを獲得するためにさらにエネルギーを使う人はいない。五ドルで買えることがわかっているものに七ドル支払う人がいないのとまったく同じで、男は五〇パーセントの努力で欲しいものが手に入るのに、七〇パーセントの努力を注ぎ込んだりはしない。誰だってしないだろう。これは消費者や株のディーラーにより、またビジネスの交渉の場で、毎日証明されている人間の本質だ。彼らは最高のコスト・パフォーマンスを求めている。もし、まっとうな女性を誘うのに、そして関係を維持するのに、七〇パーセントの努力が必要だと思っていたところ、五〇パーセントでいいとわかったら、それが彼の注ぎ込む努力の量になる——それも毎回。これは短期的には男性にとって有利に働くが、その結果、彼らは関係を長続きさせるスキルを磨く必要を感じることも、また、そう強いられることもほとんどなくなる。

最近、いくつかの記事に恋愛に関する奇妙なアドバイスが載った。するとニューヨークのある若い女性が、その要点を「〝奔放〟イコール〝練習がパーフェクトをもたらす（諺）〟」という公式にまとめた。奔放であることは、たくさんの練習をつむので、パーフェクトな男性をつかめるということらしい。ところで、いったい誰がこのような公式に同意するだろう？ ちょっとしたフリーセックス精神で得をしようとする男なら賛成するだろうが、女性との関係を大切に思う男なら、これは最低最悪のアプローチだと言うだろう。犬に新しい芸を教えようとする人が褒美をやるのは、犬にその芸をしろと命じる前だろうか？ それとも、芸をしたあとだろうか？ 何もしなくても永久にセックスできるとわかっている女性に、男性が誠実でいる理由がどこにあるだろう？ 七〇パーセント対五〇パーセントの話と同じだ。

私たちが異論を唱える対象はアプローチそのものではなく、そこから若い男性が受けとるメッセージだ。もしこのような奔放な行動が異なるメッセージのもとに行われるなら、私たちは「どうぞ、好きにおやりなさい」と言うだろう。理解してほしいのは、男というものが概して女性の発信する「誰かが私を市場から連れ出してくれるまでは、いろんな男性と寝ます」というメッセージに敏感だということだ。女性側がこのような態度で接すれば、男性はのちに生じるかもしれない倫理的トラブルから解放される。あなたが男性全般に発信しているのは「あなたたちと積極的に寝る魅力的な女性は、この先にもいくらでもいますよ」というメッセージでもある。この先にも新しい相手がいるとわかっている限り、男性にとっては、一人の女性とまだそれほど深い関係になっていなければ、その先もそうしないでいることが一番得なのだ。そして彼らはそれを知っている。しかも、魅力的な女性たちが市場から長期的な恋愛関係へと「連れ出されてもいない」

ので、彼らの行き当たりばったりの一夜かぎりのセックスを追い求める習慣は永続化する。

フェミニズムがもたらした変革の一つは、女性にとってのセックスの自由化だった。ところがそれは順繰りに、男性によりいっそうのセックスの自由化をもたらした。男性は相手女性の魅力により、セックスに対するモチベーションを得る。同じ女性とセックスを繰り返す期間は、相手との体験、セックスの質、相性の良し悪しが決定する。

愛情深い母親に育てられた異性愛者の男性のほとんどに、いつかは誰かの夫か、もしくは、女性の人生の長期間を占めるパートナーになりたいという願望が少しはある。彼らがその相手を見つけるにあたって、男性には女性と比べ圧倒的に長い生物学的時間枠すなわち生殖期間があるものの、人生のある時点を過ぎると、最も望ましいパートナーを見つけたと確信すると、何度かデートを重ねたあとにはもはや相手探しを始める気がしなくなる。そして、あっさり結婚する傾向にある。

誠実な男性を選ぶ

二〇一三年、人気の婚活出会い系サイトOkCupidがブラインドデート［まったく相手に対する情報を得ないでする初デート］を提供する新しいアプリを試みた。初日に「恋は盲目デー」と称して、サイトからユーザーの写真を一時的にすべて削除した。ユーザーの動向をモニターしたところ、一時間につき新規に交わされる会話数は通常より少なかったものの、最初のメールに返事をする確率は四四パーセントも高かった。また、女性はブラインドデートアプリが使用されたときのほうが、デートによりよい反応を示し、相手の魅力のレベルに関係なく、押しなべて「デートを楽しんだ」と報告してきた。おもしろいことに、ルックスのレーティング〔等級〕が低い男性とデートした女性のほうが、わずかではあったか、デートを楽しんだという報告が多かった。通常のサイトでは、その男性たちはドアに足を踏み入れることすらできなかったのだ。通常はルックスのレーティングで女性のほうが男性より「はるかに魅力的」である場合、女性のたった一〇パーセントしか相手男性のメールに返事をしていないのに、自分より魅力的な男性に対しては、四五パーセントの女性が返事をしている。

最上質の男性と並の男性の比率は確かにアンバランスだが、それでも女性たちに見落とされている上質の男性はかなりいる。中身はあるが、さほど目立たない男たちだ。彼らは実際、上質な男性の振る舞いをしているのだが、そんなふうに見えない。彼らはやるべきことをやるべきときにするが、言うべきことを言うべきときに言わない――彼らのマーケティング戦略は受動的だ。こういうタイプの男性からのアプローチはすべての女性の望むものではないかも知れないが、彼らを拒絶することが、男たちの恋愛観にどんな影響を与えるかを考えてみたほうがいい。きっとあなたは「彼はもちろん立ち直って、さっさと次の人に移るわ」と思うだろう。だが、それは単に、男性たちに発散させるようプログラムされたメッセージにすぎない。現実には、こういった男たちはいつまでも同じ考えではいない。よく知られた名言に、「狂気とはすなわち、同じことを繰り返し行い、違う結果を期待することである」というのがあるが、彼らはまともな人間なので、目的に合うようアプローチを変える。

なぜこういうことが重要なのだろう？　女性に対し誠実でしかも努力している男性を落胆させ続けることで、女性たちはこういった男性たちに対する需要を取り除いてしまっている。すると、男性の供給は先細りになる一方だ。女性たちは男性からの真摯な誘いに対し、相手を傷つけない断り方以上の何かで報いる方法を見つけるべきだ。たとえば、彼の弱点（自信のなさや服装など）を克服するのを助けたり、次の女性に対して彼がもっと得点の高い男性になれるよう、女性の本心についてアドバイスしたりと。すなわち、女性たちには男性に男女関係を育んで維持する方法を教えてほしい。もし一人の男性が好ましいと思った女性たち数人から、いろんな言い方で、彼との長期的な関係は考えられないと言われるだけでなく、その理由を言われたなら、彼はきっと自分の好ましくない部分を変えようとするだろう。

長続きする安定した関係を望む女性との間に真摯な関係を作ろうと決意した男性たちの競争本能は、今の男性と女性のクオリティの差を正常に戻すキーとなる。けれども、男性は次にとるべきステップを知りおく必要がある。女性が教育、キャリア、財力において高いレベルを達成すれば、次に来るのは男性に対するレベルアップの要求だからだ。けれども、女性もまた男性に、もっと努力し、自分を高め、学校では勉学に励み、ゲームやポルノの代わりにリアルワールドで人と過ごす時間を作るよう励ますべきだ。そのためには進んで男性を支え、協力し、男性が男らしくあること（責任を負うという意味で）はいいことだと認めなくてはならない。

21 メディアにできること

8章で述べたように、若い男性は父親との一対一の会話に半時間を費やす間に、画面の前では四四時間を過ごしている。したがって、私たちの調査で「若い男性にやる気が欠けている問題には、どういった原因が考えられますか？」という質問に、回答者の三分の二近くが「男性の望ましい行いについて、メディア、慣例、両親、仲間が矛盾するメッセージを送ってくること」を挙げたのも無理はない。

広告や報道や娯楽の業界がもっとポジティブな男性像を描いてくれるとうれしいのだが、男たちを「役立たず」というお定まりのステレオタイプに描く現在の手法で金儲けができている限り、彼らが自らそれを変えるとは思えない。したがって、変えなくてはならないというプレッシャーは外部から来る必要があるが、それは男女差別が男性にも悪影響を与えていることや、若者がメディアの中に尊敬できるロールモデルをどんなに切実に必要としているかを、人々が進んで認めたときにしか起きないだろう。

一般大衆の認識を高めることは難しいが、最も簡単にできることの一つは、よく知られているフェミニストのキャンペーンやメッセージの逆バージョンを人々に見せることだ。一例として、前出の「ベクデルテスト」の裏返し版を作って、映画の中の男性の描き方をレーティングするのはどうだろう。たとえば、有名なテレビドラマ『冒険野郎マクガイバー』から名を取った「マクガイバーテスト」を作り、映画やテレビ番組が以下のような条件を満たしているかをチェックする。

- 男性主人公はクリエイティブな方法で問題を解決する。暴力を使うのはゴールまたは使命を達成するための、あくまで最終手段。
- 女性主人公は男性主人公が英雄的な行いをする前に彼に興味を示す。
- 正直で働き者の男は成功しているか、リーダー的な地位に就いていて、マヌケではない。または、成功しているかどうかに関係なく、マヌケではない。
- 父親を有能な父として描くために、母親が不在である必要はない。

これらは最終的な条件だ。相手の立場がどんなものかを心から理解できる男女が増えれば、互いの良さを認めることはより簡単になるだろう。

そのためのもう一つの方法は、映画やテレビ番組で男女の役をいったん交換してみて、もう一度プロットを見直すことだ。たとえば、アカデミー賞を受賞した子ども向けアニメ映画『アナと雪の女王』の〝怖いもの知らず〟の王女アナと〝武骨な〟氷配達人のクリストフの役を逆転させたらどうだろう。映画では、アナの姉エルザは自らの手で氷や雪を作り出す魔力を制御できなくなったことが原因で城から姿を消す。アナは姉を探して城に連れ戻そうと旅に出る。まず、アナは口のうまいハンス王子から援助の申し出を受ける。アナは出会ったとたん、王子に恋をする。が、結局、彼女を助けたのは誰だっただろう？　それは、アナが自分の目的のために使えると判断したトナカイと橇《そり》を持っていた一文無しの氷配達人クリストフだった。彼がその橇を必要としているかどうかは問題じゃない。彼女は尋ねもしない。クリストフをあわや死にそうな目に合わせ、橇を壊し、ついにエルザを救出すると、アナとクリストフは別々の道を歩む。ハンス王子が実は邪悪であったことがわかり、おバカな脇役の雪だるまオラフにクリストフとお似合いだと言われるまで、アナは彼のことを自分の相手として見ることすらなかった。

さて、それでは所有物といえば橇とトナカイしかなく、それらを使ってなんとか生計を立てている働き者の女性を、王子が自分の兄を助けるために利用する権利があると思っている——と、そんな筋の映画を想像してみてほしい。しかも彼を助けるために彼女自ら進んで橇を壊したのに、王子は迷いなく元の生活に戻っていくのだ。政治的に正しい人たちはクリストフのそんな行いに震え上がり、観客は怒りをあらわにするだろう！「よくもあんな卑劣なことができるもんだ！」と。だが、『アナと雪の女王』を観ている私たちの心にそんな考えはよぎりもしない。ただアナは気まぐれな性格の、冒険好きな女性だと思うだけだ。ところで、『アナと雪の女王』は前述の「マクガイバーテスト」にパスしない。

もっといい婚活出会い系サイトを

メールの文法のひどさと中身のなさはさておき、婚活出会い系サイトの利用で女性たちが最もいらつくのは、ＰＣの受信トレイがさほど興味のない男性たちからの個性ゼロかつコピペだらけのメールでいっぱいになってしまうことだ。反対に男性側の主な不満の一つは、デートに漕ぎつけるどころか、チャットを始めるまでに送らなければならないメールの多さだ。これは消耗戦ともいえる。では、その解決策は？　それは女性の側に相手を選んでアプローチさせる、女性主導のアプリを作ることだ。

もちろん、このアプリもカップルの誕生をめざす。とはいえ、これまでのものとは男女の役割を根本から変えるだろう。世界的な情報調査会社ニールセンの二〇一四年の調査によると、男性はデート相手を探すのに女性の二倍（男性の一三パーセントに対し、女性は七パーセント）ソーシャルメディアを利用するのに、プロフィールの作成や吟味にあたり、女性の半分しか第三者の手を借りていない。女性がプロフィールの作成に男性よりも多くの時間をかけるのは、けっして偶然ではない。それは彼女たちが追い求められる側だからだ。

若い男性が「ティンダー《Tinder》」［GPS機能の位置情報を使用し、さらにフェイスブックやインスタグラムなどでルックスをもとに相手を選べる］のようなアプリを利用する主な理由は、デート相手を獲得するに当たり、時間と金の無駄を減らせるからだ。それでも、拒絶される数は普通のサイトとさして変わらない。だが、もし女性が選ぶ側で、女性が最初に行動を起こさなくてはならなかったら、男性が拒絶される割合はゼロになる。そして、男性たちはおそらくプロフィールを見栄えのするおもしろいものにしようと、作成にもっと時間をかけるだろう。すると彼らはプロフィールに不当表示をするのではないかと言われるかもしれないが、自分自身を嘘で飾る人間はどんなデート・アプリを使おうがそうするだろう。このような新しい仕組みを使うことの目的は、オンラインの出会いに対する主導権をもっと女性たちに与えて、手当たり次第の無駄な試みで圧倒されることから救うことにある。反対にアプローチされた男性側からすると、すでに何かを築くベースとなるだけの魅力は感じてもらっているとわかっているので、やっとその先のチャットに集中できる。

ただ人々はますます忙しく、自分に合うかどうかもわからない人間にわざわざ会う努力をする時間も辛抱強さもなくなってきている。婚活出会い系サイトの利用に人々がより積極的になれば、男女が出会って親しくなるためのシステムは、いっそう多様になる必要が生じる。女性が最初のコンタクトを取ることが許されれば、デートのゲームはそれこそ一変するだろう。だが、そこで大きな問題となるのが、そんなアプリを使う人が果たしているかどうかだ。女性たちは自ら最初のメールを書くだろうか？　そして男性たちは進んでそれを受け入れるだろうか？

もう一つのアイデアはすでにあるソーシャル・ネットワークを拡大することだ。イギリス人の若いアプリ・デザイナーのネイミーシャ・パルタサラティは、共通の友人をもつ人を紹介することで、より意味のあるつながりを生み出す「ワン・ディグリー《One Degree》」という新しいデート・アプリをリリースしようとしている。そのコンセプトは、彼女によると「拡大した友人集団が関わっているので、相手をひどく扱う可能性が低くなります……それに、友達はいい審査員です」。

ポルノ業界にできること

平均的なポルノ動画の長さは約二〇分だ。もしあなたたちがオンラインポルノを、それも特に無料のポルノ動画を発信するとして、各動画の開始前に安全なセックスについての一五秒の広告を流したとしても、それは全体の長さのたった一パーセントにすぎない。もしユーザーが広告をスキップしたければ、料金が発生する仕組みにすればいい。そうすれば、まっすぐ動画に行くことを選んだ人たちから収益を上げることができる。

ポルノ業界を揺るがすもう一つのアイデアは、シンディ・ギャロップが始めた「メイク・ラブ・ノット・ポーン」MLNP.tvというサイトのやり方だ。このサイトは「セックス賛成、ポルノ賛成、その違いを知ることに賛成」というポリシーのもとにある。MLNPはユニークだ。コンテンツはユーザーから投稿された動画だが、すべてオリジナルかつ現実的であるためのガイドラインをクリアしている。ギャロップは、彼女のサイトは現実界のセックスを反映するものだとし、アマチュアのポルノ動画とは区別している。

ここで問題になるのは私たちの社会の「ポルノ」という言葉の使い方です。しばしば、裸体かセックス、またはその両方が含まれていれば、何であろうがその言葉で表されています。

また、「ポルノ」という言葉が、あたかもポルノが一つの巨大な同質の集合体であるかのように使われる傾向にも、同じくらい怒りを感じます。それは「文学」という言葉を、すべての作品が同じであるかのように使うようなものです。ポルノの実質は文学のそれと同じくらい多様で、多数のジャンルやサブジャンルに加え、無数の異なる形態が含まれています。「ポルノ」に分類されているものの多くが厳密にはポルノとは言えません――「言葉は重要《Language matters》」［有名な英語の教材名］です。それが、私たちが新しく「リアルワールドセックス」という語彙を作ろうとしている理由です。そしてそれが、一般的に使われている意味での「ポルノ」――多くのいわゆる〝アマチュア〟も含むプロにより制作された、出演者の演技による、明確な目的で作られたエンターテインメント――と「リアルワールド・セックス」の間に私たちが線引きをする理由なのです。

あるユーザーのコメントによると、おそらくその二つの最もはっきりした違いは、普通のポルノを見たときにはマスターベーションをしたくなったが、MLNPの動画を見たときにはセックスをしたくなったのだとか。また別のユーザーはこうコメントしていた。

「偶然このサイトを見つけたとき、まさしくこれこそが私の探していたものだと思いました。私は一方ではお堅い人たちからセックスについてうんざりするほど戯言を聞かされ、一方ではおびただしい数のオンラインポルノを見てきた典型的な二四歳の男です。両方に常に欠けていたのは〝中庸〟でした。すなわち、セックスを本質的に悪だとも恥ずかしいものだとも考えていないが、可能性としてのネガティブな影響にも気づいている人の視野です」

もう一つポルノサイトにできることは、業界に変革を起こすよう、ユーザーに挑むことだ。ちょうど起業家ビル・ゲイツが何百万ドルかの褒賞金を出して、発明家たちに人々が実際に使いたくなるコンドームを作るよう呼びかけたように、大手のポルノサイトもユーザーにもっと満足がいき、癒しになり、教育的にさえなるポルノのアイデアを求めてみてはどうだろう。

最低限でも、ポルノサイトにはポルノ依存に苦しむユーザーが簡単に参照できるサポート情報を載せるべきだ。カジノがギャンブル依存症の人たちのために情報を提供しているように。

ゲーム業界にできること

二〇一二年のTEDトークで、認知科学者のダフニ・ベイブリエは、ゲーム制作者はゲームの豊かな側面を生かして、非常におもしろく、かつ脳をいい方向に刺激し発達させる新種のゲームを開発する必要があると述べた。問題は、ゲーム会社を利益の上がっている今の方式からそれるリスクを取るよう説得できるかどうかだ。

ゲーム会社は現在、コンテンツの最小限の変化により登録ベースを維持し、膨大な利益を上げている。したがって、ゲーム制作者がスポーツ、バイオレンス、FPS（一人称視点のシューティング）から方向変換したなら、むしろ驚きだ。それでも、ユーザーがゲームを楽しみながら実生活での能力を高めたり、自分以外の何かに役立つことができるように、ファンタジーと現実のギャップに橋渡しをするゲームが現れたなら、それは大いに歓迎すべき変化だ。今現在、業界にはこういった変化を起こす準備ができている。彼らにはゲームの発想を現実界の問題解決に合わせ、現実界のヒーローを何世代にもわたって作り出す手段も能力もある。

ジェイン・マクゴニガルは『幸せな未来は「ゲーム」が創る』(早川書房)の中で、クラウドソーシング〔インターネットを通じて不特定多数に仕事を委託〕のパワーについて論じるにあたり、成功するクラウドソーシングのプロジェクトは、良質のマルチプレイヤー・ゲームに構成が似ているという観察をしている。彼女が例として挙げたのは、二〇〇九年の議員経費スキャンダルだった。イギリスで多くの下院議員(MP)が経費の不正請求をしていたことが発覚した事件で、その合計は何百万ポンドという途方もない額にのぼった。それには自宅の庭のガーデニング代の三万二〇〇〇ポンド〔約五〇〇万円〕やアヒル小屋の設置代の一六四五ポンド〔約二八万円〕といった、あきれる請求も含まれていた。

政府は一〇〇万枚以上もの電子走査された経費請求書を選別しないまま公表した。このスキャンダルを追い続けていた「ガーディアン」紙は、そのようなごちゃ混ぜの書類を整理するだけの人員がないことはわかっていたので、ソフトウェア開発者のサイモン・ウィルソンを雇い、それらの書類に不正がないかを誰でも調べられるウェブサイトを設計させた。ウィルソンの助けで、ガーディアン紙は「あなたの議員の経費調査」(Investigate Your MP's Expenses)というサイトを立ち上げた。世界初のマルチプレイヤーによるジャーナリズム調査プロジェクトだった。わずか三日後には、二万人以上が一七万枚の書類を精査し終えていた。また、このサイトの閲覧者の参加率は驚異的な五六パーセントを叩き出した。

この調査は数十人の議員を辞職に追い込み、起訴や停職につながる訴訟を引き起こした。最終的には広範な政治改革につながった。

これは垣根を白く塗るのはおもしろいと近所の子どもたちを説得したトム・ソーヤに似てなくもない提案に聞こえるかもしれないが、もしゲーマーの一人ひとりがゲームをする時間のたった一パーセントでも捧げたなら、どんなに大きなパワーになるだろう？　それにより発生する週に三〇〇〇万時間という膨大な時間は、「あなたの議員の経費調査」のように現実界に大きな影響を与えるパワーになるだろう。ウィキペディアが人間の思考の約一億時間分に相当することを考えれば、仮定の話だが、各ゲーマーが一パーセントの時間をクラウドソーシングのプロジェクトに注ぎ込めば、ウィキペディアと同サイズのプロジェクト一五・六個分を毎年達成することが可能になる。それに一役買いたくないなんて人がいるだろうか？

結論

この世のハーモニーと同じく、私たちの人生もまた、甘美な音と耳障りな音、シャープとフラット、小さな音と大きな音といったコントラストやさまざまなトーンにより成り立っている。もし音楽家がそれらの一つしか好まなかったら、どんな効果を生み出せるだろう？　音楽家はそれらのすべてを使いこなせて、かつ混ぜ合わせることができなくてはならない。そして私たちもまた人生に共存する良いことと悪いことを、ともに受け入れなくてはならない。私たちの存在ばこの混合なくしては不可能で、私たちにとって、片方はもう片方と同じくらい必要だ。

――ミシェル・ド・モンテーニュ、一六世紀のフランス人作家

一九世紀に行われたいくつかの実験によると、カエルを熱湯の入った鉢に入れると瞬時に飛び出すが、冷たい水に入れてゆっくり温度を上げていくと、カエルは危険を察知することなく、やがて煮えて死んでしまう。私たちの未来は今日の決断にかかっており、本書では環境の「温度」

を計り、それが個人に与えている影響と、未来に予測される結果について論じてきた。

ここに説明してきた傾向がこの先も続いていったならどうなるかは不明だが、批判的な思考をし、喜びを後回しにして、意味ある個人的また社会的ゴールを定めて達成する能力を私たちが集団的に失っていったなら、私たちの文化は大事な何かを失うだろう。とりわけテクノロジーは積極的に受け入れなくてはならないが、どのように受け入れるかが、人間同士の健康的な交流と不健康なそれとを分けるだろう。

流動性と相互接続が加速しているこの世界で、二〇年後に人々の価値観を根底からくつがえし、業界を一変させているのは誰だろう？　突き進んで、私たちが自問すべき問いは、今日私たちの世界を形作っているテクノロジーやエンターテインメントの天才たちは、明日もまだヒーローでいるだろうか？　テクノロジーの発達は私たちをよりよい人間に、世界をよりよい場所にしてくれるだろうか？　それとも、シェリー・タークルが言うように、それらは「私たちが行きたくない場所に、私たちを連れて行くのだろうか？」。

次世代の人たちがより大きな責任感をもってテクノロジーを利用し、企業がよりプロフェッショナルな理解の上に製品を製造できるよう、テクノロジーの可能性だけでなく、それがもたらす結末を理解することは重要だ。テクノロジーに対する世界規模での熱中ぶりは加速する一方なので、私たちが自律性と人間らしさを失わないでいるためには、いかにテクノロジーと共存すべきかを学ぶ必要がある。

今の若い男性の生活に何かが欠けているということには、誰もが同意するだろう。単純に数字を見ただけでも、彼らがバーチャルリアリティの中で生きているために参加していないアクティビティや、身につけていないスキルの多さがわかる。もてる時間の大半を一つのことに費やしている人には、皮相的な人間になるリスクがある。おそらく親が積極的に画面に張りつく習慣を身につけさせたなら、息子は世の中や人生の喜びから自分自身を隔離させる、いわば日本の「ヒキコモリ」のような人間になるのだろう。だが、経済的にひきこもることが許されない者たちはどうなるだろう？　おそらく学位を取る者が減り、父親不在の家庭が増え、過去数十年間にマイノリティや貧しいコミュニティが経験した男女間のアンバランスからくる男性失業者はますます増加する。加えて、もともと収入の低い男性が仕事を見つけられなければ、彼らの行く末はますます殺伐としたものになる。最後には、法を犯す可能性も高くなるかもしれない。そうなると、同年代の女性たちがシングルマザーになる可能性もまた高くなる。

私たちは男性と社会の両方にとって生産的な新しい社会的展望を作り出すことにより、若い男性たちに真の希望とインスピレーションを提供しなくてはならない。別に古いシステムをそっくり捨てる必要はない――男らしさについてのある種の既成概念を取り除けば、男性たちが実際の自分以上の何かにならなくてはと駆り立てられる必要もなくなる。今日存在しているその既成概念は「男らしくしろ」という感傷がもとになっている。したがって、私たちはそれを見直し、コミュニティ全体でそれをサポートしていかなければならない。私たちが求めるべきものは、自信に満ち、気持ちの安定した、尊敬を受けることも与えることも抵抗なくできる、話し好きで、明瞭に話す男性だ。私たちは男性たちに、彼らは愛すべき存在で使い捨てされる存在ではないことを示さなくてはならない。

もし私たちがこのような変化を引き起こせたなら、感情的に孤立した給料運搬人は減り、自分自身や家族やコミュニティともっと一体化した生活をする男性が増えるだろう。少女や女性といった別集団の人たちをダメージすることなく男性の状況を改善するという難題の解決は、個人と制度の両面からの努力が合わさって初めて可能になる。女性たちがめざすべきは、経済的なセーフティネット欲しさに自身の価値観を曲げなくてもすむよう、十分な経済的独立を果たすことだ。一方、男性のそれは、伝統的な保護者としての役割のせいで、どんなに妻や子どもたちを情緒的に遠ざけているかを理解すること。男性は互いに、また自分自身にも、もっといろんなことに巻き込まれる許可を与えるべきだ。

その道のりは険しい。でも、私たちが方程式の片方にだけ目を向けているかぎり、目的地にはたどり着けず、ただ同じところをぐるぐる回るだけだ。女性たちがかつて抑圧されていると感じていたときに、相手である男性が女性たちの問題に無関心だったように、今、勢いづいている女性たちが男性たちの問題に無関心なら、それは進歩とは言えない。従来のキャリアのルートは変わりつつあり、伝統的な男女の役割も変わりつつあり、結婚の概念も変化している。この移りゆく状況をナビゲートするのは簡単ではない。

私たちを今のこの場所に連れてきた賢い男女の努力に、私たちは拍手を送らなければならないが、同時に前進し続け、その土台の上に一つのチームとして未来を築かなくてはならない。私たちの間にある違いを棚上げにするのではない。私たちが共有する未来のために一人ひとりの力を活用できるよう、違いを認識しなくてはならない。男女の両サイドに進んで目を向け、助けを必要としている人を積極的に援助し、男女の両方にバランスのとれた役割を育むことが、未来をよくするための唯一の方法だろう。

この本が、多くの若い男性が経験している勉学や社交や性的な面での痛ましい症状の裏にある「なぜ」だけでなく、彼らをよりよい状況に導く解決法を「いかに」適用できるかに光を当てることができていることを願っている。今の彼らの状態は一種の思春期病であるにもかかわらず、大勢の人々や組織が積極的にゲームプランを変えないかぎり解決できない問題だ。最後に、ここで取り上げた現象は今では世界的な問題になっているものの、私たちは依然、楽観的だ。必ずや解決策は実行され、その結果、本書の続編は警鐘が鳴り止んだことを告げるためだけの本になると信じている！

原著の巻末に収録されているAppendix I : TEDSurvey Results（別表1、TEDの調査結果）、Appendix II : Social Intensity Syndrome – Scale and Factors（別表2、ソーシャル・インテンシティ・シンドローム（SIS）――その規模と要因）とNotesとRecommended Resources（注と参考文献）については、晶文社のホームページ http://www.shobunsha.co.jp/?p=4348をご参照ください。

訳者あとがき

序章にある「……読者の方々はこの話にピンとくるはずだ。誰もがもがいている若者を知っている……それはあなたの親戚か息子かもしれない。いや、あなた自身かもしれない」という言葉にドキッとさせられた。それは私だけではないだろう。世の中から、または現実の世界からあたかもコンセントを引き抜くように自らを引き離し、バーチャル世界をさまよい、または完全にそこで暮らしている若者を、おそらく誰もが一人や二人は知っている。ひきこもり、ゲーム中毒、不登校、ニート……つけられる名前が何であれ、理由が何であれ、昼夜自室にこもり、信じられないほど大量の貴重な時間をネットサーフィンやゲームやオンラインポルノに費やしている若者たち。二〇一五年に内閣府が行った調査結果によると、一五〜三九歳のひきこもりは全国で約五五万人。年齢層を広げて潜在的なひきこもりも含めると、一〇〇万人近くになるとさえ言われている。これはあらゆる先進国に普遍的に見られる現象だという。だが、なぜ彼らは女子ではなく、男子なのだろう？　または、女子ではなく常に男子の問題として論じられるのだろう？　その理由が本書では生理学、行動心理学、社会学など、多方面から追究されている。

思えば七〇年ほど前、男たちは世界中で好むと好まざろうと、自国のために戦地で戦っていた。立身出世を夢見、またはより豊かな生活を求めて、身を粉にして働き、家族を養っていた。また、ほんの四、五〇年前には思想家や経済学者の唱えるイデオロギーに傾倒し、自分たちの手で本気で社会を変えようと、労働運動や学生運動に身を投じていた。どうして男たちはこんなに変わってしまったのだろうか。

これまで歴史は「らせん状に発展しながら繰り返す」、すなわち進歩発展と復古退化が同時に起きながら前進していくという認識があった。だが、このメカニズムは近年のテクノロジー主導の歴史には当てはまらないのではないだろうか。本書で取り上げられていること数十年は、人類の歴史にそれまで存在しなかった情報テクノロジーいわゆるＩＴが想像を絶するほどの猛スピードで発達していった時期だ。したがって、既存社会のあらゆる面に、誰にも想像すらできなかったひずみが出てきたのは必然かもしれない。

さらに、このＩＴが高速で普及した時代は、くしくも女性運動が華々しく展開した直後にやって来た。男女平等が進むにつれ、女子たちはそれまでの社会の仕組みの中で男子の既得権を侵食していった。それ自体は非常に喜ばしいことだったが、結果的に男子の活躍の場は狭まり、相対的に彼らの地位も存在意義も低下し、彼らにとって住み心地の悪い世の中になった。そこにちょうど夢中にさせてくれるゲームやオンラインポルノが大量に、しかも身近に出現したのだ。彼らの一部が現実の社会でもはや活動したくなくなったり、機能できなくなったりしたのも無理はない。必ずしも単純な逃避とは言い切れないようだ。本書によると、幸か不幸か、近年に急速に広まったテクノロジー、それも特に個人が私物として自宅で使用できるようになったパソコン、ゲームコンソール、スマホなどの電子機器が、女性よりもとりわけ男性の脳の仕組みと相性が良かったのだ。そのせいで、男たちは現実社会で出会う誰よりも、またそこで起きる何よりも、自分を夢中かつ幸せにしてくれるものを見つけたのだ。達成すべきゴールや生きがいすら見つけた。

新経済サミット2015で米国務次官補のC・リブキン氏は一〇年後にはネット利用者は世界でさらに一八億人増加すると予言した。現在インターネットで三〇億人がつながっているが、二〇二〇年には五〇億人になり、地球の人口の三分の二がスマホを使用する世の中になるとか。ということは、本書で述べられたネット中心のライフスタイルには今後も歯止めはかけられそうにない。それどころか、ますます加速するだろう。それが間違いなく今後、歴史が進んでいく方向なのだ。

でも、考え方によっては、今起きている問題は男性が女性よりも来るべき時代に早く適応しすぎていることから生じているのかもしれない。男性と女性の生まれもった脳のシステムの違いのせいで、少し前まで男性は女性より「機械に強い」と言われていた。今、男性はきっと女性より「電子機器に強い」のだ。それゆえに、彼らはIT中心の新時代的生活を先取りしているのではないだろうか？　そもそも、そういったテクノロジーを発明し、開発を重ねてきたのもほぼ全員が男性だった。その分野の牽引車は圧倒的に男性だった。彼らは本書にあるように、かつては「ガリ勉」「おたく」と見下されていた男子だ。IT時代は「イケている男子」「成功者」のステレオタイプを完全に逆転させた時代でもあった。この先、彼らは時代をどんな方向に引っぱっていくのだろう？

おそらく環境ホルモンや肥満といった問題には、いずれ人類の叡智により解決の道が見つかるだろうし、またそうあってほしい。でも、仕事や家事や教育を電子機器にアウトソーシングし、人との出会いや娯楽もＩＴに頼る動きはとうてい止められそうにない。それにより一変する世の中において、数十年後にもまだ「学校教育を終え、社会に出て安定した労働力となり、恋愛して結婚し、子どもをもうけて育てあげ、退職後に豊かな老後を楽しむ」といった人生のパターンをある種の理想形とする今の価値観が存在しているとは考えにくい。高度なテクノロジーに支えられた新時代に、男女はどういう役割分担をしているのだろう？　それぞれはどんな人生を目指しているのだろう？　そんな男女の間に生まれた子どもたちはどんな環境で育ち、どんな価値観をもつようになるのだろう？　彼らは今の時代をどんな郷愁をもって振り返るのだろう？

どの国のどの時代をとってもまったく前例のない今の状況がこの先にどうなるのか、ほんとうのところ予想はつかない。けれども、それを少しでも明るいものにするためには、せめて本書の最終章に提案されているように、今いいと思えることを、今の時点でできることを、政府が、メディアが、男女が、していくほかに道はないのではないだろうか。

末筆になりましたが、本書の翻訳と編集にあたり大変お世話になった晶文社の足立恵美氏に、心よりお礼を申し上げます。

二〇一七年初夏　　高月園子

フィリップ・ジンバルドー Philip Zimbardo
スタンフォード大学心理学名誉教授。エール大学、ニューヨーク大学、コロンビア大学でも教鞭をとる。米国心理学会会長、スタンフォード対テロリズム総合政策教育研究センター所長を歴任。『ルシファー・エフェクト』(2015年、海と月社、ウィリアム・ジェイムズ・ブック賞)、『迷いの晴れる時間術』(2009年、ポプラ社)などがある。

ニキータ・クーロン Nikita D.Coulombe
ファインアートと心理学をコロラド大学で学んだあと、ジンバルドーのもとでアシスタントとして働き、ジンバルドーとともに様々なプロジェクトに参加している。同じくジンバルドーとの共著“The Demise of Guys”では多くのインタビューを手掛けている。

高月園子 Sonoko Takatsuki
翻訳者・エッセイスト。東京女子大学文理学部史学科卒業。在英25年。翻訳書にはレベッカ・ソルニット『災害ユートピア』、イゼルディン・アブエライシュ『それでも、私は憎まない』(ともに亜紀書房)、リン・シェール『なぜ人間は泳ぐのか?』(太田出版)、マリー・ムツキ・モケット『死者が立ち止まる場所』(晶文社)など多数がある。エッセイには『ロンドンはやめられない』(新潮文庫)などがある。

男《だん》子《し》劣《れっ》化《か》社《しゃ》会《かい》

ネットに繋《つな》がりっぱなしで繋《つな》がれない

2017年7月25日　初版
2023年4月25日　3刷

著者　フィリップ・ジンバルドー
　　　ニキータ・クーロン
訳者　高月園子
発行者　株式会社晶文社
〒101-0051 東京都千代田区神田神保町1-11
電話 03-3518-4940(代表)・4942(編集)
URL http://www.shobunsha.co.jp

印刷・製本　中央精版印刷株式会社

ISBN978-4-7949-6968-2 Printed in Japan

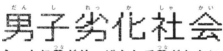